Topper
Das letzte Buch

Uwe Topper
Das letzte Buch
Die Bedeutung der Offenbarung
des Johannes in unserer Zeit

KAILASH

KAILASH
Eine Buchreihe herausgegeben von Hajo Banzhaf

14 Illustrationen nach Holzschnitten von
Albrecht Dürer und 4 Zeichnungen
von Uwe Topper

Die Deutsche Bibliothek – CIP-Einheitsaufnahme
Topper, Uwe:
Das letzte Buch : die Bedeutung der Offenbarung des Johannes
in unserer Zeit / Uwe Topper. – München : Hugendubel, 1993
  (Kailash-Buch)
  ISBN 3-88034-649-6

© Heinrich Hugendubel Verlag, München 1993
Alle Rechte vorbehalten

Umschlaggestaltung: Zembsch' Werkstatt, München
Produktion: Tillmann Roeder, München
Satz: Uhl + Massopust, Aalen
Druck und Bindung: Spiegel Buch, Ulm-Jungingen
Printed in Germany

ISBN 3-88034-649-6

Inhalt

Einleitung	7
Die Apokalypse Jesu	11
Die Schlüssel zum Verständnis	15
Alpha und Omega	37
Die sieben Botenreden	51
Vor Gottes Thron	69
Die Endzeit beginnt	83
Die ersten sechs Siegel	95
Die Versiegelten und die Überwinder	117
Die sieben Posaunen	129
Die Prophezeiung des dreifachen Leidens	137
Der letzte Prophet	149
Das Ende der Prophezeiungen	161
Der Kampf im Himmel	173
Die zwei Drachen	195
Die Ernte auf der Erde	219
Die sieben Schalen des Zorns	231
Das Gleichnis	247
Babylons Sturz	261
Das Weltgericht	271
Die neue Schöpfung	289
Die Textstufen der Offenbarung	305
Der rekonstruierte Urtext	325
Die Botschaft des Johannes	349
Literatur	359

Für Ullrich Topper

Einleitung

Die Offenbarung des Johannes ist das letzte Buch der Bibel. Es ist ein merkwürdiges Buch und verdient besondere Aufmerksamkeit. Wie alle Apokalypsen – es gab viele Bücher dieser Art – ist auch die Offenbarung des Johannes die Enthüllung eines Zeitplanes der Menschheitsentwicklung, ist Kosmologie und Eschatologie in einem. Was uns an diesem Buch am meisten fasziniert, sind die Voraussagen für die Zukunft, die darin enthalten sind. Fast alle Kulturen besaßen derartige Voraussagen, und sie wurden mit strenger Genauigkeit von einer Generation zur nächsten weitergegeben wie Meilensteine, deren Kenntnis lebenswichtig sein konnte. Seit fast dreitausend Jahren werden diese Zukunftsvisionen auch schriftlich überliefert und sind teilweise bis heute erhalten. Meist sind sie Bestandteil der »Heiligen Schrift« eines Volkes oder einer Religion.

Der Grundgedanke dieser Eschatologien besagt, daß einer Schöpfung immer auch eine Zerstörung gegenübersteht. Das Erleben der materiellen Welt schließt deren Endlichkeit ein. Das Bewußtsein eines kommenden Weltendes ist fest verankert im menschlichen Denken. Möglicherweise hat sich dieses Bewußtsein aus der Erfahrung früherer Katastrophen herausgebildet, und es ist auch denkbar, daß sich aus diesen Erfahrungen feste Verhaltensformen und Denkmuster entwickelten, die letztlich das Überleben der Menschheit zum Ziel haben.

Der Leser der biblischen Offenbarung merkt rasch, daß es sich hier nicht um »erbauliche Literatur« handelt, so schön auch manche Lieder darin klingen mögen. Vielmehr hat Johannes mit unerbittlicher Strenge vom Schicksal der Menschen und ihrem Lebensraum geschrieben.

Leider heißt die Offenbarung des Johannes zu Recht das Buch mit den sieben Siegeln, denn sie bleibt für diejenigen unverständlich, die die Schlüsselwörter nicht kennen und die Sinnbilder nicht deuten können.

Aus den Evangelien erfahren wir, daß die Lehre Jesu auf zweierlei Weise verbreitet wurde. Lukas schreibt in Kapitel 17, Vers 20 bis 24, daß Jesus den Pharisäern auf ihre Fragen anders antwortet als seinen Jüngern. Und Markus (4,34) spricht es ebenfalls deutlich aus: Zum Volk redete Jesus nur in Gleichnissen, aber seinen Jüngern legte er sie auch aus.

Diese Geheimlehre, die den auserwählten Jüngern vorbehalten blieb, wurde auch später nur den »Auserwählten« weitergegeben. Aus dem griechischen Wort für Auserwählte, *ekklektoi*, entstanden die Wörter *ekklesia* und Kirche. Zeugnisse für die Geheimhaltung einiger Teile der Lehre in den frühchristlichen Gemeinden haben wir zum Beispiel im 1. Brief an Timotheus, in dem an eine geheime Voraussage für die Endzeit erinnert wird, oder im 1. Brief des Paulus an die Korinther (15,51), in dem Paulus ein wohlgehütetes Geheimnis ausspricht, weil es durch öffentlichen Streit bekanntgeworden war. Er verwandte da eines dieser Kennwörter, die »letzte Posaune«, die eine Einweihung voraussetzen.

Heute sind alle Menschen Auserwählte im alten Sinne und dürfen teilhaben an der christlichen Lehre, soweit sie erhalten ist. Doch die Texte erschließen sich dem modernen Menschen immer schwerer. Der geistige Abstand zu den Büchern der Bibel ist immens groß geworden, die Denk- und Lebensweise hat sich so verändert, daß die Texte uns heute fremdartig erscheinen. Wenn da steht, daß der Herr »heilig« sei, dann bedeutet uns das nicht mehr viel, denn in unserer heutigen Welt ist kaum noch etwas heilig.

Viele Christen – Priester und Theologen eingeschlossen – nehmen die Offenbarung des Johannes nur noch als allegorische Erzählung auf; die darin beschriebenen Schlachten der Engel mit dem Drachen sehen sie nicht als aktuelle Wirklichkeit, die den modernen Menschen betrifft. Damit ist die Offenbarung für sie wertlos geworden.

Aber können wir uns das erlauben? Heute, wo zum ersten Male tatsächlich das Ende der Erde und allen Lebens in sichtbare Nähe gerückt ist, wo wir uns anschicken, alles geistige Gut, das der Mensch sich in Freiheit schuf, und die Grundlagen des physischen Lebens selbst zu vernichten – heute soll die Prophezeiung über dieses Ende keinen Wert mehr haben?

Aber die apokalyptischen Reiter sind keine Gleichnisse oder symbolischen Bilder, hinter denen sich eine christliche Belehrung verbirgt. Es sind lebendige Wesen, Wirklichkeiten, die das Schicksal der Menschheit entscheiden.

Die Gestalten der Offenbarung besitzen zwei Seinsformen, sie sind stets in zwei Welten zu Hause: in einer historischen Dimension und in einem zeitlosen Jenseits. So enthält die Prophezeiung des Johannes zwei Deutungsebenen: eine auf die Scheinwelt unserer Sinne bezogene geschichtliche Aussage und eine mystische Schau der überzeitlichen Wirklichkeit.

Was die Übersetzung aus dem Griechischen betrifft, so habe ich mich weitgehend an den durch die evangelische Kirche immer wieder modernisierten Luthertext gehalten. Nur an einigen Stellen habe ich auf Grund sorgfältiger Überlegungen und unter Verwendung zahlreicher Kommentare alternative Ausdrücke gewählt.

So habe ich zum Beispiel das Wort MYSTERION, das in Kapitel 1, Vers 20, Kapitel 10, Vers 7 und Kapitel 17, Vers 5 steht, nicht mit »Geheimnis«, sondern mit »Gleichnis« wiedergegeben, denn das griechische Wort bezeichnet nicht etwas Verborgenes, sondern eine Handlung, deren Sinn verborgen bleibt, eine nur für Eingeweihte verständliche Handlung. Gemeint sind die Taten Gottes in der Welt, also öffentliche Geschehnisse, deren Sinn nicht allgemein erkennbar, sondern nur den Propheten bekannt ist; es handelt sich also um Gleichnisse.

Auch der Titel dieses Buches, der von der katholischen Kirche mit »Geheime Offenbarung« angegeben wird, müßte besser »Gleichnishafte Offenbarung« lauten, denn was »offenbar« ist, kann nicht »geheim« sein.

Die Anordnung der Zeilengruppen entspricht nicht immer der heutigen Verszählung; sie geht auf älteste Fassungen zurück, ich habe sie von Heinrich Kraft übernommen.

Nachdem ich mich viele Jahre lang durch einen wahren Bücherberg von Kommentaren, Auslegungen und Deutungsversuchen zum Offenbarungsbuch hindurchgelesen habe, nehme ich nun die Apokalypse des Johannes wie eine selbständige Dichtung und werde sie losgelöst von christlichen Dogmen nach ihrem überzeitlichen Wahrheitsgehalt befragen.

Dieser weltliche Gesichtspunkt hat seine Berechtigung. Johannes schrieb sein Werk nicht für die Kirche – die befand sich damals noch im Embryonalstadium. Er wollte auch gar keine Kirche schaffen, Johannes hatte nichts vom Eifer eines Paulus. Ebensowenig hatte er im Sinn, das Alte Testament auszulegen oder umzudeuten in ein Neues, wie es in den Evangelien geschieht. Johannes faßt sein eigenes Weltbild zusammen, ohne Rücksicht auf die Religion, ja er verurteilt alle Religionen mit gleißender Schärfe und läßt nur einen Standpunkt gelten: den der direkten Anschauung, des persönlichen Erlebnisses, der »Vision«.

Die Apokalypse Jesu

Eine kurze Erwähnung der Apokalypse Jesu ist nötig, damit das Verständnis der Johannesapokalypse leichter fällt. Ganz allgemein können die Aussprüche Jesu, die sich auf Zukünftiges beziehen, düster genannt werden, sie sind gekennzeichnet durch die Wörter »Feuer« und »Schwert«.

Das begann schon mit der Voraussage Johannes des Täufers über den erwarteten Messias: »Ich taufe euch mit Wasser zur Buße; der aber nach mir kommt, ist stärker als ich...; der wird euch mit dem Heiligen Geist und Feuer taufen. Und er hat seine Worfschaufel in der Hand; er wird seine Tenne fegen und den Weizen in seine Scheune sammeln; aber die Spreu wird er verbrennen mit unauslöschlichem Feuer« (Matthäus 3,11–12, Lukas 3,16–17).

Bei der Aussendung der Jünger zu Anfang seines öffentlichen Predigens sagte Jesu, daß er eine schreckliche Zeit einleiten und zu Ende bringen werde. Er versprach seinen Jüngern nicht: »Ihr werdet Frieden in die Städte bringen und in Frieden aufgenommen werden, und man wird euch mit Freude und Dankbarkeit anhören«, wie es im Heliandslied ausgemalt wird; sondern er warnte sie: »Ich sende euch wie Schafe mitten unter Wölfe.« »Hütet euch vor den Menschen; denn sie werden euch den Gerichten überantworten und werden euch geißeln in ihren Bethäusern« (Matthäus 10, 16 und 17). »Und ihr müßt gehaßt werden von jedermann um meines Namens willen« (Matthäus 10,22). Von seiner eigenen Sendung sagte er selbst: »Ihr müßt nicht denken, ich sei gekommen, Frieden zu bringen auf die Erde. Ich bin nicht gekommen, Frieden zu bringen, sondern das Schwert« (Matthäus 10,34f., Lukas 12,49f.).

Nur selten stehen in den Evangelien Aussprüche oder Gleichnisse Jesu, die friedlich sind, wie zum Beispiel das Gleichnis vom Sämann; es stammt aus der platonischen Gedankenwelt und war in der jüdischen Glaubenswelt bis dahin unbekannt.

Selbst die bäuerlichen Bilder in den Gleichnissen Jesu sind von dieser Schärfe gekennzeichnet: Die Ernte ist groß, es werden Schnitter gebraucht (Matthäus 9, 37 und 38). – Der Baum, der keine gute Frucht trägt, wird gefällt und verbrannt (Matthäus

7,19). – Ich will euch zu Menschenfischern machen (Matthäus 4,19).

Wie ein großer Teil seiner jüdischen Zeitgenossen glaubte auch Johannes, daß das Ende der Menschheitsgeschichte nah sei. Wenn man die großen Zeiträume der menschlichen Entwicklung als Maßstab anlegt, dann ist diese Aussage auch berechtigt, denn ein paar Jahrtausende erscheinen dem, der diese Einsicht hat, wie ein kurzer Augenblick. Und wer an die Kette der Wiedergeburten denkt – und das war in der Zeit des Johannes ebenfalls üblich, aus der Offenbarung ist es auch herauszuspüren –, für den ist die Aussage berechtigt, daß das Ende der Zeit gekommen ist: Viele Menschen erlebten damals ihre letzte Wiedergeburt, denn sie überwanden die Kette der Wiederkehr durch die Erlösung, die Jesus lehrte. Schon im Buch Daniel (12,13) ist dieser Satz geprägt worden: »Du, Daniel, gehe hin, bis das Ende kommt, und ruhe, bis du aufstehst zu deinem Erbteil am Ende der Tage!« In ähnlichen Worten spricht auch Johannes in der Offenbarung (6,11).

Abgesehen von dieser weiträumigen Sicht der Geschichte gab es auch eine »Nah-Erwartung« des Weltendes unter den frühen Christen, die sich wohl ebenfalls auf die Aussagen Jesu stützte. Sie war allgemein verbreitet in den frühchristlichen Gemeinden, sowohl in Jerusalem selbst als auch unter den Griechen, wo Paulus diese Erwartung ausgesät hat.

Das Evangelium des Markus gilt als das älteste, es entstand vor dem geistigen Hintergrund des im Jahre 66 begonnenen Befreiungskrieges der Juden gegen die Römerherrschaft, der mit dem Verlust ihrer Sonderrechte und der Zerstörung des Tempels endete.

Für unsere Betrachtung ist vor allem das 13. Kapitel des Markus interessant, das wie losgelöst vom übrigen Text die wichtigsten Weissagungen über das Ende der Zeit enthält. Mehrere Sätze gehen wortgetreu oder sinngemäß auf die Propheten des Alten Testamentes zurück, auf Jesajas, Daniel und Hesekiel, auch auf Henoch und die Schriften der Essener. Dennoch dürften einige Sätze von Jesus stammen.

Fast gleichlautend mit Markus ist die Apokalypse, die das Evangelium des Matthäus bringt. Es ist etwa in den achtziger Jahren des ersten Jahrhunderts geschrieben worden. Auch das Evangelium des

Lukas, das etwa um das Jahr 90 verfaßt wurde, bringt wörtlich die gleichen Verse, wobei allerdings ein Teil ausgelassen wurde.

Anläßlich der Verfluchung der Pharisäer beginnt Matthäus in Kapitel 23, Vers 34 eine Zusammenstellung apokalyptischer Reden Jesu, die offensichtlich aus verschiedenen Stücken zusammengesetzt ist. Im ersten Teil kommen drei Abschnitte mit je sechs Versen, die die »Zerstörung Jerusalems« voraussagen. Die ersten sechs Verse lehnen sich besonders an den Propheten Jeremias an und enthalten den Gedanken, der durch die Bearbeiter auch in die Offenbarung hineingetragen wurde: die Vernichtung Jerusalems sei Gottes Rache für die erschlagenen Propheten gewesen. Darin kommt deutlich die Feindschaft zwischen Priestern und Propheten zum Ausdruck.

Das Kapitel 24 bei Matthäus beginnt mit zwei Versen, die auch bei den beiden anderen Evangelisten stehen: Es ist eine Vorhersage der Zerstörung des Tempels. Sowohl die Stellung dieser beiden Verse als auch die etwas gesuchte Art des Anschlusses danach zeigt, daß diese beiden Verse später zugefügt wurden. Zudem bilden sie keine echte Vorhersage, denn zum Zeitpunkt der Abfassung des Matthäusevangeliums war der Tempel schon zerstört. Der Ausspruch Jesu, auf den sie sich gründen, bezog sich wohl nicht auf die kriegerische Zerstörung des Bauwerks, sondern auf die Zerstörung der geistigen Gemeinschaft der Gläubigen, auf die Gemeinde Jesu.

In den folgenden zweimal sechs Versen legt Matthäus einen Zeitplan der kommenden Ereignisse dar, deren zentrales Thema die Leiden der Zeugen sind. Dieser Gedanke ist ganz ähnlich in der Offenbarung verarbeitet. Durch die Einschiebung der beiden ersten Verse erscheint der Schlußvers als 14. mit der für Matthäus kennzeichnenden Weissagung, daß die frohe Botschaft in der ganzen Welt verkündet wird, bevor das Ende kommt.

Recht unvermittelt schließt sich nun eine Gruppe von vierzehn Versen an, die aus einer anderen Überlieferung stammt. Sie ist auf Daniels Prophezeiungen aufgebaut ähnlich der im 21. Kapitel des Lukas, die auf die Weissagungen Hesekiels zurückgeht. Darin finden sich knappe Aussprüche, wie sie für Jesus typisch sind – soweit sich so etwas sagen läßt –, jedenfalls sind es keine Zitate von Prophetenworten: »Wehe den Schwangeren und Säugenden zu jener Zeit!« (Matthäus 24,19). »Und wenn jene Tage nicht verkürzt würden, würde kein Mensch selig werden« (Dieser Gedanke kommt in der Offenbarung wieder vor). »Wo ein Aas ist, da sammeln sich die Adler« (Matthäus 24,19, 22 und 28).

Die folgenden drei Verse sind eine kleine Apokalypse für sich; sie fassen die drei wichtigsten Ereignisse zusammen, die das Volk für die Endzeit erwartet: zuerst die Veränderung des Kosmos, die allgemein befürchtet wurde – »Sonne und Mond werden ihren Schein verlieren, die Sterne werden vom Himmel fallen und die Kräfte der Himmel werden sich verändern« (Matthäus 24,29). Es folgt die Erscheinung des Gesalbten, des »Menschensohnes, der in den Wolken des Himmels mit großer Kraft und Herrlichkeit« kommt. Und schließlich werden die Posaunenstöße der Engel hörbar, die die Auserwählten von allen Enden der Erde heimholen.

Die letzten zwanzig Verse dieses Kapitels sind in zwei Gruppen von je drei und sieben Versen aufgeteilt. Auf das Feigenbaumgleichnis folgt der bei allen apokalyptischen Schriftstellern beliebte Hinweis auf die vorige Katastrophe, die Sintflut. Nach einem Aufruf zur Wachsamkeit steht das Gleichnis vom treuen und untreuen Knecht, an dessen Schluß die vielzitierte Strafe angedroht wird: »da wird sein Heulen und Zähneklappern« (Matthäus 24,51).

Hier steht auch wie in der Apostelgeschichte 1,7: »Von dem Tag und der Stunde [des Gerichtes] weiß niemand, auch die Engel im Himmel nicht, sondern allein mein Vater« (Matthäus 24,36).

Am Anfang des zweiten Jahrhunderts entstand das »Evangelium nach Johannes«, doch der Schreiber hielt sich nicht mehr an das Schema der ersten Evangelisten, sondern schuf »Theologie« in ganz eigener Weise, wobei er die Fakten, soweit sie bekannt waren, schonungslos verarbeitete.

Dies war durchaus möglich, denn die letzten Jünger waren inzwischen gestorben. Und auch jene hatten wohl keinen Einfluß auf die früheren Evangelien gehabt, denn sie konnten weder schreiben noch lesen und werden von den Evangelisten durchgehend als einfältige junge Leute aus dem niederen Volk gekennzeichnet. Es ist auch für unseren Zweck unbedeutend, wie weit Jesus in den Evangelien umgedeutet wurde; als Hintergrund für die Johannesoffenbarung ist nur wichtig zu wissen, was von den frühen Christen geglaubt wurde.

Die Schlüssel zum Verständnis

Die Verfasser

Die Offenbarung ist eines der Bücher der Bibel, die nicht allein von einem Verfasser stammen. Im Laufe der Textbetrachtung stößt man auf drei Hauptautoren und einige weniger wichtige Mitverfasser.

Als *Urheber* ist der im ersten Kapitel genannte Johannes anzusehen, der Seher auf der Insel Patmos. Wir wissen weiter nichts von ihm, können nur folgern, daß er an der Westküste Kleinasiens als Autorität gegolten hat. Wie aus seinen Worten hervorgeht, fühlte er sich zum Propheten berufen; es ist vor allem das Prophetentum, das er als weltbewegende Macht auffaßt; er stellt es an zweite Stelle, direkt nach der Messiasgewalt. Dabei berücksichtigt er stets, daß die Propheten zu Märtyrern werden. Diese Anschauung wurde nicht von den alten jüdischen Propheten vertreten, sondern entstand erst in der Zeit der frühen Christen.

Wie Johannes sagt, erhielt er in seiner ersten Vision den Auftrag, seine Geisteserlebnisse (außer den Sprüchen der Donnerstimme in 10,4) in einem Buch niederzuschreiben, um sie auf diese Weise seinen Zeitgenossen mitzuteilen. Dies hat er offensichtlich mit großer Sorgfalt getan.

Leider ist dieser »Urtext« nicht in seiner ursprünglichen Gestalt erhalten. Vermutlich war er nur einem kleinen Kreis von Christen bekannt. Es scheint nämlich eine ganze Weile – vielleicht eine Generation – vergangen zu sein, bevor es ein Mitglied der Kirche wagte, einige genau bemessene und sorgfältig eingepaßte Verse hinzuzufügen sowie hier und da eine Zeile im Wortlaut zu ändern, um den Inhalt der Offenbarung der inzwischen leicht gewandelten theologischen Ansicht anzugleichen. Diesen Kirchenmann, der ebenfalls Autorität in den Gemeinden Kleinasiens besessen haben muß, nenne ich den *zweiten Verfasser*. Die Herausgabe des so veränderten Buches – nun für einen größeren Kreis von »Auserwählten« gedacht – geschah etwa um das Jahr 97 oder 98, wie aus Vergleichen mit dem ebenfalls zu jener Zeit geschriebenen Evangelium des Johannes zu schließen ist.

Etwa fünfzehn Jahre später – die Begründung für die Datierungen wird an den einzelnen Stellen dargelegt – stellte ein anderer Kirchenmann, vielleicht ein Bischof aus Kleinasien, die endgültige Fassung des Buches her, indem er die Textmenge durch Einschiebung ganzer Kapitel und großer Versgruppen fast verdoppelte. Wahrscheinlich ließ er sieben Abschriften für die in Kapitel 2 und 3 genannten sieben Gemeinden herstellen und abschicken. Dadurch gelangte das Buch an die »große Öffentlichkeit«, weshalb dieser Verfasser mit Recht als *Herausgeber* gelten kann.

Dieser Herausgeber hat sieben »offene Briefe« an die sieben Gemeinden in die Offenbarung eingefügt und damit das fast zeitlose Werk in den zeitgenössischen Entstehungsprozeß der jungen Kirche eingeschaltet. Diese sieben »Briefe« haben bewirkt, daß das Buch in den Kanon der Heiligen Schrift aufgenommen wurde, und damit war seine Erhaltung gesichert. Damals gab es eine ganze Anzahl von Apokalypsen, auch christliche im Sinne der Kirche, doch keine fand volle Anerkennung, so daß heute nur noch wenige davon, meist nur in Bruchstücken, existieren; sie sind nur Gelehrten bekannt.

Ein anderer Grund für die Hochschätzung und Erhaltung der Offenbarung war die Nennung des Johannes als Autor, der sicher in Kleinasien weithin als Prophet bekannt war. Natürlich nahm man damals nicht an, daß er mit dem Jünger Johannes oder mit dem »Ältesten« Johannes, der zwei wichtige Briefe verfaßt hat, identisch sei; die Gleichsetzung der drei namensgleichen Männer ist erst viel später erfolgt. Zur Unterscheidung nennt man den Johannes der Offenbarung den »Theologen«. Sein Buch hat großen Einfluß auf die Entwicklung der kirchlichen Lehre gehabt. Man kann sagen, daß die Offenbarung viel genauer den Zeitgeist des frühen Christentums wiedergibt, als es die Briefe oder Evangelien tun.

Und schließlich: Die Offenbarung war eines der ersten Bücher, das in den frühen Christengemeinden verwendet wurde und damals den Rang einer heiligen Schrift, dem Alten Testament vergleichbar, einnahm; auch der Form nach erfüllte es diese Aufgabe besser, als es die Evangelien oder Briefe gekonnt hätten, weil es im Gottesdienst vorgetragen wurde.

Aus vielfachen Anzeichen in der Beschreibung der Visionen kann man herauslesen, daß es sich tatsächlich um geistige Erlebnisse handelt, die einem Propheten widerfahren sind, und daß nur der Rahmen des Buches konstruiert ist. Dieser Eindruck der Konstruktion entsteht vor allem dadurch, daß neben heidnischen Bildern Zitate aus dem Alten Testament verwendet werden, insgesamt mehr als 500, davon 88 aus dem Buch Daniel. Das erweckt den Eindruck, als habe Johannes – oder einer der Bearbeiter – »bei Daniel oder Henoch abgeschrieben«. Doch Johannes konnte ja gar nicht anders als in den ihm vertrauten Ausdrücken und Bildern denken und schreiben, und seine Visionen mußten letztlich zusammengesetzt sein aus den Begriffen, die in seinem Denken und dem seiner Zeitgenossen vorhanden waren.

Gegen die Annahme, das Buch sei willentlich und rein sachlich konstruiert worden, spricht auch, daß es eine fast unerträglich große Zahl von Widersprüchen enthält, an denen sich bisher jeder Kommentator gestoßen hat. Zwar haben sich alle Bearbeiter des Buches Mühe gegeben, die für die damalige Glaubenswelt überraschende Verbindung aus Heidentum und Judentum zu glätten und die Originalnote des Johannes zu überdecken, aber ein geordnetes einheitliches Werk ist es dennoch nicht geworden. Die inneren Zusammenhänge sind nur schwer zu durchschauen.

Da ergibt sich die Frage, ob denn nicht der Herausgeber dieses Chaos hätte bereinigen können. Die Antwort liegt nahe: Dann wäre der ursprüngliche Text völlig zerstört worden, statt nur in Teilen verändert zu sein, wie es durch die Bearbeiter geschah; die Erhaltung des Kerns muß wichtig gewesen sein, weil er hier und da schon als Heilige Schrift eingeführt war. Die Offenbarung gibt also in Einzelstücken echte Erlebnisse wieder.

Wenn es gelingt, diese prophetische Schrift aus ihrer nachträglichen Textumklammerung zu befreien, dann tritt das ursprüngliche Dokument der Visionen des Johannes wieder zutage und kann vielleicht auch heute noch seine volle Wirkung entfalten.

Im Laufe der Auslegungen werde ich deshalb bei jedem Textstück mitteilen, wer es geschrieben hat. Das mag technisch trocken erscheinen angesichts einer Dichtung, die den Leser derartig fesselt, ist aber unvermeidlich, wenn ich die rekonstruierte Urfassung begreiflich machen will.

Zuerst werde ich einige Eigenarten des Urhebers aufzeigen: Johannes beschreibt mit Vorliebe doppelte Bilder, benützt Parallelen, um einen Zusammenhang von mehreren Seiten aus zu betrachten. Die zweimal zwei Engel der Ernte (Kapitel 14) stehen für zwei verschiedene Stufen der Wirklichkeit, sie sind weder Wiederholung noch Darstellung zweier nacheinander ablaufender Ereignisse, sondern ein einziges Geschehen aus zwei verschiedenen Blickwinkeln geschildert. – Die Bearbeiter des Buches dagegen kennen nur die rein formale Parallelität des Ausdrucks, die in der jüdischen Literatur allgemein üblich ist.

Ein gutes Erkennungszeichen für den Text des Johannes ist auch seine Einstellung zu Zahlen. So wie er keine Eigennamen gebraucht, liegt es ihm auch fern, Zahlen um des Zahlenwertes willen zu nennen; sie haben bei ihm vielmehr einen ethischen Wert. Da er im Gegensatz zum zweiten Verfasser und allen Kirchenschriftstellern nach ihm die Zahl Drei noch im alten Sinn, nämlich mit negativem Wert, verwendet, ist hier ein klares Kriterium für die Zuordnung gegeben. Typisch für ihn sind die »drei Wehe«, die Dreiteilung der Stadt durch ein Erdbeben, der dritte Teil der Sterne, der vom Himmel gefegt wird, und die drei Strafen »Tod, Leid und Hunger«.

Für die Bearbeiter dagegen hat die Zahl Drei positiven Wert, sie wird von ihnen zur Bezeichnung der Wesensart Gottes eingesetzt, obgleich damals die Lehre von der »Dreieinigkeit« noch nicht formuliert war. Wahrscheinlich hat aber dieses Buch seinen Teil dazu beigetragen, denn vom 3. Jahrhundert an wurde die Offenbarung in der weströmischen Kirche zum Kanon der Heiligen Schrift gerechnet, nachdem sie sich gegen den Widerstand mancher Kirchenväter durchgesetzt hatte. Im byzantinischen Bereich zählte sie erst vom Jahre 367 an zum »Wort Gottes«, und erst das Konzil von 692 in Konstantinopel fügte es endgültig in den Bibelkanon ein. In der Liturgie der orthodoxen Kirche spielt die Offenbarung bis heute keine Rolle.

Eine Eigenart des zweiten Verfassers und des Herausgebers ist die Beziehung des Textes auf das damalige Zeitgeschehen. Das war durchaus möglich, weil Johannes überzeitliche Modelle dargestellt hat, die sich auf wiederkehrende geschichtliche Situationen leicht anwenden lassen. Sie sind sogar auf die heutige Zeit zu beziehen, die sich doch durch einige grundsätzlich neue Strukturen auszeichnet, die Johannes nicht kennen konnte.

Die größte Veränderung durch den zweiten Verfasser besteht darin, daß er die Gestalt Jesu stärker in den Vordergrund rückte und mit göttlichen Merkmalen ausstattete, wodurch er das Buch den inzwischen veränderten Vorstellungen vom Messias anglich.

Dabei ist die Ähnlichkeit von seiner Auffassung von Jesus mit der, die das Evangelium des Johannes bringt, nicht zu übersehen. Auch die sprachliche Gestaltung der beiden Bücher weist gewisse Ähnlichkeiten auf, wie schon zahlreiche Kommentatoren festgestellt haben; die eigenartig ungriechische Sprachkonstruktion von Kapitel 19, Vers 15a–b kommt auch im Johannesevangelium Kapitel 6, Vers 50 vor. Derartige Vergleiche haben dazu geführt, daß der Verfasser der Offenbarung und der Evangelienschreiber Johannes als identisch betrachtet werden, was jedoch wissenschaftlich widerlegt wurde. Die sprachliche Übereinstimmung kann als Zeitströmung angesehen werden: Die Niederschrift beider Bücher, also die Zweitfassung der Offenbarung und die Abfassung des Johannesevangeliums, erfolgte vor demselben geistesgeschichtlichen Hintergrund, etwa im Jahr 97 n. Chr.

Die sprachlichen und inhaltlichen Textvergleiche führen zu der Annahme, daß der Kern der Offenbarung schon vor dem kritischen Jahr 70 – also vor der Zerstörung des Jerusalemer Tempels durch die Römer – verfaßt wurde. Johannes sieht im Tempel noch das Zentralheiligtum der Juden und setzt dieses Denken auch bei seinen Zuhörern voraus. Das war aber nur sinnvoll, solange der Tempel noch stand. Zum anderen scheinen die Evangelien noch nicht geschrieben zu sein, nicht einmal das älteste, das Markusevangelium, dessen Niederschrift für das Jahr 67 oder kurz danach angenommen wird; der Sprachduktus der Evangelien unterscheidet sich deutlich von der Ausdrucksweise des Johannes. Und zum dritten ist die Person Jesu für Johannes noch eine faßbare Gestalt, sie ist noch nicht mythisch so weit überhöht, daß sie in die Gottheit selbst einfließen kann, wie es schon für den zweiten Verfasser möglich wird. Johannes sah seine Aufgabe gerade darin, das Auftreten des Mannes Jesus als weltbewegende Tat herauszustellen, als den Anfang einer Reihe von Geschehnissen, die die Endzeit einleiten. Der geistesgeschichtliche Abstand zwischen der Urfassung und der ersten Bearbeitung um 97 ist also groß, er dürfte eine Generation umspannen.

Wenn diese Folgerungen richtig sind, haben wir in Teilen der Offenbarung das älteste Dokument eines Nachfolgers Jesu vor uns – abgesehen von den Briefen des Paulus, der Jesus und die Jünger nicht persönlich kannte, wie er selbst betonte.

Durch diese Betrachtung ergeben sich drei Zeitpunkte für die Entstehung der Offenbarung: Vor dem Jahr 70 entstand der Urtext des Johannes; etwa im Jahre 97 oder 98 wurde dieser Text durch den zweiten Verfasser umgearbeitet und erstmalig erweitert; und gegen 112 n. Chr. gestaltete der Herausgeber die endgültige Form des Buches, fügte umfangreiche Zusätze ein und schickte die Offenbarung in dieser neuen Form an die sieben Gemeinden.

Es ist sicher kein Zufall, daß alle drei Daten mit denen der ersten drei Christenverfolgungen zusammenfallen: Die erste Verfolgung geschah unter Nero im Jahre 66, wie Tacitus in den Annalen (XV,44) schreibt, die nächste Verfolgung veranlaßte Kaiser Domitian vom Jahre 93 an und die dritte war das Werk des Trajan, belegt für die Jahre 111 bis 113 durch seinen Schriftwechsel mit Plinius dem Jüngeren. Alle Interpreten der Offenbarung haben auf den engen Zusammenhang zwischen Verfolgung und Niederschrift dieser Apokalypse hingewiesen. Man darf annehmen, daß die durch den politischen Druck entstandene psychische Anspannung unter der verfolgten Minderheit für die Entwicklung und Verbreitung apokalyptischer Ideen förderlich war.

Die Bilder

Schon knapp ein Jahrhundert nach dem Bekanntwerden der Offenbarung wurden die ersten Kommentare verfaßt – es sind Reste der Schriften des Irenäus und des Hippolytos erhalten –, und schon diese frühen Auslegungen zeigen, daß jene berühmten Kirchenväter dieses wunderliche Buch nicht mehr voll verstanden, wie sie sich übrigens auch selbst eingestanden. Zu den vielen griechischen Auslegungen der Apokalypse – die ältesten vollständig erhaltenen stammen von Andreas und Ökumenius – gesellten sich ab dem Jahre 300 auch zahlreiche lateinische, der berühmteste ist der Kommentar des Victorin von Pettau. In den folgenden Jahrhunderten entstand eine Flut von Auslegungen, teilweise mit abenteuerlichen Sinngebungen, die dennoch bei den Gläubigen starke Beachtung fanden. Hier sei nur die Deutung des Joachim von Fiore und jene des Nicolaus von Lyra erwähnt, die später auch die Reformatoren beeinflußte.

Zwar birgt auch der Text der Offenbarung einige strittige Stellen, die durch unterschiedliche Überlieferungen oder unleserliche Wörter entstanden sind, aber diese Unterschiede sind für die Auslegung insgesamt unbedeutend, denn die Bücher des Neuen Testamentes sind in erstaunlich gutem Zustand erhalten. Die weit auseinanderklaffenden Auslegungen der Kirchenväter und anderer Geistlicher sind allein auf die Vieldeutigkeit des Textes zurückzuführen.

Diese Vielschichtigkeit der Offenbarung ergibt sich aus der Darstellungsweise, die einerseits knapp wie ein Gedicht, andererseits bunt und schillernd wie ein großes Gemälde wirkt; der Text besteht aus einer Abfolge vieler Bilder, die oft nur eine geringe Beziehung zueinander aufweisen, da sie ganz unterschiedliche Einblicke in das Weltbild der Menschen vor 2000 Jahren gewähren.

Die Bilder, die Johannes vor uns ausbreitet, muten an wie surreale Gemälde: Da gibt es seltsame Tiere mit vielen Köpfen, gehörnt und gekrönt, in prächtigsten Farben, und auf einem derselben reitet eine Frau. Aber dieses und die anderen Bilder des Johannes entwickeln und verändern sich während der Beschreibung, sie leben: Dennoch entsprechen sie nicht einem Film, in dem die Szenen mit zeitlicher und innerer Folgerichtigkeit nacheinander ablaufen, denn die Darstellungen des Johannes sind vielfach in sich verschachtelt und stehen nicht in einer logischen Perspektive zueinander.

Das Unzusammenhängende der einzelnen Darstellungen erklärt sich daraus, daß es sich um die Wiedergabe von Visionen handelt, die Johannes im Laufe vieler Jahre hatte. Durch die glättende Arbeit des Herausgebers sind diese Anzeichen verdeckt worden, und es ist eine Gesamtschau entstanden, die wie ein einziges Erlebnis wirken soll. Außerdem wird der Eindruck erweckt, es handele sich um eine Zukunftsschau. Das Gegenteil war von Johannes beabsichtigt: Er beschrieb ein überzeitliches Modellbild, das in Vergangenheit, Gegenwart und Zukunft zugleich existiert.

So ergibt sich die Notwendigkeit, die Bilder und ihre einzelnen Elemente zu erklären. Allerdings besteht diese Notwendigkeit hauptsächlich für uns. Den Zuhörern des Johannes waren die Verse noch verständlich. Daß auch ihnen schon manche Vision geheimnisvoll erschienen sein mag, liegt daran, daß auch der Seher selbst nicht alle Bilder durchschaute, wie aus einigen Hinweisen im Text ablesbar ist. Darum war es üblich, einige Visionen oder Bilder durch Engel oder formelhafte Hinweise zu erklären oder in ganzen Versgruppen auf zeitgenössische Gegenstände zu beziehen. Gerade diese Art der Deutung steht aber im Verdacht, später hinzugefügt zu sein.

Wir müssen uns auf unsere Kenntnis der prophetischen Sprache und der im Umkreis des Johannes üblichen Ausdrucksweise stützen, wenn wir entscheiden wollen, inwieweit die Erklärungen und Deutungen, die der Text enthält, original sind. Ein großer Teil der dargestellten Bilder ist sehr alt und Allgemeingut des Orients und der griechisch-römischen Antike gewesen; sie finden sich schon im ägyptischen Totenbuch und in den alteuropäischen und iranischen Glaubenslehren.

Unser größter Schatz in dieser Hinsicht ist das Alte Testament, vor allem seine Sammlung der prophetischen Bücher, die mehr als drei Viertel aller von Johannes benützten Sinnbilder enthalten. Die griechische Kultur hat zweifellos ihren Anteil zur Offenbarung dazugegeben, nicht zuletzt durch die Sprache, denn Johannes schrieb Griechisch. So haben besonders die alten Philosophen, Hesiod, Pythagoras, Platon und die orphischen Wanderprediger, einiges Gedankengut hier beigetragen.

Der Bekanntheitsgrad der von Johannes verwendeten Sinnbilder ist später Anlaß für die Streitfrage geworden, ob dieses Buch in den Kanon der Heiligen Schrift aufgenommen werden könnte, denn auch die als Ketzer vertriebenen Gruppen und Gemeinden wie die Gnostiker und Montanisten benutzten dieses Buch.

Bald nach der Festigung der christlichen Gemeinden in Kleinasien, um das Jahr 90, trat ein Wandel in den Lehren der Kirche ein, der zu einer Verengung des Geistes führte und im Laufe der nächsten Jahrzehnte die meisten Apokalypsen ausschied. Schon nach einem Jahrhundert waren nur noch eine Handvoll derartiger Zukunftsentwürfe geduldet, die ebenfalls bald verpönt wurden, bis schließlich nach harten Kämpfen die Offenbarung des Johannes als einziges Buch dieser Gattung übrigblieb.

Zu diesem Sieg hatte vor allem die Umarbeitung durch den zweiten Verfasser und die Neugestaltung durch den Herausgeber geführt, die schon deswegen – und nicht nur aus historischem Interesse – eine Würdigung verdienen.

Wenn ich nun vor der Betrachtung des Textes einige Bilder erkläre, dann vor allem deshalb, weil der heutige Leser diese Bildersprache nicht mehr gewöhnt ist. Einige Sinnbilder haben ihren Inhalt verloren oder sind umgewandelt, und es läßt sich sogar beobachten, daß schon zur Zeit des Johannes die Bilder in ihrer Bedeutung nicht absolut feststanden. Zwischen der Verwendung eines Ausdrucks durch den Urheber Johannes und der durch seine Bearbeiter, besonders des Herausgebers, bestehen Unterschiede. Auch Johannes selbst hat sich gewandelt und Begriffe – am auffälligsten die der Himmelsrichtungen – in den zwei Teilen seines Buches in unterschiedlichem Sinn verwendet.

Jedes Bild in der Offenbarung besitzt einen zweifachen Wert; wie die auf beiden Seiten beschriebene Buchrolle, die Johannes sah, enthält der Text einen inneren und einen äußeren Sinn. So bedeutet zum Beispiel die Aussage »Ich sah einen Löwen« zunächst ganz wörtlich, daß in der Vision ein Löwe erschien, aber zugleich erscheint vor dem geistigen Auge des Lesers die Gestalt des Christus, der in der prophetischen Sprache als Löwe bezeichnet wird.

So gehören zu jedem apokalyptischen Begriff zwei Seinsweisen, eine göttliche und eine weltliche. Die göttliche Seinsweise ist die einzig wirkliche, die lebendige und beständige, während die weltliche unwirklich und vergänglich ist.

Von einem abstrakten Begriff ausgehend läßt sich zeigen, wie dieser in vierfacher Weise auftritt: Die Lehre Gottes ist zunächst Gottes Wort im geistigen Sinn, also für den Menschen unfaßbar, sodann ist diese Lehre bildlich dargestellt als Wasser des Lebens, als der nie versiegende klare Brunnen. In der Welt ist sie abgebildet als ein Weib, das einen Knaben gebärt; und sichtbar für alle veranschaulicht ist sie das Schwert, das aus dem Mund des Menschensohnes Jesus kommt.

Diese unterschiedlichen Ebenen der Bildersprache müssen jeweils einzeln analysiert werden. Es kann zum Beispiel vorkommen, daß ein Engel einem anderen Engel den Befehl zu einer Handlung erteilt. Die Ausführung dieses Befehles ereignet sich dann jedoch auf einer anderen Ebene im weltlichen Bereich und ist dort zudem aufgeteilt in einen inneren Vorgang und ein äußeres Ereignis.

Der Tempel

Das wichtigste Sinnbild des jüdischen Volksglaubens ist der Tempel auf dem Berg Zion in Jerusalem. Schon die Tatsache, daß es nur *einen* Tempel in Israel gibt, ist bemerkenswert. Mit der Errichtung und Zerstörung dieses Tempels ist das Heil Israels für das ganze Volk sichtbar verknüpft, denn nur im Tempel kann das Passahlamm geschlachtet werden.

Doch es geht natürlich um mehr als nur um das Bauwerk und den Felsen, auf dem es steht. Der Tempel wurde zum Inbegriff der Anbetung des bildlosen Gottes. Und er wurde gleichbedeutend mit der Gemeinde der wahrhaft gläubigen Juden.

Schon bei Daniel ist der Wechsel im Denken vollzogen; unter »Tempel« versteht er nur noch die heilige Gemeinde Gottes. In diesem Sinn haben auch die frühen Christen, beispielsweise Petrus und Paulus in ihren Briefen, den Begriff »Tempel« gebraucht. Dabei setzten sie die prophetische Überlieferung fort, die auf Jesajas und Hesekiel zurückging. Mit der Reinigung des Tempels meinte Hesekiel (9,6) die Läuterung der Gemeinde.

In den 14 Briefen, die Paulus zugeschrieben werden, steht siebenmal der Ausdruck »Tempel Gottes«, und er bedeutet stets, wie auch besonders hervorgehoben wird (1. Korinther 3,16): die Gemeinde der Gläubigen. Im 1. Brief an Timotheus (3,15) heißt es: »... in dem Hause Gottes, welches die Gemeinde des lebendigen Gottes ist, ein Pfeiler und eine Grundfeste der Wahrheit.« Und im ersten Petrusbrief (2,5) steht: »Und baut auch ihr euch als lebendige Steine zum geistlichen Hause und zur heiligen Priesterschaft, zu opfern geistliche Opfer, die Gott angenehm sind.«

Diese Übertragung des Begriffes vom Tempel in Jerusalem auf den örtlich nicht festzulegenden Tempel aller Gläubigen entspricht einer gewissen Tempelfeindlichkeit, die schon unter den Propheten aufgekommen war. Zu Recht haben sie gefordert, daß der Tempel Gottes in den Herzen der Menschen sei; so ist in dieser Neudeutung des Tempelbegriffes auf die Kirche als geistige Körperschaft ein Schritt hin zur wahren Gläubigkeit erreicht worden. Und schließlich ist dann auch dieser Tempelbegriff überflüssig geworden, wie die Offenbarung (21,22) verkündet.

Verschieden von der allgemeinen prophetischen Sprache ist die Art, in der Jesus dem Johannesevangelium zufolge den Begriff »Tempel« gebraucht hat, indem er seinen Körper »Tempel« nannte und den staunenden Zuhörern anbot, diesen »Tempel« in drei Tagen wieder zu erbauen, wenn sie ihn zerstören würden. Hier steht Jesus stellvertretend für die Gemeinde aller Gläubigen.

Der Himmel

An einigen Stellen in der Offenbarung ist das Wort »Himmel« in seinem ursprünglichen Sinn verwendet, nämlich als Lufthülle der Erde, als Atmosphäre. Sonst aber bezeichnet »Himmel« einen örtlich nicht nennbaren Zustand zeitloser Wirklichkeit, er ist der Inbegriff des wahren Seins. Das innerste Wesen des Himmels wird als Thronsaal gesehen; doch Johannes darf ihn als Sterblicher – noch – nicht betreten, er schaut nur durch die offene Tür hinein, womit der Vorgang der Vision, die Offenbarung, beschrieben wird. Die *Tür* ist also ein Zugang zu Gott, geöffnet durch seine Gnade.

Der *Thron*, Gottes Stuhl, ist Ausdruck für den Geist insgesamt, denn Gott selbst wird nicht – oder nur vage – als Person gesehen und beschrieben. »Mitten im Thron« ist also wiederum nicht örtlich gemeint, sondern als göttliche Eigenschaft.

Der *Altar* im Himmel, Abbild des Altars im Tempel, bezeichnet die Geopferten, die Märtyrer, die um der Lehre der Wahrheit willen ihr Leben aufgaben. Dieser Altar ist »golden«, das heißt: Er ist unvergänglich und strahlend schön. Denn wer sein Leben hingibt, wird es für immer behalten.

Andere Sinnbilder in diesem Zusammenhang sind weniger fest geprägt und teilweise erst im Gefolge der vorigen übernommen worden, wie zum Beispiel die *Räucherschalen,* die zum Altar gehören, oder die *Richterstühle,* die im Thronsaal aufgestellt sind. Weihrauch war als Mittel zur Besänftigung und Versöhnung im ganzen Orient und im Mittelmeergebiet verbreitet und wurde nicht nur bei kultischen Handlungen verwendet, sondern gehörte zum Alltag. Die Richterstühle kommen übrigens schon in den ältesten heiligen Texten vor, so im ägyptischen Totenbuch und im Völuspa-Lied der Edda.

Die *Sterne* sind Lehrer, eigentlich Engel, aber auch Propheten, die von diesen Engeln gelenkt werden.

Dann gibt es noch weitere Geistwesen von der Art der Engel, die auf Gottes Seite stehen: die *Ältesten*; in der Offenbarung gleicht ihre Aufgabe der der Propheten.

Weltliche Symbole

Wichtig ist das Sinnbild des *Knaben,* der als Symbol für die Gemeinschaft der Heiligen, das Gottesvolk auf Erden, steht. Die Lehre Gottes sieht Johannes als ein *Weib*. Doch gerade an diesem Bild zeigt sich, daß die Begriffe keineswegs starr verwendet sind, sondern eine Veränderung durchmachen können, die von den Propheten selbst erlebt wird. Aus dem geliebten Weib des Herrn im Alten Testament wird bei Johannes durch die Tat der Schlange das gefallene Weib, das Sinnbild der Zivilisation mit ihrer verwerflichen Lehre.

Der *Drache,* auch *Schlange* genannt, ist eine geistige Gestalt von großer Machtfülle, Hauptthema mehrerer Kapitel der Offenbarung. Einst war er ein Sohn Gottes, der durch seine eigenmächtige Tat gefallen ist: der Eigenwille der Schöpfung, die Lehre Satans, des Verführers.

Abstoßend klingen die Begriffe »Götzenopfer« und »Unzucht«, denn sie stehen für die geistigen Verirrungen: Als *Götzenopfer* beschreibt Johannes die Hinwendung zu materiellen Gütern, zum Gott Mammon, zum Geld; *Unzucht* nennt er im Sinne des Alten Testaments die Anbetung nichtchristlicher Glaubensinhalte, auch den Dienst an Engeln und Geistern statt an Gott.

Das *Meer* steht für die geistige Entwicklung der irdischen Wesen, besonders für die Geschichte des Menschen und der Religionen. So wie das Meer Ursprung aller Lebewesen ist, so ist es auch die Geburtsstätte ihrer geistigen Welt. Ihm entgegen steht die *Erde,* das Festland als materielle Welt und Sinnbild der politischen Geschichte aller Völker, ihrer Kriege und großen Taten. Die Erde ist auch Symbol für den Tod, besonders als »Rachen der Erde«, denn im Orient bestattete man die Toten in unterirdischen Kammern, Felsspalten, Höhlen oder einfach in der Erde.

Das *Trinkwasser* steht für die göttliche Lehre, die Wahrheit, die vor allem als Brunnen mit klarem Wasser dargestellt wird. Wenn das Süßwasser bitter wird, haben sich Lüge und Irrtum eingeschlichen; wenn das Wasser zu Blut wird, ist es giftig geworden und tötet geistig den, der es trinkt.

Die Flüsse oder *Wasserströme* sind Völker und Kulturen; der große Euphrat ist Symbol für ein mächtiges Volk der Frühgeschichte, das allen anderen Völkern sein kulturelles Siegel aufgedrückt hat: das der Sumerer. Große Wassermassen bedeuten Volks- oder Menschenmengen.

Ein *Berg* steht für politische Macht, für Königtum und Herrschaft. Die *Inseln* sind die Stadtstaaten der Griechen und Phönizier im Mittelmeergebiet, die meist auf Inseln oder Bergkuppen an der Küste angelegt waren; seit Jesajas (41,5) werden sie allgemein mit den *Heiden* gleichgesetzt oder gemeinsam mit diesen genannt. Johannes denkt hierbei stets an die Gesinnung der Menschen, die auf den Inseln wohnen, nicht an die Inseln selbst.

Das Wort *Wüste* – womit nicht die Sandwüste, sondern die Einöde, das menschenleere Gebiet gemeint ist – drückt die Armut und Einsamkeit aus, die Zerstreuung der Gemeinschaft und auch die daraus folgende Reue und Bereitschaft zur Umkehr, zur Besinnung.

Manche Bilder erschließen sich beim Lesen selbst, wie zum Beispiel das *Schwert*, das aus dem Munde Jesu kommt, oder seine feuerflammenden Augen, die von Eifer und Gerechtigkeitssinn zeugen. Im *Horn* ist die Kraft und Macht eines Wesens dargestellt; sogar der Altar im Tempel zu Jerusalem hatte Hörner als Zeichen der Macht Gottes.

Der *Kranz* auf dem Haupt ist ein Siegerkranz, wie der Lorbeer- oder Myrtenkranz beim Sportwettkampf oder Dichterwettstreit. Natürlich ist er der Krone nachempfunden, wenn er auch als verwelkendes Zeichen keine Machtbefugnis anzeigt. Die Toten wurden bekränzt, bevor sie bestattet wurden, und manchmal bekränzte man auch Opfertiere vor der Schlachtung. Alle diese Bräuche sind heidnisch und ohne Vorbild im Judentum. Durch die Apokalypse wurden die Kränze zum Kennzeichen der geopferten Christen, der

Märtyrer, und enthalten hier beide Auslegungsmöglichkeiten: den Siegerkranz für den, der der Versuchung nicht erlegen ist und den satanischen Feind überwunden hat, und den Schmuck des Opfertieres.

Palmenzweige zeugen für die friedliche Haltung dessen, der sie schwingt. Als Vorbilder dienen die Makkabäerbücher (1. Buch 13,37 und 51; 2. Buch 10,7). Durch den Brauch des Palmsonntags ist das Bild heute noch jedem verständlich.

Die *weißen Gewänder* sind aus Leinwand gewoben; sie symbolisieren ebenfalls eine friedliche Haltung – im Gegensatz zur Fell- und Wollkleidung der Hirten. Ihre weiße Farbe ist Zeichen der Reinheit. Die Nauzadazeremonie, bei der die Jugendlichen in die Lehre Zarathustras eingeweiht werden, besteht im rituellen Anlegen eines weißen Kleides und eines Gürtels. Im übertragenen Sinn verweisen sie auf die guten Taten der Gläubigen. Nackt dazustehen ist gleichbedeutend mit Schutzlosigkeit, und das heißt, daß jene Person es versäumt hat, durch Liebe, Lehre und barmherzige Taten am Nächsten sich ein Kleid zu schaffen, das nicht verderben kann. Wer sein Kleid im Opferblut des Lammes gewaschen hat, hat seine Taten im Hinblick auf die Lehre Jesu neu durchdacht und gereinigt.

Der *Name* einer Person steht für die ganze Seele und für den unsterblichen Teil der Person, für ihren Geist. Aus diesem Grund taucht in der Offenbarung der Begriff »Name« auf, wenn das himmlische Element eines Menschen, seine Unvergänglichkeit, bezeichnet werden soll.

Auch das Volk Israel wird in diesem Sinn als Person aufgefaßt und erhält als Gemeinde der Erlösten einen neuen Namen. Das gleiche gilt für Jesus (Brief an die Philipper 2,9–10).

Folgendes ist bemerkenswert: Echte Eigennamen kommen im Text des Johannes nur zwei- oder dreimal vor, nämlich die Städtenamen Babylon und Jerusalem, doch selbst diese bedeuten Geistes- und Lebenshaltungen und stehen nicht für die Orte selbst. Sodom erinnert an Verdorbenheit, Ägypten an den Aberglauben, der dort unmäßig verbreitet war usw. Die meisten Eigennamen, vor allem der Personenname Jesus, stammen von den späteren Bearbeitern.

Tierkreiszeichen

Im Kommenden werde ich nur selten die Sternsinnbilder erwähnen, denn sie bringen für das Verständnis dieses Textes fast nichts ein. Dennoch will ich kurz daran erinnern, daß in der Antike gebildete Menschen bei dem Wort Stier oder Löwe nicht nur an Tiere dachten, sondern zugleich auch an Sternbilder und an die damit verbundenen Zeitmaße, die auf astronomischen Berechnungen beruhten.

Das Zeitalter des friedlich pflügenden Stieres – von der Mitte des 5. Jahrtausends bis zum letzten Drittel des 3. Jahrtausends v. Chr. – war lange vergangen, und das sich daran anschließende Zeitalter des Widders, das mit dem Schafhirten Abraham begann und mit den Makkabäern endete, ebenfalls vorbei. Das Lamm Jesus wird geschlachtet.

Mit Jesus beginnt das Zeitalter der Fische, denn zur Zeit Jesu trat der erste gut sichtbare Stern des Tierkreiszeichens Fische in den Raum, den die Sonne am Tag der Frühlingstagundnachtgleiche einnimmt. Jesu erste große Predigt vor einer Volksmenge war die Fischzugspredigt am See Genezareth (Lukas 5,1–11), und seine ersten Jünger waren vier Fischer, die er dort zu sich rief. Später, unter den verfolgten Christen im römischen Reich, wurde das Zeichen des Fisches zum Erkennungsmal aller Christen, was gewiß bemerkenswert ist, denn Brot oder Wein hätten ebensogut dazu gewählt werden können.

Bemerkenswert ist auch, daß die Christen zu den größten Seefahrern aller Zeitalter wurden: zuerst die Portugiesen, die den Erdball umsegelten; fast zugleich mit ihnen die Spanier, die das größte Weltreich der Geschichte mit ihren Schiffen eroberten; als Händler und Krieger folgten ihren Spuren die Holländer und Engländer. Erst im zwanzigsten Jahrhundert geht die Epoche der Seefahrt zu Ende, denn nun tritt die Sonne in den Raum von Wassermann, dessen Element die Luft ist: Der Mensch steigt in den Luftraum auf.

Man kann darüber staunen, wie wenig Johannes von diesen in seiner Zeit allgemein verbreiteten Symbolen Gebrauch gemacht hat, ja wie selbstsicher er sich über diese engen Vorstellungen der Antike hinweggesetzt hat. In dieser Hinsicht lebte er ganz in der hebräischen Tradition, der die Sterndeuterei als Übel galt.

Die Zahlen

Auch die Zahlensymbolik, die sich durch die gesamte Bibel hindurchzieht und in vielen anderen heiligen Schriften ebenfalls verwendet wird, bedarf einiger Erklärungen, weil der heutige Leser nicht mehr an sie gewöhnt ist. In der Offenbarung ist sie besonders stark ausgeprägt.

Einer der frühesten Kommentatoren, der Donatist Tychonius von Afrika, hat etwa 380 n. Chr. mit der Deutung der Zahlen viele Gedanken der Offenbarung erklärt. Doch eine einfache Abzählung der Verse oder Wörter – 54mal kommt die Sieben vor, 22mal die Zwölf – führt nicht weiter, denn eine einzige Auslassung oder Zufügung durch einen der Abschreiber kann diesen Eindruck völlig verändern. Vielmehr ist eine genaue Kenntnis der symbolischen Werte der einzelnen Zahlen wichtig.

Das bekannteste jüdische Gesetz lautet: Jeder siebente Tag ist dem Herrn geheiligt, der Sabbat (das heißt der Siebente), denn der Herr schuf die Welt in sechs Tagen und ruhte am siebenten. Die Zahl Sieben ist die wichtigste und heiligste Zahl in der jüdischen und christlichen Überlieferung; das war allgemein im Orient verbreitet und reicht bis in die allerältesten Sagen zurück.

Man rechnete vielfach mit dieser Zahl, vor allem mit ihrem Doppelten, 14, und ihrem Vierfachen, 28. Der Ursprung läßt sich wohl nicht mehr erfahren, nur dürfte einleuchten, daß diese Zahlenreihe nichts mit dem Mond und seinen Phasen zu tun hat, sondern umgekehrt: Die Mondviertel wurden dem schon vorhandenen Begriff »Woche« angepaßt, indem man einen Tag des Mondumlaufs unterschlug. Vermutlich handelt es sich um ein kosmisches Zeitmaß, dem astrophysikalische Erkenntnisse zugrunde liegen.

Schon der Mensch selbst bietet Anlaß dazu, die 14 als Grundmaß zu wählen: Jede Hand hat 14 Fingerknöchel, woraus eine uralte Gebetsform abgeleitet ist. Die fernöstlichen Heilmethoden, besonders Akupunktur und Shiatsu, arbeiten mit der selben Grundzahl: 14 Meridiane liegen auf dem Körper, auf der Vorderseite des Körpers liegen 28 Druckpunkte, auf der Rückseite sieben mal sieben, das macht 49 Punkte.

Auch in Ägypten hat man der Zahl 14 großen Wert zugemessen. Der Körper des toten Osiris wurde in 14 Stücke zerhackt, die Isis wieder zusammensuchen mußte. 14 – oder dreimal 14, also 42 – Totenrichter herrschen in der Unterwelt oder auf den Inseln der Seligen, berichtet das ägyptische Totenbuch.

Aus Europa stammt die Zahl der 14 Nothelfer, die heute noch in der katholischen Kirche verehrt werden; auch die 14 Stationen des Leidensweges zu den Bergheiligtümern sind hier entstanden.

Die Halbierung der etwas unhandlichen Zahl 14 ist ein normaler Vorgang. Die Sieben wurde zum Inbegriff der Ganzheit, des Voll- oder Erfülltseins. Man sprach in der Antike von den sieben Weltwundern, den sieben Weisen usw. Im Volksglauben sind die siebenerlei Kräuter und die siebenerlei Speisen an Festtagen noch bekannt. Schließlich hat die Tonleiter sieben Tonschritte.

In der Offenbarung hat eine sehr eigenartige nochmalige Halbierung stattgefunden: Dreieinhalb wurde zur Zahl des Leids, auch in seiner Umrechnung als dreieinhalb Jahre oder 42 Monate oder 1260 Tage.

Eine andere wichtige Zahl ist die Vier, die den Gedanken der räumlichen Ausdehnung wiedergibt. Zunächst wurden mit der Vier die Himmelsrichtungen symbolisch erfaßt, dann erweiterte sich der Begriff und wurde allgemein zur Vorstellung des Raumes. Die Quadratzahl der Vier, 16, wird zur Berechnung des Ackerlandes in Asien benutzt, und das Vierfache davon, 64, entwickelte sich zu einer Grundeinheit die im Schachspiel und im I Ging ihren schönsten Ausdruck fand. Die 16 als Inbegriff der Gesamtheit erhielt sich in der von Juden und Arabern bis in die heutige Zeit gepflegten Geomantik.

Auch die Reihe über die Zahl 16 ließe sich noch lange fortsetzen. Zusammenfassend sei betont, daß die Sieben und 14 ein Zeitmaß, die Vier und 16 ein Flächen- oder Raummaß bedeuten.

Darüber hinaus haben alle Zahlen in der Bibel einen ethischen Wert. Sacharja (8,19) nennt die Zahlen Vier, Fünf, Sieben und Zehn in Zusammenhang mit Freude und Wonne, etwas später (11,8) die Zahl Drei als Unglückszahl: Drei Hirten werden vertilgt. Während wir uns leicht vorstellen können, daß die Fünf und Zehn zu den positiven heiligen Zahlen gehören – denn fünf Finger hat der Mensch an jeder Hand, zehn insgesamt, und zwanzig mit den Zehen zusammen, deshalb war Zwanzig schon früh die Recheneinheit der Händler – fällt es doch schwer, die Drei als Unheilszahl aufzufassen, denn bei den indogermanischen Völkern galt sie stets als Inbegriff des Guten. Wie die Drei im Judentum zum Sinnbild des Unglücks und der Zerstörung geworden ist, entzieht sich meiner Kenntnis, die Tatsache ist jedenfalls auffällig. Das Zehnfache der Drei, die Dreißig, ist ein Zeichen der Schande, daher die dreißig Silberlinge, die Judas als Preis für den Verrat an Jesus gezahlt wurden.

Das Doppelte von Drei, Sechs, ist Ausdruck für Schlechtigkeit, Not und Vernichtung und vielleicht entstand die schlechte Bedeutung der Drei einfach aus der Halbierung der unglücksbeladenen Sechs.

Im frühen Christentum kam es zu einem Bedeutungswandel in der Symbolik der Zahl Drei. Das hing wohl mit der Loslösung von der aramäischen Sprache und der Verschiebung der christlichen Kirche in den indogermanischen Sprachbereich der Griechen und Römer zusammen. Zuerst wurde die Zahl Zwölf bevorzugt, die als Kennzeichen der Auslese gilt: Die zwölf Stämme Israels und die zwölf Jünger Jesu sind die bekanntesten Bilder.

Zu Beginn des zweiten christlichen Jahrhunderts war der Wandel von der unheilvollen Drei zur göttlichen Drei vollzogen. Möglicherweise hat die Apokalypse dabei eine Rolle gespielt, denn während Johannes noch an der negativen Bedeutung der Zahl Drei festhielt, haben die beiden Bearbeiter die Drei sichtlich zu Ehren erhoben und damit zur Entstehung von der Lehre der Dreieinigkeit in der Kirche beigetragen.

Die Bewertung der Zahlen wirkte sich in erster Linie auf die Anordnung der Versgruppen und Zeilen der Offenbarung aus, so daß sich aus der Anzahl der Verse auf die Aussage selbst schließen läßt: Unglücksfälle werden in drei oder drei mal drei Versen beschrieben, göttliche Botschaften in sieben oder 14 oder 28 Zeilen oder Versen usw.

Auch die Stellung eines Verses im Kapitel spielt eine Rolle. Einige Beispiele aus der Offenbarung zeigen das: Die Kapitel sieben und 14 bringen die schönen Danklieder der Geretteten, die glänzendste Vision Jesu steht im 14. Vers des 14. Kapitels. Auch die Gesamtzahl der Kapitel der Offenbarung, nämlich 22, ist so zu verstehen: Das letzte Kapitel, das die heiligen Zahlen 14+7 = 21 überschreitet, spielt im Jenseits und beschreibt eine Vision, die nur jenseits aller Vorstellung aufgenommen werden kann.

Häufig gehören Zahl und Bild so zusammen, daß sie nicht voneinander zu trennen sind; beide drücken dasselbe aus. »Zwölf Jünger« ist eigentlich ein Doppelausdruck, denn sowohl die Zahl Zwölf als auch das Wort »Jünger« beinhalten das Auserwähltsein. Und die vier Winde bedeuten einfach alle Winde, nämlich alle Himmelsrichtungen. Ebenso der Zeitbegriff Dreieinhalb, der – von der Sieben abgeleitet – sich nur auf die Zeit beziehen kann, und der auf Grund seines Gebrochenseins stets Leid ausdrücken muß. Wenn es also von einer Leidenszeit heißt, daß sie dreieinhalb Jahre dauerte, dann ist damit gar nichts weiter ausgesagt. Daraus ein Zeitmaß der Vorhersage im geschichtlichen Sinn zu machen, zum Beispiel einen Bezug auf die dreieinhalb Jahre des öffentlichen Auftretens Jesu (von der Taufe im Jordan im Jahr 29 bis zur Auferstehung Ostern 33) anzunehmen oder gar auf den Ersten Weltkrieg (Spätsommer 1914 bis Frühjahr 1918), ist unsinnig. Natürlich darf nicht übersehen werden, daß es für die dreieinhalbjährige Leidenszeit ein Vorbild im Alten Testament gibt, aber das trifft für fast alle Aussagen in der Apokalypse zu. Hier ist es der Zeitraum, in dem Elias den Himmel verschloß, so daß kein Regen fiel (1. Könige 17, zitiert in Lukas 4,25). Doch ob diese Dürrezeit wirklich drei Jahre und sechs Monate gedauert hat, wie berichtet wird, oder ob die zeitliche Zuordnung später geschah, ist fraglich.

Es gibt allerdings Erklärungen für die immer wieder auftauchenden dreieinhalb Tage, die tatsächlich ein Zeitmaß enthalten. Zunächst einmal umfaßt im Glauben antiker Völker die Leidenszeit des Geistes eines gerade Verstorbenen, also die Wanderung vom Augenblick des Todes bis zur Bewußtwerdung im »Nachtodeszustand«, dreieinhalb Tage. Daß diese Ansicht wissenschaftlich begründbar ist, nimmt man seit der Veröffentlichung des tibetischen Totenbuches durch Evans-Wentz 1927 auch bei uns an. Die Bewußtlosigkeit des Geistes ist jedoch eine andere Art von Leiden als körperlicher Schmerz. Außerdem läßt sich auch hier wieder einwenden, daß die dreieinhalb Tage kein exaktes Zeitmaß sind, sondern eine »Normierung« im statistischen Sinn.

Doch ich fand auch eine »geschichtliche« Bedeutung der Zahl Dreieinhalb, die die Gedankenwelt des Johannes beleuchtet. Im vierten Buch Esra heißt es in Kapitel 14, Vers 11, daß die vergangene Geschichte des Menschen neuneinhalb Teilen entspricht und die noch verbleibende Zeit zweieinhalb Teilen. Wenn man nun einen »Teil« als ein Jahrtausend ansieht, erhält man die klassische Vorstellung, die Platon in seinem Atlantisbericht (Kritias 108e, 111a; Timaios 23e) mitgeteilt hat: Die große Katastrophe, in der Atlantis unterging und nach der die Erde neugeboren wurde, hat sich 9000 Jahre vor Solon ereignet. Für den Autor des vierten Buches Esra, der etwa ein halbes Jahrtausend nach Solon lebte, waren es demnach rund neuneinhalb Jahrtausende. Alles, was vor diesem schrecklichen Ereignis lag, galt als »Vorgeschichte«.

Die Gleichsetzung – ein Teil bedeutet 1000 Jahre – ist keineswegs willkürlich, sondern entspricht dem damaligen Denken. Psalm 90,4 liefert das Vorbild: »Denn tausend Jahre sind vor dir wie der Tag, der gestern vergangen ist.« Johannes verwendete allerdings eine andere Gleichsetzung, die ebenfalls sehr gebräuchlich war und allgemein verstanden wurde: Das Maß ist eine Ära, das heißt 2167 Jahre. Die kleine Ära von ungefähr 2167 Jahren ist der Zeitraum, den die Erde braucht, um die Verschiebung ihres Frühlingsanfangs durch *ein* Haus des Tierkreises, also 30°, zu durchlaufen. Dieses astronomische Zeitmaß wird in vielen alten Sagen gebraucht.

Wie aus meiner kritischen Untersuchung der von Platon überlieferten Texte hervorgeht, muß die von Solon in Ägypten gesehene Inschrift, die von Atlantis spricht, vor der Zeit der Seevölker, also spätestens im 13. Jahrhundert v. Chr. abgefaßt worden sein. Möglicherweise stammt der Text aus dem Alten Reich wie die meisten Stücke des ägyptischen Totenbuchs. Am wahrscheinlichsten für die Abfassung scheint mir die Hyksoszeit zu sein, das 17. Jahrhundert v. Chr., in der das Alte Reich unterging, weshalb die Priester diesen Text vom Untergang des atlantischen Reichs als zeitnahe Warnung auffaßten. Man kann vermuten, daß die Hyksos selbst einen Teil zur Überlieferung von Atlantis beitrugen. Vom Zeitpunkt, an dem Atlantis in den Fluten des Ozeans versank, bis zur Abfassung des Textes auf der Tempelsäule sind demnach knapp 8000 Jahre vergangen, also wenig mehr als dreieinhalb Äras, und dieses Maß wurde zum festen Begriff für die damalige Geschichte der Menschheit, denn alles, was vor der Katastrophe lag, gehörte einer anderen Zeit an, dem »goldenen Zeitalter« einer früheren Menschheit. Die dreieinhalb Zeiten drücken also die Leidensgeschichte der nachatlantischen Menschen aus, sie stehen gleichbedeutend für das Vertriebensein aus dem Garten Eden.

Wie alle altägyptischen Begriffe, die Johannes übernahm, war auch dieser schon damals zum unveränderlichen Symbol geworden und enthielt nur noch den erwähnten Sinn, ohne daß sich die Zuhörer über Herkunft und ursprüngliche Bedeutung des Begriffes im klaren waren. Ein Bezug auf eine geschichtliche Bedeutung, die den Sinn »allgemeine Leidensgeschichte des Menschen« übersteigt, dürfte demnach zu weit führen.

Alpha und Omega

Kapitel 1, Vers 1– 3   Einleitung
          Vers 4– 6   Gruß an die sieben Gemeinden
          Vers   7   Erste Weissagung
          Vers   8   Sinnbild Gottes
          Vers 9–11   Der Auftrag an Johannes
          Vers 12–20   Eine Vision des Messias

Einleitung

1. Offenbarung von Jesus Christus,
   die Gott ihm gegeben hat,
   um seinen Knechten zu zeigen,
   was demnächst geschehen wird.

   Er gab die Botschaft und sandte sie durch seinen Engel
   seinem Knecht Johannes,
2. der Gottes Wort bezeugt hat
   und das Zeugnis Jesu Christi,
   das er gesehen hat.
3. Selig ist, wer vorliest
   die Weissagungsworte, und selig sind die, die zuhören
   und beachten, was darin steht.
   Denn die Zeit [der Erfüllung] ist nahe.

   Offenbarung 1,1–3

»Apokalypse« ist der Titel des Buches, das bedeutet »Aufdekkung«, offene Mitteilung, Offenbarung. Die Buchrolle mußte einen Titel tragen, zum Einordnen in die Bibliothek und zum Zitieren, einen Begriff, unter dem sie erfaßt und erkannt wird. Mit dem Wort Apokalypse hat ein Schreiber den Ausdruck gefunden, der das Buch markiert.

Die Person Jesus Christus ist das Thema des Buches. Und der Zweck dieser Offenbarung ist es, seinen Knechten, Bewunderern, Getreuen zu zeigen, was sich demnächst abspielen wird.

»Zeugnis« bedeutet Leiden, Martyrium, Selbstopfer; das Blutzeugnis ist das absolute Eintreten für das Wort, das einmal ausgesprochen wurde. Der Schreiber will sagen: Der Autor des vorliegenden Buches, also Johannes, ist Märtyrer wegen seines Mutes zur Aussage geworden. Er handelt, wie er es selbst bei seinem bewunderten Meister, Jesus Christus, gesehen hat, der sich mit seinem Leben für das einsetzte, was er sagte und vorlebte.

Dieses Buch war eines der ersten der jungen Christengemeinden. Es wurde überall dort vorgelesen, wo die Menschen vom neuen Geist durchdrungen waren. Darum steht eine Seligpreisung – wie ein Gebet – am Anfang und Ende des Buches.

Die Zeit der Erfüllung ist nah, zumindest im Sinn des 90. Psalmes, der allen bekannt war: Tausend Jahre sind vor Gott wie der Tag, der gestern vergangen ist, und wie eine Nachtwache.

Gruß an die sieben Gemeinden

Die nächsten drei Verse haben die Form eines Briefanfangs; auch sie sind eine spätere Zutat zum Urtext. Sie wurden vom Herausgeber geschrieben, der das Buch neu gestaltete und zum öffentlichen Gebrauch an die Gemeinden schickte.

Dieser Herausgeber hat mehr als die Hälfte des Buches selbst geschrieben, weshalb man ihn nicht als Bearbeiter, sondern eher als Mitverfasser der Offenbarung bezeichnen muß.

Manche Kommentatoren haben sogar die Auffassung vertreten, daß er der eigentliche Verfasser sei, der das Buch aus einigen älteren Stücken – eventuell verschiedenen Ursprungs – zusammengefügt habe. Dagegen möchte ich zeigen, daß seine Arbeit, so umfangreich sie auch war, nichts Wesentliches zum Urtext des Johannes dazugeschaffen hat.

> 4. Johannes [schreibt] an die sieben Gemeinden in Kleinasien:
> Gnade sei mit Euch und Friede
> von dem, der ist und der war und der kommt,
> und von den sieben Geistern,
> die vor seinem Thron [stehn];
>
> 5. und von Jesus Christus,
> dem treuen Zeugen,
> dem Erstgeborenen von den Gestorbenen
> und dem Fürsten über die Könige der Erde.
>
> Ihm, der uns geliebt
> und erlöst hat von unserer Schlechtigkeit durch sein Opfer
> 6. und zum Königtum und zu Priestern Gottes, seines Vaters,
>   gemacht hat,
> ihm sei Ehre und Gewalt für alle Zeit! Amen!
>
> *Offenbarung 1,4–6*

Die dritte Zeile von Vers 4, »der ist und der war und der kommt«, ist die umfassendste Umschreibung für den Begriff »Gott«; sie kommt schon bei Heraklit vor und in Ägypten als Selbstbezeichnung der Göttin Neith (oder Isis), wie Plutarch überliefert: »Ich bin alles, was ward, ist und sein wird.« Der in der Offenbarung mehrmals auftauchende Ausdruck ist grammatisch eigenwillig gestaltet und war zunächst wohl zweiteilig: »der ist und der war«, wie in 11, 17c und 16,5b, beide Stellen zum Urtext gehörig. Hier aber hat der Herausgeber das zukünftige Sein Gottes dazugefügt und mit dieser dreiteiligen Formel auf die Entwicklung der Trinitätslehre eingewirkt.

Erste Weissagung

7. Siehe: er kommt mit den Wolken,
und alle Augen werden ihn sehen,
auch die, die ihn durchbohrt haben,
und alle Stämme der Erde werden über ihn klagen.
Ja, Amen!

Offenbarung 1,7

Von Jesus selbst wird ein ähnlicher Ausspruch überliefert (Matthäus 24,30), allerdings ist der Sinn der Klage bei ihm ein anderer; »heulen werden alle Geschlechter auf Erden«, sagt Jesus, während hier gesagt wird, daß sie über Jesus weinen werden und ihn beklagen wegen des Leides, das er auf sich nahm, ohne daß sie es verstanden hätten. Aus dieser Sinnänderung, die durch die Zufügung der beiden Wörter »über ihn« zustande kommt, ist zu schließen, daß Vers 7 jünger ist als die im Matthäusevangelium enthaltene »Apokalypse«. Andererseits sind die beiden Sätze doch etwa im gleichen Zeitraum und vor demselben kirchlichen Hintergrund verfaßt, denn sie haben sprachlich viele Gemeinsamkeiten, unter anderem die, daß hier von Jesus noch in der dritten Person gesprochen wird und nicht in der ersten Person, in der jene Jesusaussprüche verfaßt sind, die später der Herausgeber einfügte.

Der andere Anhaltspunkt ist der Ausdruck »durchbohrt«, der als Zitat des Propheten Sacharja (12,10 nach Psalm 22,17) verstanden sein will. Der Evangelist Johannes hat dieses Sacharja-Wort auf die Lanzenwunde Jesu bezogen (19,34–37), und obgleich dies eine andere Auffassung war – mit dem Durchbohren ist die Hinrichtungsart des Pfählens oder Kreuzigens gemeint –, so könnte aus der

Verwendung desselben Ausdrucks geschlossen werden, daß die beiden Verfasser – der des Johannesevangeliums und der der Johannesoffenbarung – ein und dieselbe Person seien.

Es gibt noch einige andere Gemeinsamkeiten zwischen diesen beiden Büchern: In beiden wird Jesus als das Wort Gottes und als Lebenswasser bezeichnet; in der Offenbarung allerdings nur in den Versen, die der Herausgeber dazugeschrieben hat. Ferner besteht die Gleichsetzung Jesu mit einem Lamm, die im Johannesevangelium aber nur als Ausspruch des Täufers (1,29 und 36) erscheint. Die Gemeinsamkeiten erstrecken sich also auf Stellen, die nicht zum Kern der beiden Bücher gehören, und drücken nur eine zeitliche Gleichheit aus: Ihre Abfassung oder Bearbeitung erfolgte in den schicksalsschweren Jahren kurz vor dem Ende des ersten Jahrhunderts.

Ein anderer Umstand, der zur Gleichsetzung der beiden Männer mit dem Namen Johannes geführt haben mag, ist die Tatsache, daß beide in Ephesus gestorben sind und dort – in verschiedenen Kirchen – begraben liegen. Es kann jedoch keine Rede davon sein, daß beide Schriften vom selben Autor stammen, denn sie sind in Sprache und Auffassung weit voneinander verschieden, wie schon einer ihrer ersten Kommentatoren, Dionysius der Große aus Alexandrien, mit textkritischen und historischen Überlegungen festgestellt hat.

So kann dieser Vers 7 als eine Zufügung angesehen werden, die in der Zeit und Auffassungsweise des »Evangelisten« Johannes erfolgte; das war in einer Zeit, in der die gerade entstehende Kirche von allen Seiten verfolgt wurde, eine sehr gewagte Vorhersage: Alle Völker der Erde werden ihn beklagen! Heute steht mit Gewißheit fest, daß in allen »Stämmen« der Erde Christen am Karfreitag trauern. Die Weissagung ist eingetroffen.

Das hat jedoch nichts mit der oft zitierten Naherwartung der ersten Christen – das heißt der Wiederkehr Jesu – zu tun, denn der zeitliche Abstand des Schreibers, der Vers 7 der Offenbarung zufügte, zur Leidenszeit Jesu beträgt rund sieben Jahrzehnte. Er wird also nicht im wörtlichen Sinn angenommen haben, daß die Peiniger Jesu – die ihn durchbohrt haben – noch leben würden, wenn er wiederkäme, so daß sie über ihre eigene Tat klagen müßten.

Natürlich läßt sich der Gedanke im übertragenen Sinn auffassen, denn es wird immer Gegner Jesu geben, »die ihn durchbohren«;

allerdings müßte die Zeile dann im Präsens stehen. Da diese Auslegung wegen der Zeitwahl nicht beabsichtigt gewesen sein kann, bleibt nur eine sinnvolle Erklärung übrig: Der Schreiber dachte an die wiedergeborenen Peiniger Jesu, denn auf Grund ihrer üblen Tat müssen sie immer wieder ins irdische Leben zurückkehren und werden darum auch die Herabkunft des Messias aus den Wolken miterleben. Diese Gedankenwelt ist mit der beabsichtigten Aussage der Offenbarung untrennbar verknüpft.

Das »Ja, Amen!« am Schluß des Verses ist eine doppelte Bekräftigung, einem Schwur vergleichbar.

Der darauffolgende Spruch gehört zu den vorherigen Versen, die der Herausgeber schrieb:

Sinnbild Gottes

8. Ich bin A und O, Anfang und Ende,
spricht Gott, der Herr,
der ist und der war und der kommt,
der Allmächtige.

Offenbarung 1,8

Die griechischen Buchstaben Alpha und Omega, die am Anfang und Ende des griechischen Alphabets stehen, entsprechen A und Z. Der Vers drückt aus, daß Gott sowohl Schöpfer als auch Vernichter der Schöpfung ist, er ist erhaben über alles Zeitgebundene, das durch Anfang und Ende begrenzt ist. Die Schöpfung selbst wird dadurch zu einer Episode im zeitlosen Sein jener anderen Wirklichkeit, die mit den Begriffen Gott, Herr und Allmacht bezeichnet ist.

Wer nun mit Ungeduld die berühmten Weissagungen des Johannes erwartet, muß einen Sprung zum 4. Kapitel tun, denn bis dahin existieren nur vier Zeilen vom ursprünglichen Text – enthalten in den Versen 9 bis 11 –, alles andere ist »Redaktionstext«.

Von Johannes selbst stammt wahrscheinlich die erste Zeile von Vers 9 sowie die drei zusammenhängenden Zeilen von Vers 10 und Vers 11a. Die übrigen drei Zeilen von Vers 9 dürfte der Schlußbearbeiter geschrieben haben, wobei er sich auf allgemein Bekanntes stützte; der zweite Teil des Auftrags, in dem die Versendung an die sieben Gemeinden gefordert wird, ist eine Erweiterung des Herausgebers.

Der Auftrag an Johannes

9. Ich, Johannes, euer Bruder und Mitmensch
in der Trübsal, im Reich und im Warten auf Jesus,
befand mich auf der Insel Patmos
um des Wortes Gottes willen und des Zeugnisses Jesu.
10. Ich befand mich im Geist am [Gerichts]Tag des Herrn
und hörte hinter mir eine laute Stimme wie von einer Posaune,
11. die sprach: »Schreibe [alles], was du siehst, in ein Buch
und schicke es an die sieben Gemeinden [in Kleinasien]:

nach Ephesus, Smyrna, Pergamon, Thyatira, Sardes,
Philadelphia und Laodikea!«

Offenbarung 1,9–11

Die äußeren Umstände werden nur ganz knapp erwähnt: Johannes befand sich auf der kleinen Insel Patmos, die vor der – damals von Griechen bewohnten – Westküste Kleinasiens liegt. Dort hatte er geistige Erlebnisse, die mit dem Wort »Vision« nur unzureichend bezeichnet sind, denn sie bewirkten mehr als nur eine Schau oder ein Gesicht: Hören und Schmecken gehören ebenso dazu wie andere starke Empfindungen, die das ganze Bewußtsein ergreifen – wie in einem schweren Traum.

Es handelt sich hier um eine Art Auftragsvision; Johannes war wohl schon lange vorher zum Seher berufen, sonst wäre die Angabe, daß er sich »um des Wortes Gottes willen« auf jener Insel befand, inhaltslos.

Die meisten Interpreten haben – in guter Kenntnis des altchristlichen Sprachgebrauchs – den »Tag des Herrn« für einen Sonntag gehalten, zu Unrecht. Erstens ist es unwesentlich, an welchem Wochentag sich die Vision einstellte, zweitens hatte Johannes viele Visionen, die in der Offenbarung zwar aneinandergereiht sind, aber gewiß nicht alle an einem Tag empfangen wurden, und drittens kommt der Begriff »Tag des Herrn« aus der prophetischen Sprache und bedeutet Gerichtstag Gottes, das Ende der Zeit,

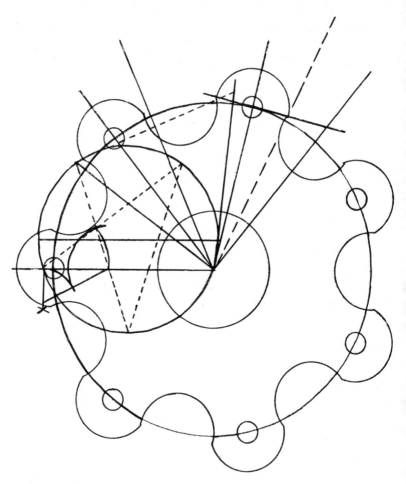

Römische Öllampe für sieben Flammen (Museum Tetuan)

»Weltuntergang«. Johannes will damit das Thema der Vision und zugleich das seiner gesamten Offenbarung umreißen: Es geht nicht um die Schöpfung, auch nicht um Jesus, sondern um das Ende der irdischen Kämpfe, um den »jüngsten« Tag. Von diesem Standpunkt aus sah der Prophet alles, was er in diesem Buch schildert.

Eine Vision des Messias

12. Und ich drehte mich um nach der Stimme, die mit mir sprach.
 Und als ich mich umdrehte, sah ich sieben goldene Leuchter
13. und mitten zwischen den Leuchtern einen, [der aussah wie] ein Menschensohn,
 bekleidet mit langem Gewand und gegürtet um die Brust mit einem goldenen Gürtel,
14. sein Haupt und seine Haare
 weiß wie schneeweiße Wolle,
 und seine Augen wie Feuerflammen
15. und seine Füße wie glühendes Erz im Ofen
 und seine Stimme wie starkes Wasserrauschen,
16. und in seiner Rechten hält er sieben Sterne,
 und aus seinem Mund fährt ein scharfes zweischneidiges Schwert,
 und sein Gesicht leuchtet wie die glänzende Sonne.
17. Und als ich ihn sah, fiel ich wie tot zu seinen Füßen nieder.

 Da legte er seine Rechte auf mich und sprach:
 »Fürchte dich nicht! Ich bin der Erste und der Letzte und der Lebendige.
18. Und ich war tot, und siehe: Ich bin lebendig für alle Zeit!
 Und ich habe die Schlüssel des Todes und der Unterwelt.
19. Schreibe nun, was du gesehen hast, und was ist und was danach geschehen soll,
20. das Gleichnis der sieben Sterne, die du in meiner Rechten gesehen hast, und die sieben Leuchter:
 Die sieben Sterne sind die Engel der sieben Gemeinden,
 und die sieben Leuchter sind die sieben Gemeinden.

Offenbarung 1, 12–20

Diese »Vision« schrieb der Herausgeber des Buches, indem er verschiedene Einzelbilder frühchristlicher Messiasvorstellungen nach dem Vorbild Daniels zusammenfügte zu einer himmlischen Gestalt, in der der geschichtliche Jesus erkannt werden soll. Diese Gestalt stattete er wie eine heidnische Götterstatue mit Eigenschaften aus, die nach jüdischem Empfinden Gott beschreiben: »Ich bin der Erste und der Letzte und der Lebendige«; dieser Spruch ist in

Albrecht Dürer, *Johannes erblickt die sieben Leuchter*

der jüdischen Religion als ein Selbstzeugnis Gottes anerkannt und steht nur ihm zu. Die Gottheit wird mit dem Menschensohn zu einer Einheit verschmolzen wie schon bei den Propheten Hesekiel und Daniel.

Von Daniel (7,13) stammt der Ausdruck »Menschensohn«, der auch in den Makkabäerbüchern vorkommt und vor allem in den Evangelien als Selbstbezeichnung Jesu verwendet wird. Der Begriff gehörte zur griechischen Sagenwelt, besonders zu Herkules: Als die olympischen Götter berieten, wie der Aufruhr der Riesen aus Atlantis zu besiegen sei, stellten sie fest, daß sie als Götter gegen die Erdgeborenen, die Söhne der Erde und des Himmels, machtlos waren. Nur ein Sterblicher konnte ihnen zum Sieg verhelfen. Herkules, der starke Held, erfüllte diese Rolle und wurde durch seine Erlösungstat zum Heroen, zum Halbgott. Von nun an durfte er bei den Göttern auf dem Olymp wohnen und bekam das ewige Leben geschenkt. Dennoch blieb er ein Menschensohn, denn er war Sohn eines Menschen.

Von der aramäischen Sprache her ist das leichter zu erklären, denn dort bedeutet Menschensohn einfach Mensch. Die Offenbarung, die – wie alle Schriften des Neuen Testamentes, die Makkabäerbücher und Teile des Buches Daniel – in Griechisch abgefaßt ist, hat mit der Sprache auch griechische Vorstellungen übernommen. Um nun die dem jüdischen Glauben entsprungenen Gedanken auszudrücken und von ähnlichen der heidnischen Philosophie abzugrenzen, haben die Verfasser der Offenbarung häufig »semitisierende« Wendungen gebraucht und damit die griechische Sprache verfremdet. Das geschah mit großer Könnerschaft! Die manchmal vorgebrachte Kritik, Johannes habe nicht genug Griechisch gekonnt, um sich einwandfrei auszudrücken, beruht auf diesen »Semitismen«.

Der Menschensohn, der tot war und nun für alle Zeit lebendig ist, wie Vers 18 sagt, besitzt die Schlüssel des Todes und der Unterwelt – er ist Einweihender und Seelengeleiter zugleich. Diese den griechischen Mysterien entnommenen Begriffe finden sich auch in den Evangelien.

Aus dem antiken Heidentum stammen die sieben Sterne in seiner rechten Hand, es sind die »Septentrionen«, die sieben Pflügenden: die Sterne des Großen Bären oder Wagen, die sich wie ein Hebel zum Polarstern verhalten, um den das Weltall optisch kreist. Wer diesen Hebel in Händen hält, kann das Weltall bewegen.

Im letzten Vers, der wie eine Anfügung an den Schreibauftrag wirkt, wird das Gleichnis der sieben Sterne weiter erklärt. Diese Anfügung – wahrscheinlich vom Herausgeber selbst geschrieben, der bewußt dieses Stilmittel anwandte – zeigt eine Eigenart der apokalyptischen Literatur: die Doppelform aller Begriffe. Die Gemeinden, die selbst nur ein Symbol für die Gesamtheit der Kirche sind – ihre Zahl Sieben drückt die Ganzheit aus –, diese sieben Gemeinden werden in zweifacher Weise als Sinnbild aufgefaßt: zuerst als sieben Sterne, das heißt als Engelwesen, die als Lehrer dieser Gemeinden wirken, und dann als sieben goldene, also unvergängliche Leuchter, womit gesagt wird, daß die Gemeinden als Vorbilder beim Erlangen der Erleuchtung anzusehen sind.

Im Laufe der weiteren Betrachtung wird sich immer wieder zeigen, daß alle Begriffe in dieser Doppelgestalt auftreten, nämlich als himmlische Wesen, die – wie Engel – Ursache der Erscheinungsformen sind, und als die sichtbaren Erscheinungen der irdischen Welt.

Ein auffälliges und ungewohntes Bild taucht in Vers 16 auf: Aus dem Mund des Menschensohnes fährt ein scharfes zweischneidiges Schwert hervor. Zweifellos bezieht es sich auf die scharfen Aussprüche Jesu, die nach beiden Seiten hin schneiden. Denn die in den Evangelien von Jesus überlieferten Befehle sind eindeutig und streng: Sammelt keine Schätze auf Erden, lebt wie die Vögel und sorgt euch nicht um den kommenden Tag! Hängt nicht an Eltern, Gemahl oder Kindern, wenn sie euch beschwerlich sind auf dem Weg zu Gott! Laßt die Toten ihre Toten begraben! Würden alle Menschen ihnen bedingungslos folgen, dann würde dieses Verhalten das Ende jeder gesellschaftlichen Ordnung, jedes zivilisatorischen Fortschritts, jeder Kultur sein. Jesus sah wohl voraus, daß nur ein winziger Teil der Menschheit ihm so bedingungslos folgen kann und daß es immer genügend (geistig) Tote geben wird, die die Gestorbenen begraben, immer genügend Ehen und Familien, die den Fortbestand der Art gewährleisten, und immer genug Reiche, die die von den Armen geschaffenen Kulturgüter erhalten.

Jesus rief nur die einzelnen auf, er rief sie aus der Menge heraus, um sie zu wahren Menschen zu machen. Er wollte keine Religion gründen, sondern wandte sich nur an die wenigen, die seinen Ruf nötig hatten. Dies ist eine der beiden scharfen Schneiden seines Schwertes: Sie trennt den Herausgerufenen von der Menge, die Erweckten von ihren Angehörigen, die Lebenden von den Toten.

Die andere Schneide des Schwertes ist noch ungewöhnlicher, sie übersteigt alle Ansprüche, die je ein Prophet gestellt hat. Hören wir einige »Herrenworte«, die die Evangelien überliefern: »Siehe ich bin bei euch alle Tage, bis an der Welt Ende!« (Matthäus 28,20); »Himmel und Erde werden vergehen, aber meine Worte werden nicht vergehen« (Matthäus 24,35). Und ganz besonders: »Ich bin der Weg und die Wahrheit und das Leben; niemand kommt zum Vater, wenn nicht durch mich!« (Johannes 14,6).

Mit diesen Aussprüchen steht Jesus weit außerhalb der jüdischen prophetischen Überlieferung, er beginnt etwas völlig Neues. Eine solche Machtfülle stellt auch der Herausgeber im ersten Kapitel der Offenbarung dar, und er befindet sich damit im Einklang mit den Evangelien, die zum Teil während seiner Lebenszeit und auch in seinem Lebensraum entstanden sind. Möglicherweise folgte er mit dem Bild vom zweischneidigen Schwert dem Hebräerbrief (4,12): »Denn das Wort Gottes ist lebendig und kräftig und schärfer als ein zweischneidiges Schwert und dringt durch, bis es scheidet Seele und Geist, auch Mark und Bein, und ist ein Richter der Gedanken und Sinne des Herzens.«

Die sieben Botenreden

Die »Briefe«
Die sieben Gemeinden

Kapitel 2, Vers	1– 7	An Ephesus
Vers	8–11	An Smyrna
Vers	12–17	An Pergamon
Vers	18–29	An Thyatira
Kapitel 3, Vers	1– 6	An Sardes
Vers	7–13	An Philadelphia
Vers	14–22	An Laodikea

Nikolaus und die Nikolaiten

Die »Briefe«

Über das Vorgehen gegen die Christen schrieb Kaiser Trajan an Plinius den Jüngeren »läßt sich in der Tat keine allgemeine Regel aufstellen. Man soll sie nicht suchen, [aber] wenn sie angezeigt werden und ihren Glauben beteuern, müssen sie bestraft werden. Wer jedoch verneint, Christ zu sein und dies durch Taten zeigt, indem er unseren Göttern Verehrung darbringt, dem soll verziehen werden als Belohnung für seine Reue, wieviel er sich auch in der Vergangenheit verdächtig gemacht haben mag. Anschuldigungen ohne Unterschrift dürfen in keinem Fall Beachtung finden, denn sie wären ein schlechtes Beispiel und unwürdig in unserer Zeit«.

Es wird berichtet, daß Kaiser Trajan auf seiner Reise durch Kleinasien nach Antiochien kam und dort den vornehmsten Christen, Bischof Ignatius, zu sich rief und verhören ließ. Da Ignatius keineswegs reumütig wurde, sondern von ganzem Herzen den Märtyrertod wünschte, wurde er nach Rom gebracht und den Löwen in der Arena vorgeworfen. Auf seinem Transport als Gefangener ergab sich ein längerer Aufenthalt in Smyrna, wodurch Ignatius Gelegenheit bekam, sich mit dem dortigen Bischof, Polykarp, zu unterhalten und fünf Hirtenbriefe an die größten Gemeinden des Gebietes zu schreiben. Diese fünf Briefe wurden später mit einem weiteren Brief des Ignatius an die Gemeinde in Rom und einem Brief an Polykarp zusammen zu einem Siebenbriefebuch vereinigt und vervielfältigt; sie sind bis heute erhalten.

Es scheint üblich gewesen zu sein, je sieben Briefe als Lehrbuch in den frühchristlichen Gemeinden zu verwenden. Das Neue Testament enthält dreimal sieben Briefe, davon wurden früher zweimal sieben Briefe dem Paulus zugeschrieben. Die Sitte der sieben Briefe wird den Herausgeber der Offenbarung angeregt haben, zwischen den Anfang des Buches und die Thronvision des Johannes zwei Kapitel einzuschieben, die aus sieben »Briefen« bestehen. Obgleich sie als Fremdkörper auffallen und keine weitere Beziehung zum Text des Johannes haben, sollen sie hier dennoch im ganzen betrachtet werden, denn sie gehören als fester Bestandteil zur Offenbarung. An ihnen wird die Rede- und Denkweise des Herausgebers erkennbar, außerdem bieten sie einen Anhaltspunkt zur Datierung der Herausgabe des gesamten Buches.

Äußerlich betrachtet handelt es sich gar nicht um Briefe, sondern um Aufträge an Boten, wie schon aus der Form ablesbar ist: Es fehlt die in der Antike übliche Formel des Briefes, die aus Absender, Anrede und Unterschrift besteht. Jedes der sieben Stücke trägt die Überschrift: »Dem Engel der Gemeinde Soundso schreibe!« und beginnt dann mit den Worten: »Das spricht...« Es handelt sich also um Botenreden. Da der Prophet kaum im Auftrag eines Engels an einen zweiten Engel schreibt, müssen wir hier das griechische Wort »Engel« in seinem ursprünglichen Sinn als Bote übersetzen. Daher bezeichne ich die Stücke als »Botenreden« und nicht als »Sendschreiben«, wie vielfach üblich ist.

Die Verwendung des Wortes Engel in seinem ursprünglichen Sinn soll der Sprache den Anschein hohen Alters geben – dies ist eines der Stilmittel des Herausgebers, seinen Text alt und ehrwürdig erscheinen zu lassen, und das ist nötig, da er sich großzügig über manche Tabus der prophetischen Ausdrucksweise hinwegsetzt: Ohne Scheu nennt er Eigennamen und sogar aktuelle Personennamen ohne beabsichtigten Doppelsinn, erfindet neue Sinnbilder oder verbindet heidnische und jüdische Symbole zu neuen Gedankenbildern.

Wenn man die Botenreden mit den Briefen des Ignatius vergleicht, von denen drei an dieselben Gemeinden gerichtet sind, läßt sich mit Sicherheit sagen, daß sie zum gleichen Zeitpunkt geschrieben sein müssen. Obgleich die Sprache des Ignatius verhaltener ist, sind in beiden doch die gleichen Rügen und Lobesworte an die Gemeinden ausgesprochen und die gleichen Gegner bekämpft: Asketen – sogenannte »Nikolaiten« –, Doketen und Juden. Heinrich Kraft hat den Vergleich herausgearbeitet und kommt zu dem Schluß, daß die Botenreden und Ignatiusbriefe gleichzeitig, etwa um 112, geschrieben sein müssen.

Sie sind demnach rund 15 Jahre nach der ersten Umarbeitung des Buches verfaßt. Dieser Umstand läßt zwei wichtige Schlußfolgerungen zu: Die Generation des Johannes – zum Teil auch die des zweiten Verfassers – ist gestorben, der tiefgreifende Wandel in den Anschauungen der Kirche über die Person Jesu ist vollzogen und bedarf keiner Entschuldigung mehr. Und die anscheinend so augenblicksbezogene Offenbarung hat die ersten Jahrzehnte in der Öffentlichkeit überstanden und damit gezeigt, daß sie viel größere

Zeiträume überschaut, als es zuerst den Anschein hatte. Vielleicht hat gerade das den Herausgeber veranlaßt, die Botenreden einzufügen, um dem Buch eine neue Verankerung in der Gegenwart der Gemeinden zu geben.

Die sieben Gemeinden

Ephesus war die wichtigste Stadt der römischen Provinz Kleinasien, sowohl geistig als auch wirtschaftlich. Sie galt als zweitwichtigste Stadt des römischen Ostens, nach Alexandria an der ägyptischen Mittelmeerküste. Seit der Tempelzerstörung in Jerusalem und bis zum Beginn der Vormachtstellung Roms im 3. Jahrhundert spielte Ephesus die Führungsrolle in der christlichen Kirche. Sie war schon religiöser Mittelpunkt der griechischen Städte Kleinasiens gewesen, weil sie den Tempel der Artemis, der Zwillingsschwester des Apoll und Tochter der Leto, beherbergte.

Von Ephesus verlief eine wichtige Handelsstraße nach Norden über Smyrna und Pergamon nach Troja. Die drei Städte Ephesus, Smyrna und Pergamon liegen auf einer fast genau nördlich verlaufenden Linie und die Briefe an diese drei Gemeinden haben eine stilistische Gemeinsamkeit: Der Überwinderspruch am Schluß wird stets durch den Satz: »Wer Ohren hat, der höre, was der Geist den Gemeinden sagt« eingeleitet.

Bei den Briefen an die übrigen vier Städte steht dieser Satz hinter dem Überwinderspruch. Diese Städte liegen auf einer Handelsstraße, die von Pergamon nach Südosten verlief: Zuerst kommt Thyatira, dann Sardes am Hermesfluß, die Hauptstadt von Lydien, danach Philadelphia, das heutige Alaşehir, und schließlich Laodikea im Lykostal.

Die Abstände zwischen den sieben Städten betragen in Luftlinie etwa 50 bis 70 Kilometer, sind also gleichmäßig gewählt. Aus der Linie der drei Städte auf der südöstlichen Handelsstraße mit der der vier übrigen Städte ergibt sich eine auffällige Figur in Form eines Winkels, deren Winkelhalbierende etwa auf Jerusalem weist.

Die Mahnungen an die sieben Gemeinden lassen erkennen, daß diese Gemeinden schon viele Jahre bestanden und zu den angesehenen alten Christengemeinschaften Kleinasiens gehörten. Dennoch

Die sieben Gemeinden in Kleinasien

ist nicht ersichtlich, warum manch andere Gemeinde, die gewiß ebenso bedeutend gewesen ist, nicht genannt wird: Weder Kolophon noch Milet, noch Halikarnassos an der Küste, die durch ihre Nähe zu Patmos vorzuziehen gewesen wären, werden erwähnt, auch nicht die durch die frühchristliche Mission berühmten Gemeinden von Kolossae, Tralles oder Magnesia.

Möglicherweise hat der Winkel, der wie ein Pfeil von Jerusalem nach Mitteleuropa weist, eine esoterische Aussage bewirken sollen.

An Ephesus

1. Dem Boten an die Gemeinde in Ephesus schreibe:
   Das spricht der, der die sieben Sterne in seiner Rechten hält,
   der mitten unter den sieben goldenen Leuchtern wandelt:
2. Ich kenne deine Werke und deine Mühe und deine Geduld
   und [weiß], daß du die Bösen nicht ertragen kannst.

   Und du hast die geprüft, die sich Apostel nennen und sind's nicht,
   und hast sie als Lügner gefunden,
3. und hast Geduld und hast um meines Namens willen ausgehalten
   und bist nicht müde geworden.
4. Aber ich habe gegen dich,
   daß du die erste Liebe verlassen hast.
5. Bedenke, wovon du gefallen bist,
   kehre um und tue die ersten Werke!

   Wenn nicht, werde ich über dich kommen,
   und ich werde deinen Leuchter wegstoßen von seinem Platz,
   wenn du nicht umkehrst.
6. Das aber hast du für dich,
   daß du die Werke der Nikolaiten haßt,
   die ich auch hasse.
7. Wer Ohren hat, der höre,
   was der Geist den Gemeinden sagt!
   Dem Überwinder will ich zu essen geben vom Baum des Lebens,
   der im Paradiese Gottes steht.

Offenbarung 2,1–7

Die Botenreden sind durch einen einheitlichen Anfang und Schluß eingerahmt, wodurch der Eindruck erweckt wird, daß sie selbständig stehen könnten, was aber wohl nie der Fall war; sie sind vom Offenbarungsbuch nicht loszulösen. Der Anfang bildet – nach der Aufforderung zum Schreiben und der Nennung der Gemeinde – eine Kennzeichnung Jesu, die aus den Begriffen der gerade geschilderten Vision vom Menschensohn stammt. Am Schluß steht ein »Überwinderspruch«, es wird eine Belohnung in Aussicht gestellt, die mit den Worten »Wer Ohren hat, der höre, was der Geist den Gemeinden sagt!« bekräftigt wird. Das erinnert an die Einweihungskulte der Griechen und Ägypter, aus denen auch viele andere Bilder Eingang in die Botenreden gefunden haben.

Dieser erste Überwinderspruch nennt einen Lebensbaum, der im Garten Gottes steht. Das klingt wie ein Rätsel des Schreibers. In der Schöpfungsgeschichte im Alten Testament heißt es, daß zwei Bäume im Garten Eden stehen: Der eine spendet Erkenntnis, der andere spendet das Leben. Die Menschen aßen auf den Rat der Schlange vom ersten Baum und gewannen die Erkenntnis. Da sie für diese Tat aus dem Garten verjagt wurden, konnten sie vom zweiten Baum nicht mehr essen. Die Lebensfrucht wird nun den Überwindern in der Nachfolge Jesu versprochen. Das klingt ungewohnt, denn es ist eine logische Konstruktion, aber keine Offenbarung.

An Smyrna

8. Dem Boten an die Gemeinde in Smyrna schreibe!
   Das spricht der Erste und der Letzte,
   der tot war und [wieder] lebendig wurde:
9. Ich kenne deine Trübsal und deine Armut,
   – du bist aber reich –

   und die Lästerung derer, die sich Juden nennen,
   und sind es nicht, sondern ein Versammlungshaus des Satan.
10. Fürchte dich vor nichts, was du erleiden wirst!

    Siehe, der Teufel wird etliche von euch ins Gefängnis werfen,
       daß ihr versucht werdet, und ihr werdet zehn Tage Trübsal
       haben.
    Bleibe treu bis zum Tod,
       dann will ich dir die Krone des Lebens geben!
11. Wer Ohren hat, der höre,
    was der Geist den Gemeinden sagt!
    Dem Überwinder soll kein Leid geschehen
    vom zweiten Tod.   *Offenbarung 2,8–11*

In diesem Siegerpreis wird der »zweite Tod« genannt, auch das ist eine gedankliche Konstruktion ohne jüdisches Vorbild. Sie ergab sich aus der Vorstellung vom Totengericht: Da die Toten aufgeteilt werden in solche für das ewige Leben und andere für das ewige Verderben, muß das zweite Urteil einem zweiten Tod gleichkommen. Mit der Überlieferung stimmt das nicht überein, auch nicht mit der Anschauung des Johannes, wie wir noch erfahren werden. Dennoch hat sich der Begriff anschließend in der kirchlichen Lehre eingebürgert.

Der Gedanke mag aus den griechischen Einweihungsfeiern entnommen sein, wenn er dort auch einen anderen Sinn hat: Da in der Einweihung ein Todesdurchgang gespielt wurde, bezeichnete man die Eingeweihten als die zweimal Geborenen; sie brauchten den echten Tod am Ende ihrer Lebensspanne nicht mehr zu fürchten, waren also furchtlos vor dem »zweiten Tod«.

An Pergamon

12. Dem Boten an die Gemeinde in Pergamon schreibe!
    Das spricht der, der das zweischneidige
    scharfe Schwert hat:
    Ich weiß, wo du wohnst;

13. dort, wo des Satans Thron steht.

    Und du hältst an meinem Namen fest
    und hast den Glauben an mich nicht verleugnet,
    auch nicht in jenen Tagen, als Antipas,
    mein treuer Zeuge,
    bei euch getötet wurde,
    wo der Satan wohnt.

14. Aber ich habe etwas Geringes gegen dich,
    weil unter euch welche sind, die Bileams Lehre halten,
    der den Balak lehrte,
    die Kinder Israel zu verführen,
    Götzenopfer zu essen und Unzucht zu treiben.

15. Du hast auch solche,
    die in gleicher Weise die Lehre der Nikolaiten halten.

16. Kehre um!
    Wenn nicht, werde ich bald über dich kommen
    und mit ihnen kämpfen
    mit dem Schwert meines Mundes.
17. Wer Ohren hat, der höre,
    was der Geist den Gemeinden sagt!
    Dem Überwinder will ich vom verborgenen Manna geben,
    und will ihm einen weißen Stein geben;
    und auf dem Stein [steht] ein neuer Name geschrieben,
    den niemand kennt, außer dem, der ihn empfängt.
    Offenbarung 2,12–17

Manna gilt als Himmelsspeise, die den Hebräern auf ihrem Zug durch die Wüste als Nahrung diente. Das verborgene Manna bezieht sich wohl auf die geheimgehaltene Erlösungslehre der Christen, und der weiße Stein mit dem neuen Namen – dies ist ein völlig ungewohntes Bild für Bibelleser – wäre demnach die Eintrittskarte zum Festmahl. Bei antiken Gastmählern ist dies üblich gewesen. Mit der Zuteilung eines neuen Namens wird vermutlich auf die Sitte angespielt, den Neubekehrten einen neuen – nämlich christlichen – Namen zu geben, wenn sie in die Gemeinschaft der Auserwählten aufgenommen wurden.

An Thyatira

18. Dem Boten an die Gemeinde in Thyatira schreibe!
    Das spricht der Sohn Gottes,
    der Augen hat wie Feuerflammen,
    und dessen Füße wie goldenes Erz sind:
19. Ich kenne deine Werke

    und deine Liebe und deinen Glauben
    und deinen Dienst und deine Geduld,
    und [weiß], daß deine letzten Werke
    mehr sind als die ersten.
20. Aber ich habe gegen dich [einzuwenden],
    daß du das Weib Isebel zuläßt,
    die sich selbst eine Prophetin nennt

> und meine Knechte lehrt und dazu verführt,
> Unzucht zu treiben und Götzenopfer zu essen.
> 21. Ich habe ihr Zeit zum Umkehren gegeben,
> doch sie will nicht von ihrer Unzucht lassen.
> 22. Siehe, ich werfe sie auf ihr Bett
> und [werfe] in große Trübsal die, die mit ihr huren,
> wenn sie nicht umkehren von den Werken [dieses Weibes].
> 23. Und ihre Kinder werde ich töten.
>
> Und alle Gemeinden sollen erkennen,
> daß ich es bin, der Herz und Nieren prüft
> und jedem von euch nach seinen Werken vergelten wird.
> 24. Aber ich sage euch, den übrigen in Thyatira,
> die diese Lehre nicht halten,
> die nicht die Tiefe des Satans – wie sie sagen – erkannt haben:
> Auf euch will ich keine andere Last werfen.
> 25. Doch was ihr habt, daran haltet fest, bis ich komme.
> 26. Wer überwindet und hält meine Werke bis zum Ende,
> dem will ich Macht über die Heiden geben;
> 27. er soll sie weiden mit eisernem Stabe
> und wie Tongeschirr zerschlagen,
> 28. so wie ich es von meinem Vater empfangen habe.
> Und ich werde ihm den Morgenstern geben.
> 29. Wer Ohren hat, der höre,
> was der Geist den Gemeinden sagt!
>
> *Offenbarung 2,18–29*

Diese vierte Botenrede beginnt mit den Worten vom »...Sohn Gottes«, was in damaliger Zeit sicher noch ungewöhnlich war, aber als Zitat von Psalm 2 gelten konnte; aus demselben Psalm stammt der Begriff vom strengen rächenden Hirten in diesem Überwinderspruch (Vers 27).

In seinem Kommentar zur Offenbarung schreibt Ernst Lohmeyer, daß der Begriff »Sohn Gottes« durch ungenaues Übersetzen entstanden ist: Aus dem Diener (Ebed = Sklave, Knecht) Gottes im Alten Testament wurde in griechischen Texten, besonders in der Septuagintaübersetzung des Jesajabuches (41,1; 49,6; 50,10; 52,13), »Pais«, und dieses griechische Wort bedeutet sowohl Kind,

Sohn als auch Diener, Knecht. Ein Beispiel für die daraus entstandene Verwirrung bieten die Evangelisten, die die Heilung eines Knechtes oder Sohnes des Hauptmanns von Kapernaum mitteilen; während es bei Lukas noch eindeutig der Knecht des Hauptmanns war, ist es in dem später verfaßten Matthäusevangelium sein »Pais«, was Luther mit »Knecht« übersetzte, und in dem jüngsten Evangelium des Johannes steht eindeutig »der Sohn des Hauptmanns«. Entsprechend war aus dem Begriff »Sklave Gottes«, der ursprünglich für die Gläubigen allgemein wie auch für den Gesalbten der Endzeit verwendet wurde, ein »Sohn Gottes« und schließlich – entgegen alttestamentlicher Anschauung – sogar der Erstgeborene und einzige Sohn Gottes geworden.

Am Schluß der Botenrede wird der Morgenstern angeführt, doch nicht als Deckbezeichnung für Jesus, wie es später üblich wurde, sondern als Sinnbild der Erleuchtung wie in den Tempelweihen am Atlantik. Als einzige Vergleichsstelle in der Bibel kann der zweite Petrusbrief (1,19) herangezogen werden, wo der Morgenstern allerdings nicht als Symbol der zukünftigen, sondern der augenblicklichen Erleuchtung eingesetzt wird.

An Sardes

1. Dem Boten an die Gemeinde in Sardes schreibe!
   Das spricht der, der die sieben Geister Gottes hat
   und die sieben Sterne:
   Ich kenne deine Werke,
   du hast den Namen, daß du lebst, und bist tot.

2. Werde wach und stärke das Übrige,
   das sterben will,
   denn ich habe deine Werke nicht für voll gefunden
   vor meinem Gott.

3. Bedenke nun, was du empfangen und gehört hast,
   und halte es und kehre um!
   Wenn du nicht wachen wirst, werde ich kommen wie ein Dieb,
   und du weißt nicht, zu welcher Stunde ich kommen werde.

4. Du hast aber einige Namen in Sardes,
die ihre Gewänder nicht beschmutzt haben;
sie werden mit mir gehen in weißen Gewändern,
denn sie sind es wert.

5. Wer überwindet, wird mit weißen Gewändern bekleidet,
und ich werde seinen Namen nicht aus der Buchrolle des Lebens tilgen,
sondern seinen Namen bekennen vor meinem Vater
und seinen Engeln.

6. Wer Ohren hat, der höre,
was der Geist den Gemeinden sagt! *Offenbarung 3,1–6*

Name und Gewand gelten hier als Kennzeichen der Person: Der Name steht für die überzeitliche Idee, den Geist, und das Gewand für die Haltung dieser Person, ihre Einstellung zur Wahrheit und ihre dadurch bestimmten Taten.

Der Gedanke an ein Buch des Lebens, in dem die Namen der Gläubigen verzeichnet sind, taucht schrittweise im frühen Christentum auf; bei Johannes fehlt er noch, doch der zweite Verfasser der Offenbarung hat ihn an drei Stellen in den Text des Johannes eingefügt. Dieses Lebensbuch ist für ihn ein unabänderliches Verzeichnis aller Erlösten.

Der Herausgeber, der seinen Glauben an die Entscheidungsfreiheit des Menschen mit Nachdruck vertritt, muß auch den Begriff des Lebensbuches in diesem Sinn abändern: Wer sich durch seine Werke nicht als wert erweist für die Erlösung, dessen Name kann im Lebensbuch wieder gelöscht werden. Diese Vorstellung hat entscheidend dazu beigetragen, die Lehre vom freien Willen in der Kirche zu erhalten, und dies war von größter Wichtigkeit für das Selbstverständnis der Christen und für die Ausbreitung ihrer Religion unter den europäischen Völkern, die vom griechischen Geist geprägt waren.

An Philadelphia

7. Dem Boten an die Gemeinde in Philadelphia schreibe!
Das spricht der Heilige, der Wahrhaftige,
der den Schlüssel Davids hat,

>   der aufschließt, so daß niemand zuschließen kann,
>   und zuschließt, so daß niemand öffnen kann:
> 8. Ich kenne deine Werke.
>   Siehe, ich habe dir eine Tür geöffnet,
>   die niemand zuschließen kann.
>
>   Denn du hast eine kleine Kraft
>   und hast mein Wort gehalten
>   und meinen Namen nicht verleugnet.
>
> 9. Siehe, ich werde diejenigen im Versammlungshaus des Satans,
>   die sagen, sie seien Juden
>   und sind es nicht, sondern lügen,
>
>   siehe, ich werde sie dazu bringen,
>   daß sie kommen und niederfallen zu deinen Füßen
>   und erkennen, daß ich dich geliebt habe.
>
> 10. Weil du das Wort von meiner Geduld bewahrt hast,
>   werde ich dich auch in der Stunde der Versuchung bewahren,
>   die über den ganzen Erdkreis kommen wird,
>   um alle Erdbewohner zu versuchen.
>
> 11. Ich komme bald! Halte, was du hast,
>   so daß niemand deinen Kranz nehme!
>
> 12. Wer überwindet, den will ich zum Pfeiler im Tempel meines
>   Gottes machen,
>   und er wird nicht mehr hinausgehen.
>
>   Und ich werde auf ihn den Namen meines Gottes schreiben
>   und den Namen des neuen Jerusalem, der Stadt meines Gottes,
>   die von meinem Gott vom Himmel herabkommen wird,
>   und meinen *neuen* Namen.
>
> 13. Wer Ohren hat, der höre,
>   was der Geist den Gemeinden sagt!

Offenbarung 3,7–13

Gottes Namen auf den Pfeiler im Tempel zu schreiben ist eine atlantische Sitte; Platon berichtet von einer beschriebenen Tempelsäule in seinem Atlantisdialog (Kritias, 119d), und die Griechen, die auf ihren Handelsfahrten von den atlantischen Städten, vor allem Gades, zurückkehrten, erzählten dasselbe von der Säule im Herkulestempel.

Sitten und Vorstellungen von der Atlantikküste wurden von den frühen Christen bereitwillig aufgenommen; sicher spürten sie eine gewisse Verwandtschaft, die schon im Jesajabuch anklingt, das von den frühen Christen mit Vorliebe gelesen wurde.

Im zweiten Teil von Vers 12 beginnt die Vorbereitung der »Dreieinigkeitslehre« durch die Aufzählung der drei Namen Gottes, die auf der Säule stehen werden: Gott, die Stadt Jerusalem als Inbegriff der Gemeinde und der *neue* Name, das ist Christus.

An Laodikea

14. Dem Boten an die Gemeinde in Laodikea schreibe!
    Das spricht der, der »Amen« heißt,
    der treue und wahrhaftige Zeuge,
    der Anfang der Schöpfung Gottes:

15. Ich kenne deine Werke,
    und daß du weder kalt noch heiß bist.
    Ach, wärest du doch kalt oder heiß!

16. Weil du aber lau bist,
    weder heiß noch kalt,
    werde ich dich ausspucken aus meinem Munde.

17. Du sagst: Ich bin reich,
    habe genug und vermisse nichts!
    Doch du weißt nicht, daß du arm bist und elend,
    bedürftig, blind und nackt.

18. Ich rate dir, Gold von mir zu kaufen, das im Feuer geläutert ist,
    damit du reich wirst,
    und weiße Gewänder als Kleidung,
    damit man nicht deine Schamteile nackt sehe,

    und Salbe, um deine Augen zu salben,
    damit du sehen kannst.

19. Wen ich liebhabe, den strafe und züchtige ich.
    Mache dich auf und kehre um!

20. Siehe, ich stehe vor der Tür und klopfe an!
    Wenn jemand meine Stimme hört und die Tür öffnet,

zu dem werde ich hineingehen
und das Mahl mit ihm einnehmen, und er mit mir.

21. Wer überwindet, dem will ich gewähren,
mit mir auf meinem Thron zu sitzen,
so, wie ich überwunden habe
und mich zu meinem Vater auf seinen Thron gesetzt habe.

22. Wer Ohren hat, der höre,
was der Geist den Gemeinden sagt! *Offenbarung 3,14–22*

In diesem letzten Botenspruch fallen wiederum einige heidnische Bilder auf: die Augensalbe (Vers 18), die aus den griechischen Einweihungsfeiern stammt, und das gemeinsame Mahl (Vers 20), das zum Erlösungs- oder Einweihungsritus verschiedener heidnischer Kulte gehört. Möglicherweise hat die Sitte des Gemeinschaftsmahls der Essener den ersten Anstoß zur Übernahme des heidnischen Kultmahls gegeben, so daß aus der von Jesus stammenden »Gedächtnisfeier« eine Erlösungshandlung wurde. Überraschend stark ist Vers 21 mit der eigenwilligen Aussage, daß neben Gott der sprechende Christus und seine Gemeinde auf den Thron erhoben werden, was in der vorigen Botenrede schon vorbereitet wurde.

Nikolaus und die Nikolaiten

Die Sekte der Nikolaiten wird in der ersten Botenrede im zweiten Kapitel der Offenbarung erwähnt und in strengen Worten abgeurteilt. Was wurde ihnen vorgeworfen?

Die Apostelgeschichte (6,5) erwähnt Nikolaus als einen der sieben Gemeindeleiter von Jerusalem; mit Beinamen heißt er der »Judengenosse von Antiochien«, das heißt, er war ein zum Judentum übergetretener Heide aus Kleinasien, vermutlich ein Grieche.

Als eifriger Missionar in der frühen christlichen Kirche unterschied er sich wohl nur in einer Weise von den übrigen Lehrern und Gemeindeleitern: Clemens von Alexandrien berichtet, Nikolaus habe sich von seiner Frau scheiden lassen und ihr die Ehe mit einem anderen Christen freigestellt, da er für sein Teil auf die Ehe ganz verzichten wollte, um sich mit desto größerem Einsatz dem Glauben und seiner Ausbreitung widmen zu können. Er sei der Meinung gewesen, daß man »dem Fleisch Gewalt antun müsse«, und diese Enthaltsamkeit machte ihn als unpassenden Asketen verdächtig, denn derartige Gedanken waren den Christen damals fremd.

Vielleicht hatte sich Nikolaus von dem in Kleinasien weitverbreiteten Kult der Göttin Kybele beeinflussen lassen; Ovid schreibt in seinem »Festkalender«, daß sich die Priester dieser Göttin selbst entmannten, um ihr durch dieses Opfer als um so willigere Diener gefällig zu sein. Natürlich gab es in den Gemeinden bald ein übles Gerede über die Abartigkeit des Nikolaus, denn wer konnte sich vorstellen, daß ein Christ die Ehe nicht für eine Tugend hielt, da Jesus doch selbst unzählige Gleichnisse von Bräutigam und Braut erzählt hatte und sein erstes Wunder auf der Hochzeit von Kana geschehen war. Clemens von Alexandrien forschte deshalb nach, was an dem Gerede über Nikolaus wahr sei, und fand heraus, daß jener einen »tadellosen Lebenswandel geführt und zu Anstößen keinen Anlaß gegeben hatte« (nach H. Kraft). So wird es wohl diese geschlechtliche Enthaltsamkeit gewesen sein, die den Verfasser der Botenreden zu seinen scharfen Angriffen auf die Nikolaiten veranlaßt hat.

Die Auffassung, daß geschlechtliche Enthaltsamkeit unnatürlich sei, hat sich in den nächsten Jahrhunderten ganz kraß gewandelt. Im ersten Brief des Paulus an die Korinther (7,1) heißt es, Heiraten sei gut, doch besser sei es, ledig zu bleiben. Daraus wurde im Laufe der Zeit eine angebliche Meinung des Paulus herausgelesen, daß Enthaltsamkeit eine Tugend sei. Wenn man jedoch den Text im Zusammenhang liest, wird deutlich, daß Paulus diese Lebensweise nicht aus geistlichen, sondern aus sozialen Erwägungen befürwortet hat »wegen der kommenden Not« (Vers 26) und »zu eurem eigenen Nutzen; nicht, daß ich euch einen Strick um den Hals werfe« (Vers 35). Sogar die Wiederverheiratung nach dem Tod des Mannes, die nicht alle Völker zuließen, hält Paulus für statthaft. Weil aber Paulus mit seiner sozialen Befürwortung des ledigen Standes etwas Ungewohntes propagiert, muß er sich am Schluß noch entschuldigen: »Auch ich habe den Geist Gottes.«

Weiterhin ist zu erwähnen, daß Paulus davon überzeugt war, daß die Wiederkehr Jesu und damit das Ende allen Lebens auf der Erde in der jetzigen Form unmittelbar bevorstand, so daß auch die

Fortpflanzung überflüssig war. Viele seiner Gedanken und Vorschriften sind nur vor diesem Hintergrund des Endzeitbewußtseins, der »Naherwartung«, verständlich.

Im übrigen hat die junge Kirche auch eine ganz deutliche Befürwortung der Ehe und Kindeszeugung als Gemeinderundschreiben gehabt: Im ersten Brief an Timotheus, Kapitel 3, steht zweimal, daß ein Bischof wie auch ein einfacher Diener der Kirche »eines Weibes Mann sein soll«, das heißt weder ehelos noch in Vielehe, die den Juden erlaubt war, leben sollte. Im 4. Kapitel heißt es weiter: »Der Geist sagt deutlich, daß in den letzten Zeiten (das heißt in Kürze) etliche vom Glauben abtreten und den verführenden Geistern und Lehren der Teufel anhängen werden..., die verbieten, ehelich zu werden.« Das ist eine klare »Weissagung« gegen Nikolaus und seine Anhänger.

Diese wenigen Andeutungen mögen genügen, um zu zeigen, mit welchen grundsätzlichen Gedanken der Herausgeber die Endfassung der Apokalypse geschrieben hat.

Vor Gottes Thron

Kapitel 4, Vers 1– 3 Im Angesicht des Thrones
           Vers 4– 5 24 Älteste und sieben Geister
           Vers 6– 7 Die vier Gestalten
           Vers 8–11 Der himmlische Gottesdienst

Im Angesicht des Thrones

1. Danach sah ich,
   und siehe: eine Tür zum Himmel war geöffnet;
   und die erste Stimme,
   die ich mit mir reden gehört hatte wie eine Posaune,
   sprach: »Komm hierher!
   Ich will dir zeigen, was von nun an geschehen wird.«
2. Und sogleich war ich im Geist.
   Und siehe: ein Thron stand im Himmel,
   und Einer saß auf dem Thron,
3. und der da saß, der sah aus wie Edelsteine.
   Und um den Thron war der Regenbogen,
   anzusehen wie ein Smaragd.

   Offenbarung 4,1–3

Nun beginnt die eigentliche Offenbarung. Der Seher erblickt durch eine offene Tür – ein Akt der Gnade – den Thronsaal Gottes. Die Stimme, die Johannes hört, ist dieselbe, die ihn im ersten Kapitel gerufen hat. Um das zu verdeutlichen, hat der Herausgeber, der die erste Christusvision und die beiden Kapitel mit den »Briefen« dazwischen schob, diesen Vers erweitert, indem er an die posaunenhafte Stimme der ersten Vision erinnert. Diese Stimme versetzt den Seher in den Zustand geistiger Schau und nennt ihm das Thema seiner Vision: zukünftige Geschehnisse.

Johannes sieht einen vom Regenbogen umstrahlten Thron und einen, der darauf saß. Das läßt an einen Menschen denken, und anders als in menschlichen Bildern kann sich der Seher nicht ausdrücken. Mit dem Thronenden will er den Begriff »Allherrscher« darstellen. Diese bildliche Auffassung vom Gott in Menschengestalt geht auf die ältesten Bibelverse zurück: »nach seinem Bilde schuf Gott den Menschen«.

Anders sind die beiden Begriffe »Thron« und »Regenbogen« zu verstehen, sie drücken das Verhältnis Gottes zu seiner eigenen Schöpfung aus: Der Thron ist Symbol für seine Herrschaft über die Schöpfung; der Regenbogen ist das Zeichen des Bundes Gottes mit der Schöpfung, seines Versprechens, wie es Noah der Nachwelt mitgeteilt hat. Dasselbe Bild bringt schon Hesekiel (1,26–28).

Edelsteine glänzen und leuchten. Johannes sagt, daß er den Thronenden nur als ein Lichtfunkeln sieht. Der Herausgeber des Buches, der im 21. Kapitel ganze Edelsteinharmonien beschrieb, hat hier den Smaragd angefügt.

24 Älteste und sieben Geister

4. Und ich sah um den Thron herum 24 Throne
und auf den Thronen 24 Älteste sitzen,
bekleidet mit weißen Gewändern,
und auf ihren Häuptern goldene Kränze.
5. Und vom Thron gingen Blitze, Stimmen und Donner aus,
und sieben Fackeln brannten vor dem Thron,
das sind die sieben Geister Gottes.

Offenbarung 4,4–5

Die 24 Ältesten gehen auf die 24 jüdischen Propheten zurück, die sich die Juden als eine Gesamtheit vorstellten; die Zahl beruht auf einem älteren Systembild, auf den 24 Sterngöttern des babylonischen Tierkreises, nach denen der Tag mit 24 Stunden berechnet ist. Jedes der zwölf »Häuser« hatte also zwei Herrscher; diese Vorstellung weist darauf hin, daß hier Zeugen gemeint sind, denn um ein Zeugnis abzulegen, sind zwei Personen nötig. Johannes denkt bei »Zeugen« an opferbereite Propheten, an Märtyrer. Ihre weißen Gewänder sind Kennzeichen ihrer guten Taten, und die goldenen Kränze sind Zeichen ihres Sieges über den Versucher.

Blitze, Stimmen und Donner wurden seit Moses Zeit als die Gegenwart Gottes selbst verstanden. Wie wir noch sehen werden, haben sie auch eine ganz wirkliche Beziehung zu den Geschehnissen der Endzeit. Die Zeile mit den sieben Fackeln erscheint mir als Zutat eines Bearbeiters, die Erklärung, daß die Fackeln Geister seien, ist wohl noch später eingeschoben worden.

Albrecht Dürer, *Johannes vor Gott und den Ältesten*

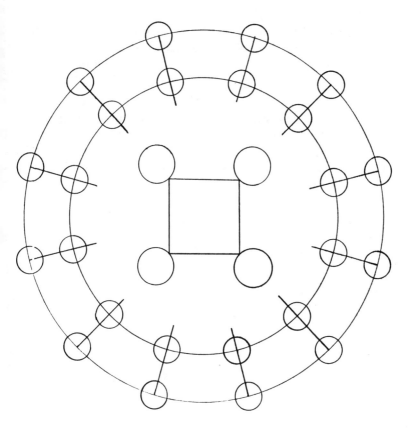

Der Thron mit den vier Gestalten und 24 Ältesten

Die vier Gestalten

6. Und vor dem Thron war ein gläsernes Meer wie ein Kristall.

   Und mitten im Thron
   und rings um den Thron
   waren vier Tiergestalten voller Augen
   vorne und hinten.

7. Und das erste Tier war wie ein Löwe
   und das zweite war wie ein Stier,

und das dritte hatte ein Antlitz wie ein Mensch,
und das vierte war wie ein fliegender Adler.

Offenbarung 4,6–7

Vor dem Thron liegt das gläserne Meer, das Gott von seiner Schöpfung trennt wie eine unüberbrückbare Kluft. Es ist nach dem großen Kupferbecken im jüdischen Tempel gebildet, das Salomon nach älterem Vorbild im Allerheiligsten aufstellen ließ. Die vier Wesen um den Thron sind ganz mit Augen bedeckt, das heißt mit Sternen, mit Lehrern, die vor- und rückwärts schauen, in die Vergangenheit und in die Zukunft.

Diese vier »evangelischen« Gestalten um den Thron wecken bei vielen Lesern den Gedanken an die Tierkreiszeichen. Als das Modell des Tierkreises, der Zodiak, in Sumer benutzt wurde, stand Stier im Frühlingsbeginn, Löwe am Sommeranfang, Skorpion (mit dem Menschengesicht) am Herbstbeginn und der Wassermann am Winteranfang, wobei Stier, Löwe und Wassermann passend zur jeweiligen Jahreszeit stehen: Der Stier hilft dem Pflügenden, der Löwe liebt die Sommerhitze und der Wassermann regiert die Regenzeit.

Als Johannes die Offenbarung schrieb, zeigten die Sternbilder infolge der Präzession der Erdachse nicht mehr die Jahreszeitenanfänge an, aber das war unwesentlich, denn Johannes wollte etwas Neues darstellen. Er vertauschte Löwe und Stier, und anstelle des Luftelementes »Wassermann« brachte er den fliegenden Adler. Damit verkündet Johannes seine eigene Botschaft, die nichts mit den Sternbildern zu tun hat, sondern geistige Mächte, Sinnbilder seiner religiösen Welt, aufruft.

Das Vorbild dafür ist traditionell, es sind die »Herrscher« oder Engel.

Vier Cherubim standen an den Ecken der Bundeslade im Tempel von Jerusalem, und diese vier Cherubim besaßen – wie Hesekiel (1,10; 10) beschreibt – *jeder* für sich die vier oben genannten Köpfe. Cherubim sind Engel, ihre Festlegung auf die Zahl Vier war gerade in den Jahrhunderten vor Christus vollzogen worden: im Bild von den vier Erzengeln.

Stark wie ein Löwe ist der Erzengel Michael, der Schutzgeist des jüdischen Volkes (Daniel 10,13); er wurde später auf die christliche Glaubensgemeinschaft übertragen, vom 9. Jahrhundert an besonders auf die Deutschen, deren Reichsfahne ein Michael Drachentöter zierte, weshalb man vom deutschen Michel spricht.

Der zweite starke Engel ist Gabriel, der die Botschaften Gottes, die Offenbarungen, den Menschen überbringt. Wie ein Adler fliegt er durch die Lüfte. In der Offenbarung wird er jedoch als viertes Wesen genannt.

Raffael heißt der dritte Erzengel; er ist der schenkende Engel und wird immer dann angerufen, wenn es um das tägliche Brot geht. Er gleicht dem Stier, dem Geber aller Güter, den der Bauer hochschätzt. Das reife Korn und der Handel gehören hierher.

Der vierte Erzengel wird meistens Arzafil genannt, manchmal auch anders, was wohl daran liegt, daß sein Name nur selten und ungern ausgesprochen wurde, denn er ist der Engel des Todes. Gut paßt zu ihm das Bild des Skorpions mit dem menschlichen Gesicht. Verborgen ist sein tödlicher Stachel. Die Abneigung des Johannes, diese Wesen genau zu beschreiben, hebt es um so deutlicher hervor, denn seine Zuhörer wußten genau, wer hier gemeint ist, wie aus den Kommentaren hervorgeht.

In den vier Aufgaben der Erzengel verbergen sich die wichtigsten Ämter der frühesten Staaten: Michael war das Vorbild der Ritterschaft, er überwachte das Verteidigungswesen; sein Name ist zusammengesetzt aus den Wörtern Macht und Gott: Micha-El.

Gabriel besorgte die Übermittlung der Nachrichten, die damals hochentwickelt war. Er wurde später – besonders im Islam – mit dem Heiligen Geist gleichgesetzt, der in Gestalt einer Taube ein Sinnbild der Nachrichtenübermittlung gewesen ist. Die Verkündigung froher Nachrichten, zum Beispiel an Maria, war eine Aufgabe Gabriels. Auch sein Name bedeutet Stärke oder Kraft Gottes, denn Gabr oder Gibor ist als Name eines starken Riesen überliefert. Deshalb heißt Gabriel in der Offenbarung (10,1): der »zweite starke Engel«.

Raffael entspricht dem Schatzmeister, der über das Geldwesen und die Speicherung der Nahrungsmittel wachte. Sein Name ist wie die der ersten beiden Erzengel nach dem Eigennamen eines

Riesen gebildet, der mit dem deutschen Wort »Raub« verwandt ist.

Der Todesengel, die versinnbildlichte Grausamkeit, entspricht dem Scharfrichter. Sein Name ist allerdings entstellt. Es gibt verschiedene Bezeichnungen für ihn in der jüdischen Überlieferung, aber ich konnte für keine eine passende Erklärung finden.

Will man die Throngestalten den Erzengeln parallelsetzen, dann ist die Reihenfolge an einer Stelle falsch: Der Adler erscheint bei Johannes an vierter statt an zweiter Stelle. Es ist jedoch möglich – wie wir sehen werden sogar wahrscheinlich –, daß ein Bearbeiter die Reihenfolge geändert hat.

In der zweiten Hälfte des zweiten Jahrhunderts entschied sich die Kirche für die vier Evangelien, wie wir sie noch heute in der Bibel finden; und von jener Zeit an setzte man die vier Evangelisten mit den vier Throngestalten der Offenbarung gleich. Allerdings ist hier die Reihenfolge eine andere.

Und auch Hesekiel, der ja das Vorbild für die vier Gestalten gesehen und beschrieben hat, bringt eine andere Reihenfolge.

Eine der häufigsten Auslegungen besagt, daß die vier Gestalten die vier Elemente darstellen: Löwe ist ein Feuerzeichen, Stier steht für Erde und Skorpion für Wasser; der Adler, der an die Stelle des Wassermanns getreten ist, kennzeichnet noch besser die Luft. Aber wiederum ist die Reihenfolge vertauscht, denn richtig lautet sie: Feuer – Erde – Luft – Wasser. Da die Formeln der Antike – vor allem hinsichtlich der Reihenfolge – äußerst starr waren, sind derartige Umstellungen stets ein Hinweis auf wichtige innere Gründe.

Als sinnvolle und ursprüngliche Reihenfolge betrachte ich die der Erzengel, denn Johannes hat sicher nur die Cherubim darstellen wollen, nicht die Tierkreiszeichen des Himmels oder die vier »Elemente«. Darum ist zu fragen, welches Ziel der Bearbeiter verfolgt hat, der die Reihenfolge der Thronengel umstellte. (Im Kapitel »Die sieben Posaunen« werde ich noch einen weiteren Hinweis dafür bringen, daß hier eine Umstellung des ursprünglichen Textes erfolgt ist.) Warum hat der Bearbeiter den Adler, Gabriel, von der zweiten an die vierte Stelle gesetzt?

Die Reihenfolge drückt vermutlich eine Bewertung der Bilder aus, sowohl bei Johannes als auch bei dem Bearbeiter. Da der Löwe das

Abbild des Messias ist, muß er auf jeden Fall am Anfang stehen. Der Bearbeiter versetzte den Adler an den Schluß der Reihe, weil ihm dieser Raubvogel als unreines Tier galt, was vor allem gegen Ende des Buches (19,17–21) spürbar wird, wo die »unreinen Vögel« aufgerufen werden, die erschlagenen Menschen zu fressen. Das erinnert an die Türme des Schweigens der Parsen, wo die Geier die Aufgabe der »Beisetzung« erfüllen. Aus dieser Sicht ist die Verschiebung berechtigt: Die Aasvögel sind abschreckender als der Skorpion, der immerhin ein Menschengesicht trägt.

Johannes hatte allerdings eine ganz andere Auffassung vom Adler, wie wir beim aufmerksamen Lesen des Buches feststellen können. Der Adler ist ein edler Raubvogel und steht darum gleich hinter dem Löwen und vor dem friedlichen Stier, der weniger Macht hat.

Die Schau des Johannes war mystisch, wie sie uns im Iran vor Augen tritt. In Zarathustras Predigten stand der Adler für die Gotteskraft. Die bildliche Darstellung des Einen Gottes war eine von Adlerflügeln gesäumte Sonne. Noch die islamischen Mystiker des Iran benutzten das Symbol Adler, wenn sie vom »Geliebten Gottes« sprachen, vom Propheten. Auch die Juden hatten diese Vorstellung: Hesekiel beschreibt in seinem »Rätsel an Israel« (17,1–10) zwei Adler als Symbol für Propheten oder Religionsstifter. Und Daniel setzt Adlerflügel im gleichen Sinn ein (7,4).

Johannes verwendet den Adler dreimal in seinem Buch: als verkündenden Propheten in Kapitel 8, Vers 13; als Hilfe für das gebärende Weib (12,14) und als Engel, der einen Propheten lenkt (14,6).

Die vier Symbolgestalten Löwe, Adler, Stier und Skorpion stehen jeweils für eine Gruppe innerhalb der jüdischen Gesellschaft:

An erster Stelle steht die Priesterschaft. Sie war die stärkste und beständigste Kaste. Als Verwalter des Allerheiligsten in Israel, des Tempels von Jerusalem, nahm sie eine Mittlerstellung zwischen Gott und dem Volk ein. Die Priester salbten den König und aus ihren Reihen wurde der Messias als königlicher Priester oder priesterlicher König erwartet.

Soweit aus den Evangelien zu ersehen ist, rechnete Jesus sich stets der Gruppe der Priester zu, die zu seiner Zeit durch die Sadduzäer vertreten wurde. Eine der aufsehenerregendsten Taten Jesu war die »Reinigung des Tempels«, und als ihn die Tempelbehörde nach einer Vollmacht für diese drastische Handlung fragte, antwortete Jesus mit dem Hinweis, daß er selbst der wahre Tempel sei. In der prophetischen Sprache ist der Messias der »Löwe aus Judas Stamm« und damit der Überwinder des Satans; Jesus entspricht also der gleichen geistigen Macht wie der Drachentöter Michael.

An zweiter Stelle stand ursprünglich der fliegende Adler, Sinnbild des Prophetentums. Die Propheten waren von Gott berufene Einzelpersonen, die ohne den Anspruch einer staatlichen Religion auftraten und die Verbindung zwischen Gott und dem Volk direkt herstellten. Wegen ihrer oft schreckenbringenden Botschaft mußten fast alle leiden, viele wurden durch die Priesterkaste oder die politischen Machthaber hingerichtet.

Der Gegensatz zwischen Priestern und Propheten zieht sich durch das ganze Alte Testament, er ist geradezu typisch für die jüdische Religion. Abraham, einer der ersten Propheten, steht dem königlichen Priester Melchisedek von Jerusalem gegenüber, und zwar als Untergebener. Jesus wies ausdrücklich darauf hin und bezeichnete sich selbst als Melchisedek. Der Jesus untergebene Prophet war Johannes der Täufer. – Dem Propheten Moses steht sein Bruder Aron als Priester zur Seite, doch hier liegt die Machtfülle bei Moses. Tatsächlich galt die Zuneigung fast aller Schreiber der Bibel und sicher aller Gläubigen aus dem Volke immer den Propheten. Der Erzengel, der als Überbringer der göttlichen Botschaft Vertrauter der Propheten war, ist Gabriel.

Die dritte wichtige Gruppe waren die Prediger und Lehrer, die »Schriftgelehrten« oder Pharisäer. Sie hatten einen schweren Stand, denn es fehlte ihnen sowohl die amtsgebundene Autorität der Priesterkaste als auch die gottgegebene Machtbefugnis der Propheten. Sie konnten vor dem Volk nur Geltung erlangen durch ihren unanfechtbaren Lebenswandel, durch ihr großes Wissen und durch ihre Güte, durch die sie ihr Wissen dem Volk in Predigt und Unterricht mitteilten. Ihr Wirkungsort war die Versammlungshalle, die Synagoge, und ihr wichtigster Tag hieß Sabbat. Mit ihnen hatte Jesus den härtesten Kampf zu fechten, denn sie waren die ewigen Besserwisser, die für alles und jedes einen Thoraspruch anführten. In ihrer Gesamtheit vertreten sie die »lebendige« Religion, im Gegensatz zur starren Gesetzesreligion der Priester und zur kultlosen Bewegung der Propheten.

Ihrem friedlichen, fleißigen und geduldigen Wirken ist sinnvollerweise der Stier zugeordnet, und Raffael wäre als ihr Engel anzusehen, wenngleich ich hierfür keine historischen Vorbilder anführen kann.

Die vierte Gruppe ist antireligiös; sie war daher in dem äußerst religiösen Volk der Juden nur schwach vertreten: die der Wissenschaftsgläubigen. Dennoch gab es sie, vor allem in den Gemeinden der verschleppten und ausgewanderten Juden, also in Babylon, Alexandria usw. Dem Bild des dazugehörigen Thronengels entsprechend trägt der Wissenschaftsglaube ein menschliches Gesicht, was in der jüdischen Denkweise durchaus nichts Lobenswertes bedeutet, doch durch seinen Stachel ist der Skorpion auf hinterhältige Weise mächtig wie die Magier.

Diese vier Gewalten oder Gestalten der jüdischen Geisteswelt sind von vielen Propheten in mehr oder weniger klarer Weise gesehen und beschrieben worden. In ihrer frühesten Form sind es die vier Winde, die Diener Gottes, die Segen wie auch Verderben im Namen der Allmacht über das Volk Israel bringen.

Als nun durch die Zerstreuung des jüdischen Volkes ins Zweistromland und ins ganze Mittelmeergebiet das Bewußtsein der Gläubigen einen »universalen« Standpunkt gewann, als also aus dem Gott der Väter und Israels ein Herr der himmlischen Heerscharen geworden war, wurden auch seine vier Diener als Geistwesen der Menschheit angesehen. Damit wurden sie zu den geistigen Lenkern der »Weltreligionen«.

Diese vier Masken religiösen Geistes sind auf Religionen übertragbar, und so hat man im Mittelalter eindeutige Zusammenhänge zwischen den vier Gestalten und den monotheistischen Religionen beziehungsweise den alten Philosophien erkannt. Diese Beziehung erst gibt den als System geschauten Modellbildern ihren prophetischen Wert: Die Wahrsagung ist eingetroffen, die Religionen sind »entstanden«, die der Seher der Offenbarung vorausgesagt hat. Und dies kann nur geschehen sein, weil die Religionen von überzeitlichen Geistwesen beherrscht werden.

Nun folgt die Anwendung dieser vier Symbole auf die wichtigsten bestehenden Glaubensrichtungen, womit wir uns einer zentralen Aussage der Offenbarung nähern:

Im Priesterstand vereinigt das Christentum alle Machtfülle und Heilszuteilung; außerhalb der Kirche gibt es kein Heil, und der oberste Kirchenfürst hat die Schlüsselgewalt wie Jesus selbst. Darum wurde der »Löwe aus Juda«, Christus, zum Inbegriff der christlichen Religion.

Der Islam ist die weltumfassende Bewegung des prophetischen Gedankens, die »Religion des Propheten«, und der Adler oder das »Tier mit den Adlerflügeln« wird als Bild der islamischen Religion verstanden.

Predigt und Lehre waren die Kennzeichen der griechischen Geisteswelt, deren vornehmstes Gut von den Philosophen wie Pythagoras und Sokrates, Platon und den Orphikern vertreten wurde. Da die Griechen auch als »Heiden« schlechthin galten, hat man den Stier als Zeichen des Heidentums aufgefaßt; man erinnerte sich daran, daß die Zuwendung des Volkes Israel in der Wüste einem goldenen Kalb gegolten hat und daß der im römischen Reich weitverbreitete iranische Mithraskult und die Religion Zarathustras den Stier als heiligstes Tier verehrten.

Das vierte Tier ist schon bei Daniel sehr genau geschildert, und es fällt nicht schwer, darin die heute herrschende Weltanschauung zu erblicken: den wissenschaftlichen Materialismus oder den materialistischen Wissenschaftsglauben.
    Dieses Tier beschreibt Daniel (7,7) als »greulich und schrecklich und sehr stark, und hatte große eiserne Zähne, fraß um sich und zermalmte, und das übrige zertrat's mit seinen Füßen; es war auch ganz anders als die vorigen und hatte zehn Hörner«. Auf diese Vision Daniels werde ich im Kapitel über »Die zwei Drachen« ausführlich eingehen, denn dort ist vom vierten Tier die Rede. Hier

will ich nur das Wesentliche zusammenfassen: Vorbild für dieses grausame Tier war die Magie der alten Völker, die keineswegs im Gegensatz zur modernen Wissenschaft steht, sondern aus derselben Grundeinstellung heraus entstand. Beide behaupten, daß durch die aus der Forschung entstandene Erkenntnis Macht gewonnen wird, mit deren Hilfe der Mensch die Welt verändern kann. Diese Überheblichkeit verzichtet auf jede Offenbarung und baut allein auf den eigenen Verstand.

Der himmlische Gottesdienst

8. Und jede der vier Gestalten gleichermaßen
hatte sechs Flügel
außen und innen voller Augen;
und sie haben keine Ruhe Tag und Nacht und sagen:

»Heilig, heilig, heilig
ist Gott, der Herr, der Allmächtige,
der war und der ist und der kommt.«

9. Und wenn die vier Gestalten
Preis und Ehre und Dank geben
dem, der auf dem Thron sitzt,
der lebendig ist für alle Zeit,

10. dann fallen die 24 Ältesten nieder
vor dem, der auf dem Thron sitzt,
und beten den an, der lebendig ist
für alle Zeit,

und legen ihre Kränze ab
vor dem Thron und sprechen:

11. »Herr und unser Gott, du bist würdig,
Preis und Ehre und Macht zu nehmen,
denn du hast alle Dinge geschaffen,
und durch deinen Willen sind sie.«

Offenbarung 4,8–11

Wie alles, was in dieser Vision beschrieben wird, ist auch der himmlische Gottesdienst ein immerwährender Zustand, kein einmaliges Geschehnis; darum muß für die deutsche Übersetzung die Gegenwart gewählt werden.

Auffällig ist, daß in der Kennzeichnung Gottes in Vers 8 eine andere Reihenfolge auftaucht als in Vers 4 und 8 des ersten Kapitels: »Der war und der ist und der kommt.« Möglicherweise ist die Zeile später erweitert worden, bei Johannes war sie vielleicht noch zweiteilig: »der ist und der war«, denn die Zukunft ist für ihn schon Gegenwart; auch aus grammatischen Gründen ist es anzunehmen, denn in semitischen Sprachen fehlt die Futurform.

Außer dieser Änderung und den Umstellungen und Zusätzen am Anfang sind die 49 Zeilen des vierten Kapitels vollständiger Urtext des Johannes, in dem sie das erste Kapitel bildeten.

Die Endzeit beginnt

Kapitel 5, Vers 1– 5 Das Buch der sieben Siegel
　　　　　Vers 6– 7 Das Lamm
　　　　　Vers 8–14 Der zweite himmlische Gottesdienst

Das Buch der sieben Siegel

Mit zweimal sieben Versen, der klassischen Form der Vollkommenheit, bringt das fünfte Kapitel die zweite Vision des Johannes und den zweiten himmlischen Gottesdienst. Nur die ersten fünf Verse stammen von Johannes selbst:

> 1. Und ich sah zur Rechten dessen, der auf dem Thron saß,
> ein Buch, innen und außen beschrieben
> und versiegelt mit sieben Siegeln.
>
> 2. Und ich sah einen starken Engel,
> der rief mit lauter Stimme:
> »Wer ist würdig, das Buch zu öffnen
> und seine Siegel zu brechen?«
>
> 3. Und es konnte niemand im Himmel
> noch auf der Erde noch unter der Erde
> das Buch öffnen oder sehen.
>
> 4. Und ich weinte heftig,
> weil niemand würdig gefunden wurde,
> das Buch zu öffnen oder zu sehen.
>
> 5. Und einer von den Ältesten spricht zu mir:
> »Weine nicht!
> Siehe: der Löwe aus Judas Stamm hat gesiegt,
> der Sproß Davids,
> das Buch zu öffnen und seine sieben Siegel.«
>
> *Offenbarung 5,1–5*

So wie die Geschichte der Menschheit aufgeschrieben wird, nachdem sie geschehen ist, wird sie auch geistig vorgestellt als schon geschrieben in einem göttlichen Buch, bevor sie abläuft. Dahinter verbirgt sich die Idee des »Heilsplans«. Vorbilder für das versiegelte Buch fand Johannes bei Hesekiel und Daniel und besonders Jesajas (29,11), der sagte: »... daß euch die Visionen aller [Menschen] wie die Worte eines versiegelten Buches sein werden, welches man einem gäbe, der lesen kann, und spräche: Lies doch das! Und er spräche: Ich kann nicht, denn es ist versiegelt«. Die Versiegelung ist jedoch nur eine zeitbedingte Maßnahme; wenn die Menschen bereit sind, den Inhalt zu verstehen, werden die Siegel geöffnet.

Das Buch, das Johannes sieht, ist keine Buchrolle im wörtlichen Sinn, sondern der Plan der Geschichte. Darum dürfen wir uns die Siegel auch nicht wörtlich vorstellen. Johannes verwendet Bilder, um eine Wirklichkeit wiederzugeben, die anders nicht sichtbar wird. Es sind keine Rätsel oder Gleichnisse, sondern geistig eigenständige Existenzen, die in sich zu begreifen sind. Das Außen und Innen der Buchrolle beschreibt den äußeren und inneren Sinn des Textes.

Der Begriff »Buch« kommt in den heiligen Schriften in verschiedenen Bedeutungen vor; in der Offenbarung stehen drei Auffassungen nebeneinander. Die bekannteste ist das »Buch der Taten«, in dem alle Gedanken, Worte und Handlungen eines Menschen verzeichnet sind. Dieses Buch wird dem Menschen beim Jüngsten Gericht vorgelegt, so daß er selbst die Summe seines Verhaltens erkennen kann (Offenbarung 20,12).

Ferner gibt es ein Buch der Erlösten, das »Lebensbuch«. Der zweite Verfasser hat es in die Offenbarung eingefügt als Lebensbuch des Lammes (13,8; 17,8; 21,27). Darin sind die Namen aller Menschen, die das Heil Gottes erleben sollen, festgelegt – vom Anfang der Schöpfung an. Nach Meinung des Herausgebers, der das Thema übernommen hat (3,5), schließt das keineswegs die freie Entscheidungsmöglichkeit des Menschen aus, denn wer sich nicht als würdig erweist, dessen Name wird im Lebensbuch gestrichen. Das mag eine gewollte Konstruktion sein, sie zeigt aber, wie wichtig auch dem Herausgeber der freie Wille der Person ist.

Hier, im Kapitel 5 der Offenbarung, ist vom Buch der Geschichte die Rede. Damit die Geschichte sich abspielen kann, muß das Buch geöffnet werden. Auch das ist in doppelter Hinsicht zu verstehen: erstens als tatsächliche Öffnung der Siegel durch ein Geisteswesen, das die Geschichte in Gang setzt, und zweitens als Veröffentlichung des Inhalts durch einen oder mehrere Propheten, so daß die Menschen den Text erfahren und nicht blind an Gottes Plan teilnehmen müssen. Wenn beide Voraussetzungen erfüllt sind, wenn also das himmlische Geistwesen und der irdische Held ihre Aufgabe wahrgenommen haben, können die Ereignisse ihren Lauf nehmen.

Johannes wurde in der Auftragsvision, die im ersten Kapitel enthalten ist, zur Verkündigung berufen. Natürlich sind vor Johannes schon viele Propheten aufgetreten und haben Teile des Buches verkündet, doch auch nach Johannes wird noch ein Teil verborgen bleiben und als Aufgabe für spätere Propheten oder – nach 10,7 – für einen letzten Propheten offen bleiben.

Das Buch befindet sich zur Rechten dessen, der auf dem Thron sitzt (Luther übersetzte: in der rechten Hand). Doch Johannes sah nur eine Lichtfülle auf dem Thron, und das Buch demnach »zur Rechten« davon; es nimmt damit den wichtigen Platz ein, den später Jesus im Glaubensbekenntnis der Christen erhält: »sitzend zur Rechten Gottes«.

Der im zweiten Vers auftretende starke Engel wird Michael sein, der erste Thronengel, der in einem besonders engen Verhältnis zum Messias steht.

Mit drei Bereichen wird im dritten Vers die gesamte Schöpfung bezeichnet: Im Himmel wohnen die Engel, auf der Erde die Menschen und unter der Erde die Geister, womit sowohl Dämonen als auch Totengeister gemeint sind. Tragisch ist nicht nur die Tatsache, daß niemand das Buch öffnen kann, sondern daß es außer von den Engeln von niemandem gesehen wird. Das bringt den Seher zum Weinen. Einige Kommentatoren erklärten dieses Weinen stilistisch als Anklang an die Totenklage im antiken Mysterienspiel, womit der »Überwinderspruch« des nächsten Verses als Grußbotschaft an die auferstehende Gottheit angesehen wird – das scheint mir weit hergeholt. Ich halte das Weinen des Johannes für die Wirkung des Erlebten, wie es manchem Menschen während einer Vision widerfährt. Es ist schrecklich, daß der größte Teil aller Wesen zur Erlösungstat unfähig ist, ja sogar unfähig, diese auch nur zu sehen.

Die Verse 3 und 4 bildeten ursprünglich einen einzigen Vers von sechs Zeilen, in denen das Unglück durch die wiederholte Schlußzeile betont wird.

In Vers 5 verkündet einer der Ältesten, wer die Erlösungstat, das Öffnen der sieben Siegel, vollbringen darf. Der verkündende Älteste kann als Abbild Johannes des Täufers aufgefaßt werden. Seine Aussage steht noch ganz im Zusammenhang mit alttestamentlichen Weissagungen: Der Erlöser ist der »Löwe aus Juda«, der

»Sohn Davids«. Der von allen Juden erwartete Messias, der Priesterkönig »nach der Weise Melchisedeks« (Psalm 110,4), wird hier bildlich als königliches Raubtier, als Löwe vorgestellt.

Das Lamm

Es gibt aber auch eine jüngere Überlieferung, die das Geistwesen des Gesalbten als ein friedfertiges, zum Opfergang bereites Lamm darstellt. Da dieses Bild besser zu dem Lebensgang Jesu paßt, den man sich im Laufe der Generation nach der Zerstörung des Tempels von Jerusalem ausmalte, hat sich diese Gleichsetzung in der Kirche mehr und mehr durchgesetzt; statt des brüllenden, kampfbereiten Löwen erscheint Christus nun als geschlachtetes Schaf.

> 6. Und ich sah mitten im Thron und den vier Gestalten
> und mitten unter den Ältesten
> ein Lamm stehen, als sei es geschlachtet.
>
> Das hatte sieben Hörner und sieben Augen.
> Das sind die sieben Geister Gottes,
> die ausgesandt sind in alle Länder.
> 7. Und er kam und nahm [das Buch] von der Rechten
> dessen, der auf dem Thron sitzt.
>
> *Offenbarung 5,6–7*

Das griechische Wort Arníon, Lamm, ist ein Schlüsselwort dieses Buches; es kommt sonst in der Bibel nicht vor. Im Johannesevangelium und einigen Briefen stehen andere griechische Wörter für Lamm mit der gleichen Sinngebung, nämlich als Deckname für Jesus. Der Gedanke, Jesus mit einem Lamm zu vergleichen, war also schon in den frühen Christengemeinden verständlich. Die alttestamentlichen Propheten hatten das Gottesvolk mit einer Schafherde verglichen, am bekanntesten ist das Gleichnis aus Kapitel 53 des Jesaja, das am Karfreitag in der evangelischen Kirche vorgelesen wird.

Wie ist die Gleichsetzung von Jesus als dem »Löwen aus Judas Stamm« mit dem Lamm entstanden?

Zuerst war der Schafhirte der Inbegriff des gottesfürchtigen Mannes. Wie bei allen Hirtenvölkern ist auch bei den Hebräern das Hirtenamt ein besonders angesehener Stand gewesen, von Reinheit umgeben und religiös verklärt. Ich erinnere an die Weihnachtsgeschichte im zweiten Kapitel des Lukasevangeliums, wo das Heil den »Hirten erst kundgemacht« wurde. Dieser vergoldete Hintergrund der Geburt Jesu hat eine lange Tradition.

Die Hirten der Viehzüchtervölker waren nicht nur als hygienisch und kultisch reine Personen bedeutungsvoll, sondern spielten auch politisch eine wichtige Rolle, weil sie stets bewaffnet und einsatzbereit waren. Die »junge Mannschaft« scharte sich schnell um einen Heerführer oder Thronanwärter und bot dem ganzen Volk Schutz. So wurde der gute Hirte, der sein Leben für seine Schafe läßt, zum Sinnbild des Priesters, und die Schafherde, die er schützte, zum Symbol für die gläubige Gemeinde. Das Schaf selbst, der heilige Schatz des Hirten, wurde damit zum Inbegriff alles dessen, was den Glauben ausmacht.

In der Lehre des Zarathustra, die dem Judentum so viele Anregungen gab, war das Lamm »das göttliche Prinzip, die himmlische Gnade, das Licht der Edlen, das wie ein heller Schein um den Kopf der Gläubigen leuchtet, für die Frommen verkörpert als wilder Widder, der zahm wird und dem Menschen folgt«. Hier ist das älteste Erlebnis der Schafhirten noch erhalten. Die Umgestaltung zum Opferlamm erfolgte bei den Propheten, deren Vorstellung vom Leidensweg der Frommen sich vordrängte – wie im erwähnten zweiten Kapitel des Propheten Jesajas; auch dort ist das Lamm noch Ausdruck für die Gemeinde als Ganzes, es ist Symbol für den »Gläubigen an sich«, der die Krankheit und Schmerzen aller trägt, Symbol für das Vorbild aller Gottesanhänger und den Prototyp des Märtyrers.

Von da aus war es nur noch ein kleiner Schritt bis zur Gleichsetzung Jesu mit dem Opferlamm, zumal ihm ein neues Sinnbild zugeordnet wurde: der Sündenbock.

Das war kein Schaf, sondern ein Ziegenbock, und er war bereits einem anderen Sohn Gottes geweiht; dem Asasel. Im 3. Buch Mose 16 wird beschrieben, wie zur Reinigung der Gemeinde von Sünden zwei Ziegenböcke vor die Tür des Heiligtums gestellt wurden und das Los über sie geworfen wurde: Eines der Tiere wurde dem Herrn geopfert, das andere ließ man am Leben und jagte es – beladen mit den Sünden des ganzen Volkes – in die Wüste zum Gott Asasel, der später als gefallener Engel galt. Das Bild vom Sündenbock verschmolz dann mit dem des Opferlamms zum »Lamm Gottes, das die Sünden der Welt trägt«, eine Kennzeichnung Jesu Christi in den Worten des Täufers (Johannes 1,29).

Die Verwendung des Wortes Lamm für Jesus kommt in der Offenbarung 28mal vor, und da dies die heilige Zahl par excellence ist, kann es sich nicht um Zufall handeln. An vielen Stellen läßt sich erkennen, daß das Wort Lamm nachträglich eingefügt wurde, vermutlich um die Zahl 28 zu erzielen. Indem ich alle Verse untersuchte, in denen das Lamm auftaucht, gewann ich den Eindruck, daß dieses Wort generell erst später in die Offenbarung eingefügt ist, elfmal durch den zweiten Verfasser, einmal durch den nächsten Bearbeiter, der damit die Zahl zwölf erzielte, danach zwölfmal durch den Herausgeber, in dessen Fassung 24mal das Lamm erschienen sein muß und schließlich durch einen oder zwei nachträgliche Bearbeiter noch viermal, um die Endzahl 28 zu erhalten.

Zwar stand im Urtext des Johannes bereits einmal das Wort Lamm, doch bezieht es sich dort auf eine Verkörperung des Drachen, also den Gegenspieler Jesu. Es ist denkbar, daß dieses Wort des Johannes die schrittweise Einführung der 28 Gegenwörter ausgelöst hat; ein Vorgang, den ich auch noch an anderen Sinnbildern beobachtet habe und an entsprechender Stelle beschreiben werde.

An dieser Stelle wird erkennbar, daß nicht nur der Begriff Opferlamm eingeführt ist, sondern daß der ganze Doppelvers ein Zusatz sein muß, dessen erste Hälfte vom zweiten Verfasser geschrieben wurde, während die zweite Hälfte auf den Herausgeber zurückgeht, der hier gleich dreimal die Zahl Sieben unterbrachte, um die Drachengestalt, die durch eine zweifache Sieben symbolisiert ist, zu übertreffen. Auch der nicht sehr bildliche Ausdruck »wie geschlachtet« bzw. »erwürgt« wurde vom zweiten Verfasser vermutlich nur gewählt, weil Johannes ein Drachentier (13, 3) gleichermaßen beschrieben hat.

Die Schlußzeile von Vers 6 »in alle Länder« ist kennzeichnend für den Herausgeber, der bemüht ist, den im Markus- und Matthäusevangelium stehenden Missionsbefehl weiter auszubreiten.

In dem direkt anschließenden Vers 7 des Johannes ist mit knappen Worten die weltgeschichtliche Heilstat des Löwen – oder des Lammes – dargestellt.

Nun ist der Weg frei für das Aufbrechen der Siegel und damit für die Einleitung des letzten Zeitabschnitts der irdischen Geschichte; sie ist im nächsten Kapitel beschrieben. Diese Tat ist so gewaltig, daß sie hier durch einen himmlischen Gottesdienst gefeiert werden muß.

Der zweite himmlische Gottesdienst

Er gleicht dem ersten, nur gilt die Verehrung jetzt dem Helden, dem Lamm Jesus, das als Verkörperung der Liebe Gottes gesehen wird. In Vers 13 schließt sich konsequent die irdische Schöpfung dem Gottesdienst an.

8. Und als es das Buch nahm,
fielen die vier Gestalten und die 24 Ältesten
nieder vor dem Lamm.

Und jeder hatte eine Harfe
und goldene Schalen mit Räucherwerk,
das sind die Gebete der Heiligen.

9. Und sie singen ein neues Lied und sagen:
»Würdig bist du, das Buch zu nehmen
und seine Siegel zu öffnen,

denn du wurdest geschlachtet
und hast mit deinem Blut [Menschen] für Gott erkauft
aus allen Stämmen und Sprachen
und Völkern und Nationen

10. und sie für unsern Gott
zum Königtum und zu Priestern geweiht;
und sie werden herrschen auf der Erde.«

11. Und ich sah viele Engel und hörte ihre Stimme
um den Thron und die vier Gestalten und 24 Ältesten herum,
und ihre Zahl war Myriaden mal Myriaden und tausend mal Tausende,

12. und sie sprachen mit lauter Stimme:

»Würdig ist das geschlachtete Lamm,
zu nehmen Kraft und Reichtum und Weisheit
und Stärke und Ehre und Herrlichkeit und Lob.«

13. Und alle Geschöpfe im Himmel
und auf der Erde und unter der Erde
und auf dem Meer und alle darin
hörte ich sprechen:

»Dem, der auf dem Thron sitzt, und dem Lamm
sei Lob und Ehre und Preis und Gewalt
für alle Zeit!«

14. Und die vier Gestalten sprachen: »Amen!«
Und die Ältesten fielen nieder und beteten an.

Offenbarung 5,8–14

Dieser zweite Gottesdienst, der am Schluß von allen Geschöpfen mitvollzogen wird, ist vom zweiten Verfasser in Anlehnung an den himmlischen Gottesdienst im vorigen Kapitel geschrieben. Zu den elf Zeilen kommen noch durch den Herausgeber zwölf weitere, ferner ein Zitat und sieben Zeilen des Johannes, die der Herausgeber hierher versetzte.

Der ganze Gottesdienst ist eingerahmt von der Handlung der Thronengel und der Ältesten: Sie fallen nieder zur Anbetung vor dem Lamm. Das mag dem Leser »unerhört« vorkommen, denn in einer monotheistischen Religion – wie es die frühchristliche war – gebührt nur Gott allein diese Ehre. Schon Plinius schrieb in einem Brief an Kaiser Trajan, daß dem Christus Hymnen gesungen werden »wie einem Gott«.

Im Talmud gibt es die Beschreibung einer Szene, die am sechsten Schöpfungstag spielt: Nach der Erschaffung Adams fordert Gott die Engel auf, vor diesem neuen Menschen die Knie zu beugen und ihn anzubeten. Der größere Teil der Himmelsbewohner folgt demütig dem Befehl, sei es aus Gehorsam oder aus Liebe zum Allvater; aber ein Sohn Gottes, Satan mit seiner Schar, unterwirft sich nicht und weist darauf hin, daß er selbst von Gott aus Licht geschaffen sei, der Mensch aber aus einem Erdkloß, wie ja alle gesehen haben. »Ich falle nur vor dir, mein Vater, nieder!« soll dieser erste Revolutionär gesagt haben. Für diese Eigenmächtigkeit wird er aus dem Himmel verstoßen, denn die demütige Ausführung der göttlichen Befehle, auch wenn sie absurd scheinen, wird zum Prinzip erklärt.

Auf die ersten drei Zeilen des zweiten Verfassers folgen zwölf Zeilen des Herausgebers, der Ausmalungen wie die Harfen und goldenen Schalen liebt. Durch die Gleichstellung von Weihrauch und Gebeten führt er einen neuen Gedanken ein: So wie die Befehle, die von Gott ausgehen, über seine Engel zu den Menschen gelangen – denn anders könnten die Menschen sie nicht erfassen –, so dringen auf dem umgekehrten Weg die Gebete der Menschen über die Zwischenstation der Engel zu Gott, indem die Engel sie in Weihrauch verwandeln. Das entbehrt einer überlieferten Grundlage, denn Psalm 141,2 besagt das keineswegs! Gott wird so zu einem begrenzten Wesen, das nur erreichbar ist durch Fürsprecher und Übersetzer. Diese Gedankenkonstruktion nimmt der Herausgeber aus Kapitel 8, Verse 3 und 4, in denen Johannes jedoch etwas anderes aussagen wollte.

In seinem siebenzeiligen Vers (5,9d–10c) begründet der Herausgeber die Vollmacht des Opferlamms nach Art der griechischen Einweihungslehren: Durch seinen stellvertretenden Tod besiegt das Opfertier den Tod insgesamt, durch sein Blut befreit es das Gottesvolk aus der Sklaverei. Die Israeliten in Ägypten hatten mit dem Blut der geschlachteten Schafe ihre Türpfosten bestrichen zum Zeichen ihrer Zugehörigkeit zur Gemeinde Israels. Und so wie jenes Blut die Garantie für die Erlösung aus der Sklaverei war, wird hier das Blut Jesu zum Lösegeld für die Gläubigen, die dadurch nicht nur Freie werden, sondern sogar Herrscher. Das alles hat nicht den Charakter einer Vision, sondern ist eher bewußte Konstruktion, das Wunschdenken der verfolgten Christen.

Mit Vers 11 fließt der Text des zweiten Verfassers weiter, unterbrochen nur durch die nach Daniel (7,10) geformte Zeile von den Myriaden und Tausenden, die vermutlich der Herausgeber einfügte. Der siebenzeilige Vers 13 wird ein Text des Johannes sein, den der zweite Verfasser vom Ende des elften Kapitels hierher versetzte, wobei er nur zu dem, »der auf dem Thron sitzt«, das Lamm hinzufügte. Dem darin genannten vierteiligen Preislied hat er eine viel vollkommenere siebenteilige Lobpreisung vorangestellt (5,12).

Während in Vers 3 nur drei Bereiche der Schöpfung aufgezählt waren – Engel, Menschen und niedrige Geister – sind in Vers 13 vier Bereiche, das heißt alle Lebewesen, genannt, denn die Geschöpfe im Meer stehen für die Tierwelt allgemein. Sie sind zwar nicht fähig zur Öffnung der Buchsiegel (5,3), aber sie können das Loblied auf ihren Herrn singen (5,13). Das ist typisch für das Weltbild des Johannes, das von dem der Bearbeiter immer wieder unterscheidbar ist. Besonders die Verbindung von Gott und Lamm war für die Juden und ersten Christen zur Zeit des Johannes undenkbar.

Der Gegensatz zwischen dem Text des Johannes und den Veränderungen durch seine späteren Bearbeiter spiegelt ein Stück früher Kirchengeschichte, und zwar das denkbar spannendste: die Vergöttlichung Jesu.

Die ersten sechs Siegel

Kapitel 6, Vers 1– 8   Die vier Apokalyptischen Reiter
                      Das Vorbild
                      Die Bedeutung der vier Reiter
                      Ein chronologischer
                      Deutungsversuch
          Vers 9–11   Die Auserwählten des
                      fünften Siegels
          Vers 12–17 Die Katastrophe des
                      sechsten Siegels

Die vier Apokalyptischen Reiter

Das sechste Kapitel bringt eine geraffte Schau der gesamten Entwicklung der Menschheit von Johannes bis zum Tag des Jüngsten Gerichts. Die meisten Kommentatoren haben nicht verstanden, daß in diesem Kapitel der gesamte »Heilsplan« dargestellt wird, denn das sechste Kapitel ist nur ein kleiner Teil des Offenbarungsbuches, und sie meinten, daß Johannes die zukünftigen Ereignisse in chronologischer Reihenfolge in seinem Buch erzählen werde. Es handelt sich aber bei einigen Kapiteln um Einzelvisionen, die für sich genommen bereits den ganzen Plan wiedergeben. Unterschiedlich ist nur der Blickwinkel, unter dem der Ablauf der Geschichte betrachtet wird.

Mit der Öffnung der sieben Siegel – hier werden nur die ersten sechs Siegel geöffnet, das siebente ist auf Kapitel 8 verschoben – wird gezeigt, »was von nun an geschehen wird«, wie die posaunengleiche Stimme zu Beginn der Vision (4,1) angekündigt hatte.

Der Aufbau des Kapitels ist einfach: Die ersten vier Siegel werden in strenger Gleichmäßigkeit hintereinander beschrieben, jedes in zwei beziehungsweise drei Versen; das fünfte Siegel wird in drei, das sechste in sechs Versen gebracht.

Die ersten vier Siegel sind die berühmten »Apokalyptischen« Reiter, sie bilden den bekanntesten Teil der Offenbarung und wurden von europäischen Künstlern in allen Jahrhunderten mit mehr oder weniger Texttreue und Phantasie dargestellt.

1. Und ich sah, daß das Lamm öffnete
das erste der sieben Siegel
und hörte die erste der vier Gestalten sprechen
wie mit Donnerstimme: »Komm!«

2. Und ich sah, und siehe: ein weißes Pferd.
Und der Reiter drauf hält einen Bogen,
und ihm wurde ein Kranz gegeben;
und als Sieger zog er aus und siegte.

3. Und als er das zweite Siegel öffnete,
hörte ich die zweite Gestalt sprechen:
»Komm!«

Albrecht Dürer, Die vier apokalyptischen Reiter

4. Und ein anderes Pferd kam heraus, feuerrot;
und dem Reiter darauf wurde erlaubt,
den Frieden von der Erde zu nehmen,
und daß sie sich untereinander erschlügen;
und ihm wurde ein großes Schwert gegeben.

5. Und als er das dritte Siegel öffnete,
hörte ich die dritte Gestalt sprechen:
»Komm!«

Und ich sah, und siehe: ein schwarzes Pferd.
Und der Reiter darauf
hielt eine Waage in der Hand.

6. Und ich hörte eine Stimme von den vier Gestalten sagen:
»Ein Kilo Weizen für einen Tageslohn
und drei Kilo Gerste für einen Tageslohn,
und Öl und Wein rühre nicht an!«

7. Und als er das vierte Siegel öffnete,
hörte ich die Stimme der vierten Gestalt
sprechen: »Komm!«

8. Und ich sah, und siehe: ein fahles Pferd.
Und der Reiter darauf
hieß mit Namen: der Tod.
Und die Unterwelt folgte ihm nach.

Und ihnen wurde Macht gegeben über den vierten Teil der Erde,
zu töten mit Schwert, Hunger und [Pest]Tod
und durch die [wilden] Tiere der Erde.

Offenbarung 6,1–8

Das Vorbild

Das Bild der vier Geister und vier Pferde kennen wir schon aus dem Buch des Propheten Sacharja, der ein Zeitgenosse des Kaisers Darius war. In seiner ersten Vision sieht er einen Reiter auf einem roten Pferd und hinter ihm rote, braune und weiße Pferde – wohl ebenfalls mit Reitern. Auf die Frage des Propheten, wer diese seien, antwortet der Reiter: »Diese sind es, die der Herr ausgesandt hat, die Erde zu durchziehen.« Und etwas später in der gleichen Vision heißt es: »Und siehe, da waren vier Hörner.« Sie werden von dem

Engel so gedeutet: »Es sind die Hörner, die Juda samt Israel und Jerusalem zerstreut haben.« Sie stehen in der Geschichte wie politische Mächte. Danach erscheinen dem Sacharja in jener Nacht vier Schmiede, und Sacharja fragt: »Was wollen die machen?« Worauf er die Antwort erhält: »Sie sind gekommen, die Hörner der Heiden abzustoßen, welche das Land Juda zerstreut haben...« Die vier Schmiede entsprechen den vier Throngestalten in der Offenbarung des Johannes.

In einer anderen Vision sieht Sacharja vier pferdegezogene Wagen, die zwischen Bergen hervorfahren: Am ersten Wagen trabten rote Rosse, am zweiten schwarze Rosse, am dritten weiße und am vierten scheckige starke Rosse. Dazu sagt der Engel: »Es sind die vier Winde unter dem Himmel.« Die schwarzen und weißen Rosse ziehen nach Norden, und der Herr verkündet dazu: »Siehe, sie machen meinen Geist ruhen im nördlichen Lande.« Die scheckigen Rosse ziehen nach Süden, während die starken alle Lande durchqueren.

Wie wir sehen, ist die Beschreibung leicht durcheinandergekommen; statt der roten, die zuerst erwähnt werden, aber dann fehlen, sind die scheckigen Rosse eingetreten, getrennt von den starken, mit denen sie vorher zusammen genannt werden. Da die Reihenfolge bei Johannes anders ist, nehme ich an, daß der Text des Sacharja verunstaltet überliefert wurde.

Die vier Reiter – oder Pferde oder Wagen – sind die vier Winde, jene Diener Gottes, die seine Befehle auf der Erde ausführen. Sie verursachen geistige Bewegungen: Der Wind ist der Atem der Erde, und der Atem wurde stets dem Geist gleichgesetzt. Sie sind damit die eigentlichen Helden, die Geschichte machen.

Die Bedeutung der vier Reiter

Das Vorbild des Sacharja macht deutlich, daß eine Gleichsetzung der Apokalyptischen Reiter mit politischen Reichen nicht in Frage kommt. Es handelt sich um geistige Bewegungen, und da die Throngestalten der Reihe nach die vier Reiter aufrufen, können wir uns denken, daß zwischen den Thronwesen und den Reitern jeweils Gleichheit hinsichtlich ihrer Aufgabe besteht. Was allerdings im

Himmel in höchster Reinheit erscheint, wird auf der Erde materiell unrein sein, unvollkommen, der Zeit unterworfen.

Die Reiter stehen – wie die Thronwesen – in einer abfallenden Reihe: zuerst kommt ein reiner Sieger, dann ein blutiger Kämpfer, danach ein grausamer Händler und schließlich der häßliche Tod mit der Hölle und allen Leiden der Erde im Gefolge. Diese Kennzeichnung paßt genau zu den Throngestalten, wenn wir die von mir vorgenommene Umstellung des Adlers vom vierten auf den zweiten Platz annehmen.

Die vier Reiter stellen ein altbekanntes Schema der Geistesgeschichte dar, das Johannes mit neuem Sinn erfüllt. Das Viererschema mit abfallender Reihe kannten schon die Griechen durch ihren Geschichtsphilosophen Hesiod, der die vier Weltalter – das goldene, silberne, bronzene und eiserne – in die europäische Geschichtsschreibung einführte. Auch bei ihm waren es keine Weltreiche, sondern Epochen, die durch unterschiedliche Geisteshaltungen gekennzeichnet waren. Die Anregung dazu kam wohl von Zarathustra, und auch im Iran war der Gedanke damals nicht neu, sondern fußte bereits auf älterer Überlieferung. Daniel (2,31–35) hat das Bild von den vier Weltaltern in die Bibel eingeführt durch seinen Traum von dem glänzenden Standbild, das aus vier Teilen bestand: der Kopf aus Gold, der Oberkörper aus Silber, der Unterleib aus Bronze und die Schenkel aus Eisen. Nur die Füße bestanden aus einer Mischung von Eisen und Ton und waren dadurch besonders schwach. Ein Stein, der diese Füße traf, zermalmte sie und zerstörte dadurch das ganze Standbild. »Der Stein aber, der das Standbild zerschlug, wurde zu einem großen Berg, der die ganze Welt ausfüllte.«

Damit weist Daniel auf die übergeordnete Wirklichkeit hin, die – beständig wie Stein – alle vier Weltalter vernichten wird. Es ist jene Allmacht, die die zeitlichen Mächte zerstört und überdauert.

Auch in seiner Vision von den vier Tieren, auf die ich im Kapitel »Die zwei Drachen« näher eingehen werde, zeigt Daniel (7,1–28) die Vierteilung der Geistesgeschichte und das Ende dieser Mächte.

Beachten wir die Anzahl der Verse, die die einzelnen Reiter beschreiben, so stellen wir fest, daß die ersten beiden Reiter in je zwei Versen dargestellt sind. Die Zwei ist die Zahl der Zeugen, der

Bekenner des Glaubens; die anderen beiden aber sind in je drei Versen geschildert, denn sie sind Boten des Unglücks.

In Vers 2 stehen die vier Zeichen, an denen der erste Reiter erkennbar ist: ein weißes Pferd, und der Reiter darauf hält einen Bogen; ihm wurde ein Kranz gegeben, und er zog als Sieger aus und siegte. Dieser Reiter ist Jesus Christus. Das weiße Pferd beschreibt die Reinheit seiner Sendung. Der Bogen in seiner Hand aber stempelt ihn als Barbaren ab in den Augen der griechischen Welt: Jesus war kein Grieche, sondern ein Asiate und gehörte zu einem »barbarischen« Volk und hatte sich an dieses gewandt. Der Kranz, der ihm gegeben wurde, zeichnet ihn als Märtyrer aus, der der Versuchung des Satans nicht erlegen ist. Er kam als Sieger und trug den Sieg über den Tod davon, das war für alle Christen offensichtlich.

Manche Kommentatoren halten diese Deutung für falsch, denn sie meinen, daß Jesus nicht in einer Reihe mit den anderen Reitern auftreten könne; doch da es sich um eine fallende Reihe handelt und Jesus an oberster Stelle steht, kommt mir der Einwand unberechtigt vor, vor allem, wenn man bedenkt, daß Jesus zur Zeit des Johannes noch nicht diese gottgleiche Stellung einnahm, die ihm die Kirche später verlieh. Es ist auch kein Verstoß gegen die Logik, wenn er als Geistwesen die Siegel öffnet und dann in Gestalt des weißen Reiters selbst als erster hervortritt; Jesus leitet die Endgeschichte durch Öffnung der Siegel ein – und wie könnte er dies besser tun als durch sein eigenes Auftreten? Eben dieses Erscheinen Jesu ist die Einleitung der Endzeit.

Die vier Reiter werden von den vier Throngestalten ausgesandt, Jesus wird also von Michael geschickt – auch das war in der jungen Kirche eine geläufige Vorstellung gewesen. Der Drachentöter und der Sieger über den Tod sind gleichen Geistes.

Die Richtigkeit dieser Deutung gibt die Offenbarung selbst an: Im Kapitel 19, Vers 11 bis 16 tritt der Reiter auf dem weißen Roß wieder auf, diesmal mit weiteren Kennzeichen Jesu, so daß fast alle Ausleger in ihm Jesus erkennen. Dort wird der Reiter als »Treu und Wahrhaftig« bezeichnet, das sind die typischen Beinamen Jesu. Seine Augen sind eine Feuerflamme, genau wie in Vers 14 des ersten Kapitels, das einmütig als Darstellung Jesu aufgefaßt wird; sein blutgetränkter Mantel ist Hinweis auf die Passion Jesu, und sein Name »Gottes Wort« erinnert an den Anfang des Johannesevangeliums, wo Jesus als das Wort Gottes verherrlicht wird; das scharfe Schwert aus seinem Mund und der eiserne Stab, mit dem er die Heiden regiert, sind ebenfalls bekannt als Kennzeichen Jesu. Er ist der König der Könige und Herr der Herren, sagt der letzte Vers dieser Verherrlichung des weißen Reiters (19,16) – niemand anders als Jesus könnte damit gemeint sein.

Zwar stammen jene sechs Verse nicht von Johannes, sondern vom Herausgeber, aber man muß doch annehmen, daß er das Bild des weißen Reiters absichtlich wählte, um Jesus am Schluß des Offenbarungsbuches noch einmal in gleicher Gestalt auftreten zu lassen wie zu Beginn, denn er ist »der Erste und Letzte«.

In Kapitel 6 heißt es vom ersten Reiter kurz und bündig: »als Sieger zog er aus und siegte«. Das Ereignis hat also schon stattgefunden; den übrigen drei Reitern wird Auftrag oder Vollmacht erst erteilt, ihr Handeln ist erst zukünftiges Geschehen. Wer die Farbe des Pferdes auf die vier Himmelsrichtungen bezieht, kommt zur gleichen Deutung, denn Weiß steht für Osten, und von dort kommt nach allgemeiner Ansicht der Morgenstern Jesus (wie in 7,2).

Der zweite Reiter wird in Vers 4 beschrieben: Sein Pferd ist feuerrot, und dem Reiter wird erlaubt, den Frieden von der Erde zu nehmen, so daß sie sich gegenseitig erschlagen; und ihm wird ein großes Schwert gegeben. Dieser Reiter ist Mohammed, der Prophet des Islam. Das feuerrote Roß zeigt den Krieg an, und dem Reiter wird ausdrücklich erlaubt, Krieg zu führen.

Wer dagegen einwendet, daß Krieg nichts Neues sei auf der Erde und daß die Kennzeichnung »daß sie sich gegenseitig erschlügen« auf jeden großen Herrscher passen würde, der sei daran erinnert, daß hier nicht von politischer Macht die Rede ist, sondern vom Glauben. Glaubenskriege hat es vor Mohammed nicht gegeben. Seine Art der Ausbreitung der Religion mit Feuer und Schwert war etwas Neues in der Geschichte der Menschheit. Zwar hatten die Juden um des Glaubens willen Ägypten verlassen und Palästina erobert, aber sie taten das nicht, um neue Anhänger für ihre Religion zu gewinnen. Mohammed nahm den Frieden von der Erde in dem Sinne, daß sich zwei große Religionsgemeinschaften, die denselben Gott anbeteten, grausamst bekämpften. Das ist gemeint mit dem Ausdruck »sich gegenseitig erschlagen«; vom Bruderkrieg der beiden monotheistischen Religionen ist hier die Rede.

Das lange Schwert des Reiters ist allerdings kein kriegerisches Kennzeichen, sondern Sinnbild der Wortgewalt, wie in Kapitel 1, Vers 16, wo es die Wortgewalt Jesu bezeichnete. Mohammed hat wahrhaftig scharfe Worte gesprochen, sein »Zeichen« ist nach seiner eigenen Aussage sein Wort, nämlich der Koran. Und der Engel, von dem Mohammed seine Offenbarungen empfing, war, wie er selbst sagte, Gabriel, der Zweite in der Reihe der Erzengel.

Der dritte Reiter ist ungewöhnlich schwierig zu interpretieren. Auffällig ist zunächst die schwarze Farbe seines Pferdes: Dunkel wie die Unwissenheit und lichtlos ohne Erleuchtung kommt er daher. Da der Reiter eine Waage hält und der Thronengel Preise nennt, können wir ihn als Händler bezeichnen. Weizen und Gerste sind sehr teuer, Öl und Wein unerschwinglich. Die Deutung kann dennoch wiederum nur auf den Glauben abzielen, die Voraussage einer allgemeinen Teuerung wäre in diesem Zusammenhang banal.

Einige Kommentatoren haben auch die Beziehung des Getreides und des Weines zum Abendmahl und die Beziehung des Öles zum religiösen Kult schon aufgezeigt, so daß es mir nur überlassen bleibt, den Zusammenhang zu vertiefen: Das Brot wird den Gläubigen um teures Geld zugeteilt, doch der Wein und die Ölung wird ihnen vorenthalten, sie dürfen sie nicht anrühren. Das sind die Kennzeichen der katholischen Kirche, wo nur die Priester den geweihten Wein trinken und die letzte Ölung vornehmen; zwar teilen sie das Brot des Abendmahls an fast alle aus, aber um welchen Preis! Der Ablaßhandel der schwarzen Priester auf den Märkten ist ein bekanntes Bild für die Verirrung der Kirche in den Jahrhunderten vor der Reformation.

Dieses Siegel ist das einzige, in dem die Throngestalt mehr sagt als nur: »Komm!« Sie gibt die ganze Weisung, genauer gesagt das Kennzeichen des dritten Reiters und seiner Zeit. Aber warum spricht nicht die dritte Throngestalt, sondern »eine von den vier Gestalten«? Ich sehe hier einen weiteren Hinweis auf die Richtigkeit der von mir vorgeschlagenen Umstellung der Throngestalten: Es mag einem Bearbeiter aufgefallen sein, daß dieser Befehl nicht vom Skorpion kommen konnte, sondern mit dem Stier verbunden sein mußte. Und da die Reihenfolge der Thronwesen nicht mehr stimmte, konnte er nicht mit gutem Gewissen sagen: »die dritte Gestalt sprach«, sondern mußte es ersetzen durch den unbestimmten Ausdruck. Offensichtlich war es das vom Stier regierte Heidentum, das in der Renaissance die Teuerung der Glaubensartikel auslöste.

Der Höhepunkt des Handels mit der Heilsbotschaft liegt im 16. Jahrhundert, und der schwarze Reiter müßte ein großer Papst oder katholischer Kaiser sein. Zum gleichen Zeitpunkt ist allerdings auch das Streben nach Reinheit und Gnade auf die Spitze getrieben, bedingt durch den ungeheuren Machtmißbrauch der Kirche. Mit flammenden Worten wandte sich Luther gegen den Ablaßhandel der Kirche und hob die Unkäuflichkeit der göttlichen Gnade hervor. Er wirkt wie ein Gegenspieler des dritten Reiters, dessen Handel mit den Sakramenten er bekämpft. Am glanzvollsten wird der Kampf der beiden Ideen wohl in den beiden Reichstagen von Worms 1521 und Augsburg 1530 zutage getreten sein, auf denen die Verkörperung der weltlichen Macht, Karl V., selbst Gericht hielt.

Dieser letzte überragende Kaiser des Deutschen Reiches war zugleich als Karl I. König von Spanien und besaß damit eine unermeßliche Macht. Sein Reich erstreckte sich von Prag über Madrid und Amerika bis zu den Philippinen. Während seiner Regierungszeit gab es tatsächlich eine immense Teuerung des Brotgetreides, allerdings nicht, weil es an Getreide gefehlt hätte, sondern weil Gold und Silber in so großen Mengen aus den neuentdeckten Ländern, vor allem Mexiko und Peru, nach Spanien flossen, daß sie nur noch wenig wert waren. Das bedeutete, daß das lebensnotwendige Getreide zu enorm hohen Preisen in Gold oder Silber gehandelt wurde. Die einfachen Leute, die am Goldüberfluß nicht teilhatten, erlebten eine schreckliche Hungerszeit. Öl und Wein, die langfristig eingelagert werden können, kamen gar nicht mehr zum Verkauf. Sieht man diese Verse der Offenbarung als eine Prophezeiung über die Zeit Karls V., dann stimmt auch der »äußere Sinn« der Weissagung; der »innere«, also der übertragene Sinn, zielt auf die Beziehung zum Abendmahl und zum Ablaßhandel. Hier liegt die eigentliche Aussage des Johannes.

Die religiöse Bedeutung Karls V. ist ungemein groß gewesen, nicht nur, weil er die Reformbestrebungen Luthers ablehnte und dadurch die Spaltung der römischen Kirche auslöste, sondern auch durch die rigorose Bekehrung der Ureinwohner Amerikas, wodurch der Machtbereich der Kirche um ein vielfaches vergrößert wurde.

Der vierte Reiter ist ein gottloser Mensch. Sein Pferd ist aschfahl, farblos. Das bedeutet, seine Sendung ist ohne eigene Botschaft, sie ist geistig leer. Und der Name dieses Reiters lautet Tod – damit wird ein Selbstmörder bezeichnet. Sein Lebensziel ist die Vernichtung. Und weiter steht da: »die Unterwelt folgte ihm nach« (Luther schreibt »die Hölle«). Damit sind all jene Menschen gemeint, deren Bestimmung die Hölle und die Verbrennung ist; die Gefolgschaft des Reiters gehört in die Unterwelt.

Er beherrscht den vierten Teil der Erdbewohner, das mag zu seiner Stellung als vierter Reiter gehören, könnte aber auch wörtlich zu nehmen sein. Die vier Plagen: Schwert, Hunger, Pesttod und wilde Tiere kommen schon im 14. Kapitel des Propheten Hesekiel vor, das die Vernichtung der Juden weissagt und von einigen Kommentatoren auf die Hitlerzeit bezogen wurde.

Ich denke beim vierten Reiter an die Diktatoren des 20. Jahrhunderts wie Josef Stalin oder deutlicher noch Adolf Hitler. All seine Merkmale tauchen auf: vom Selbstmörder über seine todbringenden Anhänger bis zu den Massenmorden in den Konzentrationslagern, den Erschossenen und Verhungerten des Krieges und der Vernichtung Andersdenkender. Er wütete wie die Pest. Er war der Reiter ohne göttliche Botschaft, und seine Anhängerschaft war enorm groß.

Er hat Kräfte entfesselt, die ihm durch viele Millionen Menschen eine parareligiöse Verehrung zuteil werden ließen. In vielen seiner öffentlichen Reden hat er sich als »Werkzeug der Vorsehung« bezeichnet. Dabei hat er nicht Gott gemeint, sondern eine geistige Macht. Wenn seine Botschaft auch gottlos war, so ist doch nicht zu übersehen, daß er eine »Ideologie« vertrat. Es war etwas unerhört Neues, im Namen dieser Ideologie einen Krieg zu führen und ganze Völker in den Abgrund zu treiben. Eben das trennt ihn von seinen vielen Vorgängern und macht ihn zum letzten der vier Prototypen der Geschichte.

Ein chronologischer Deutungsversuch

Die Reiter werden von den Thronengeln aufgerufen und sind mit diesen verbunden. Nach meiner Erklärung der Throngestalten im vierten Kapitel hatte ich auf die Interpretation hingewiesen, die sich für die Geschichte der Religionen daraus ergibt. Dem Löwen entspricht Christus und die junge Kirche, dem Adler die »Religion des Propheten«, der Islam, dem Stier das Heidentum, »das das Licht nicht sieht«, und dem Skorpion der gnadenlose Materialismus. Das zeitliche Nacheinander ihres Auftretens ist interessant und soll näher betrachtet werden.

Mit dem ersten Reiter fing eine neue Zeit an, die heute fast weltweit als Zeitrechnung gültig ist. Im Jahre 622 begann mit der Flucht des Propheten Mohammed eine andere Zeitrechnung, die des zweiten Reiters. Auch der Beginn des vierten Reiters läßt sich festlegen: 1933 brach das »Dritte Reich« aus, die Gründung der Partei lag etwa ein Jahrzehnt davor. Dadurch bekommen wir rund sechseinhalb Jahrhunderte als Zeitabstand zwischen den einzelnen Reitern. Wenn alle Reiter im etwa gleichen Abstand einander folgen, dann wäre der dritte Reiter um die Mitte des 13. Jahrhunderts anzusetzen. Und dieser Zeitpunkt besitzt eine erstaunlich große Bedeutung. Das Jahr 1260 war von Joachim von Fiore als Ende der Zeit errechnet worden, und Millionen von Christen hatten es mit großer Verzweiflung oder gläubiger Hingabe erwartet. Die Jahre danach bargen eine große Enttäuschung. 1270 ging der letzte Kreuzzug mit großen Verlusten zu Ende, im gleichen Jahr starb König Ludwig IX. von Frankreich, der »Heilige«, das Sinnbild einer ganzen Epoche christlicher Weltanschauung. Zwei Jahre vorher war Konradin, der letzte Hohenstaufer, Kaiser des Römischen Reiches Deutscher Nation, hingerichtet worden, eine unerhörte Begebenheit, die den Abschluß einer Epoche markierte. Das Mittelalter war gestorben.

Aber in jenem Jahr 1260 ist auch etwas Neues geboren worden: Es ist das Geburtsjahr von Meister Eckehart, dem Vorläufer der Reformation. Mit ihm beginnt die Reihe der großen Prediger und

Spalter der Kirche: Savonarola, Hus, Hutten, Calvin, Zwingli und Luther.

Wenn wir aber Karl V. als dritten Reiter erkennen, bleibt zu erklären, wie die Verschiebung von 1260 (oder 1270) zum Jahre 1519 zu verstehen sei.

Alle Ausleger stellen für das Verständnis der apokalyptischen Bilder die Bedingung, daß sie im Alten Testament vorgegeben oder aus dort stehenden Sätzen ableitbar sind. Diese Bedingung habe ich auch bei meiner Deutung eingehalten, wenn ich auch nicht fortwährend auf die jeweiligen Vorbilder hinweise, weil Johannes in vielen Fällen die alten Ausdrücke mit neuem Sinn gefüllt hat, so daß es sich erübrigt, ihre Herkunft zu betonen. Mit gewissem Zögern weise ich nun auf die vorchristlichen Zeitabstände hin.

Drei einschneidende Ereignisse gehören zum Geschichtsbewußtsein aller Juden: Abraham, Moses und die babylonische Gefangenschaft. Das ergibt ungefähr die Jahreszahlen 1900 v. Chr. (Einführung der Beschneidung), 1250 v. Chr. (Auszug aus Ägypten) und 600 v. Chr. (Beginn der Wegführung nach Babylon), also auffälligerweise die gleichen Zeitabstände rückwärts wie die der drei Reiter vorwärts, so daß die Geburt des ersten Reiters, Jesus, die Mitte oder Symmetrieachse dieser sieben Daten anzeigt.

In der jüdischen Überlieferung, besonders bei Daniel, findet sich die Festlegung einer »Epoche« mit 2520 Jahren. Ein Viertel davon ergibt 630, und etwa so viele Jahre beträgt der Abstand zwischen den einzelnen Reitern.

Im Licht des Evangeliums werden andere Einschnitte als epochemachend angesehen: Schlüsselfiguren sind die Personen, die Träger des messianischen Geistes waren. Abraham gegenüber stand der Priesterkönig von Jerusalem, Melchisedek, auf den sich Jesus berief, als er sagte: »Abraham freute sich jenes Tages, als er mich sah« (Johannesevangelium 8,56). Der Gleichsetzung von Melchisedek und Jesus ist im Hebräerbrief das ganze siebente Kapitel gewidmet. Daraus geht hervor, daß Jesus als wiedergekehrter Melchisedek aufgefaßt wurde.

Die Stelle von Moses nimmt David ein als Vorläufer Jesu, der viele Male als »Sohn Davids« bezeichnet wird, geweissagt in Hesekiel 34, 23 und 24. Die Verkörperung des berühmten jüdischen Königs in Jesus ist das Thema der ersten Predigt des Petrus in Jerusalem (Apostelgeschichte 2. und 13. Kapitel).

Drittens wird Serubabel, der den Tempel nach der Rückkehr aus dem babylonischen Exil wiedererrichten ließ, als der Siegelring Gottes bezeichnet (im Propheten Haggai). Ein anderer Zeitgenosse Serubabels, der Prophet Sacharja, sagt (4,9): »Die Hände Serubabels haben dieses Haus gegründet, seine Hände sollen es auch vollenden, damit ihr erfahrt, daß mich der Herr zu euch gesandt hat.« Die Vollendung des Tempelbaus und die Weissagung, »daß mich der Herr zu euch gesandt hat«, werden von allen Kommentatoren auf die Person Jesus bezogen.

Abgesehen von der geringen zeitlichen Verschiebung der letzten Person um die Jahre der Babylonischen Gefangenschaft fällt auf, daß das mittlere Datum um rund 250 Jahre vorwärts gerückt ist, denn es ergeben sich die Jahreszahlen: 1900 v. Chr. – oder etwas eher – für Melchisedek, um 1000 v. Chr. für David und 536 v. Chr. für Serubabel. Die Verschiebung des mittleren Datums entspricht etwa der Verschiebung des symmetrisch entsprechenden dritten Reiters, dessen Auftreten ebenfalls um 250 Jahre vorwärts gerückt ist: von 1270 auf 1519.

Die Offenbarung bietet selbst einige Hinweise, die diese Deutung der vier Reiter bestätigen, denn jedes der vier Siegel wird in einem besonderen Kapitel noch einmal einzeln behandelt, sozusagen in »Großaufnahme«. Johannes hat die Reiter noch ein zweites Mal gesehen, zwar in anderer Gestalt, doch in gleicher Abhängigkeit und mit gleicher Symbolik; an ihrer Aufgabe für die Endzeit sind sie erkennbar. Da für Johannes und seine Zeit der erste Reiter schon erschienen war, steht dessen zweite Betrachtung vor der Reitervision als fünftes Kapitel: Es ist die Siegelöffnung durch Jesus. Die anderen drei Reiter werden in den Kapiteln 10 (Mohammed), 12 (undeutlich an die Reformation erinnernd) und 13 (Tod und Verderben) noch einmal erwähnt.

Und weiter: Der zweite, dritte und vierte Reiter folgen in Kapitel 14 hintereinander; der Gesalbte, die zukünftige Gestalt Jesu, steht am Ende in Vers 14. In derselben Reihenfolge erscheinen sie noch einmal in Kapitel 18, wobei wiederum der erste Reiter als Gesalbter den Abschluß der Reihe bildet (19).

Die Reden Jesu über die Endzeit in den Evangelien scheinen sich ebenfalls auf das Schema der sieben Siegel zu beziehen, als hätte es schon vorgelegen. Schon im ältesten Evangelium bei Markus ist die Reihenfolge ähnlich: Die ersten vier Ereignisse werden als »Anfang der Wehen« zusammengefaßt; der Ausdruck »Wehe« für den zweiten bis vierten Reiter kommt in der Offenbarung noch mehrmals. Sie werden folgendermaßen gekennzeichnet: 1. Kriege, 2. Bruderkriege, 3. Erdbeben, 4. Hungersnot (Markus 13,7–8).

Auch die daran anschließenden Ereignisse können lose mit den hier folgenden drei Siegeln verglichen werden: die Verfolgung der Gläubigen, die große Trübsal, die zur Flucht zwingt, und die Erschütterung der Grundfesten von Erde und Himmel.

Lukas, der das Vorbild offensichtlich nicht genau kannte, fügte bezeichnenderweise die Pest hinzu (21,9–11) und bei Matthäus (24,6–8) sind Hungersnot und Erdbeben miteinander vertauscht, so daß die Reihenfolge den vier Reitern der Offenbarung besser angeglichen ist.

Die Auserwählten des fünften Siegels

9. Und als er das fünfte Siegel öffnete,
   sah ich unter dem Altar die Seelen derer, die erschlagen waren
   wegen des Wortes Gottes und ihres Zeugnisses davon.

10. Und sie schrien mit lauter Stimme und sprachen:
    »Herrscher, du Heiliger und Wahrhaftiger, wie lange
    richtest du nicht und rächst nicht unser Blut
    an den Bewohnern der Erde?«

11. Und jedem wurde ein weißes Gewand gegeben;
    und ihnen wurde gesagt, daß sie noch eine Weile ruhen müßten,
    bis die Zahl ihrer Mitknechte und Brüder voll sei,
    die noch getötet werden sollten wie sie.

Offenbarung 6,9–11

Johannes sieht die Seelen der für den Glauben Erschlagenen unter dem Altar – Opfertieren gleich – und hört ihren Racheschrei.

Der Schrei nach Rache ist eine der Bedingungen für die Vollendung der Zeit, denn ohne dieses Verlangen der Gläubigen wäre das Gericht Gottes unnötig; nur wegen ihres Schreis wird der Gerichtstag angesetzt, ohne Ankläger gibt es kein Gericht. Mit denen, die nach Rache schreien, können jedoch nur nichtchristliche Märtyrer gemeint sein, denn der wahre Christ vergibt seinen Feinden, so wie es Jesus selbst tat.

Da die Sprache dieses Verses alttestamentlich klingt, vor allem die Anrede Gottes als Herrscher (»Despot« steht im Original), nimmt man allgemein an, daß hier von den Märtyrern des »Alten Bundes« die Rede ist. Ich glaube allerdings, daß Johannes auch hier einen viel weiteren Blick hatte als seine Interpretatoren. Er wird mit den unter dem Altar Liegenden die unermeßlich große Zahl der Märtyrer aus allen Völkern und allen Zeiten gemeint haben. Deshalb bedeutet der Schrei: Wie lange noch?

Es werden ihnen weiße Gewänder gegeben, das heißt: Als Anerkennung ihrer Selbstlosigkeit werden sie reingewaschen von allen Befleckungen ihrer Leidenszeit und brauchen nicht wiederzukehren ins irdische Leben, sie »ruhen«. Zusätzlich erhalten sie ein Versprechen: Das Gericht wird stattfinden nach einer kleinen Zeitspanne, nämlich dann, wenn die Zahl der Märtyrer voll ist, die noch erschlagen werden für ihren Glauben. Im Gegensatz zur unermeßlichen Menge der früheren Märtyrer, die schon unter dem Altar liegen, ist die Zahl der zukünftigen Glaubenszeugen genau bemessen, und im Gegensatz zu der fast endlos scheinenden Zeit der Menschheitsentwicklung dauert es nun nur noch eine Weile. Diese Zeitspanne läßt sich jedoch nicht berechnen, denn der Tag des Jüngsten Gerichts liegt noch nicht fest, er stellt sich als Ergebnis des Kampfes der Gläubigen gegen die Mächte der Finsternis ein, wenn die Zahl der Märtyrer erfüllt ist.

Aus diesem Grund hat Jesus gesagt, daß weder er selbst noch die Engel im Himmel den Tag wüßten (Markus 13,32). Die Bitte um Verkürzung der Leidenszeit, die auch Jesus aussprach (Matthäus 24,22), hat Vorläufer; schon im Avesta des Zarathustra kommt ein solches Gebet vor.

Zum Thema »Auserwähltsein«

Man möge sich folgendes vorstellen: Ein Hirte hatte eine große Schafherde, und alle Schafe waren schwarz. Eines Tages wurde ein weißes Schaf geboren; das gefiel dem Hirten sehr, und er wünschte sich, daß seine ganze Herde aus weißen Schafen bestünde. Als nach einiger Zeit wieder ein weißes Schaf geboren wurde und bald danach noch eins, wuchs in dem Hirten der Wunsch nach weißen Schafen. Er sah, daß nach einem Gesetz des freien Spiels immer wieder von einem der Tausende von schwarzen Schafen ein weißes geboren wurde. Doch die Nachkommen der weißen Schafe waren nicht alle weiße, sondern meist auch wieder schwarze Schafe. Da der Hirte nur noch weiße Schafe erhalten wollte, mußte er die weißen Schafe von der schwarzen Herde absondern und unter sich kreuzen. Auch dabei entstanden noch schwarze Schafe, doch endlich auch reine weiße Schafe, deren Nachkommen alle weiß waren. Diese faßte er zur neuen Herde zusammen.

Im Laufe der Zeit wuchs die kleine weiße Herde, während die große schwarze fast ins Unzählbare angewachsen war. Doch das war kein Schaden für den Hirten, denn je größer seine schwarze Herde wurde, desto größer war auch die Zahl der weiß geborenen Schafe und desto größer die Möglichkeit, durch Kreuzen dieser weißen Schafe reinrassige weiße zu erhalten, so daß die neue Herde eines Tages groß genug sein würde, um selbständig zu bestehen. Dann, so überlegte der Hirte, würde er die schwarze Herde nicht mehr brauchen, denn er liebte nur die weißen Schafe. Damit die unermeßlich große Herde schwarzer Schafe den weißen nicht die Weide kahlfräßen, müßte er wohl die schwarzen Schafe eines Tages schlachten. Ihm bliebe dann nur eine weiße Herde ohne Sorge, daß die Nachkommen wieder schwarze Schafe sein könnten, denn er hatte sie ja rein gezüchtet.

In diesem Vergleich steht der Hirte für Gott und die Herde für die Menschheit. Die weißen Schafe sind die Menschen, die Gott aus ihrem eigenen freien Willen heraus erkannt haben, ihn lieben und seine Worte ausführen.

Je größer die Bevölkerung der Erde, desto größer auch die Möglichkeit, daß Menschen sich zu Gott bekehren, die – einmal abgesondert von den übrigen und vereinigt mit ihresgleichen – eines

Tages den Grundstock einer rein gläubigen Menschheit ergeben. Was bei den Schafen die Geburt ist, ist beim Menschen seine Entscheidung zu Gott, seine Bekehrung, seine »Taufe« oder geistige Wiedergeburt. Die abgesonderten weißen Schafe entsprechen der Gemeinde der Gläubigen. Die reinweiße Nachkommenschaft zeigt sich in den guten Taten und Worten der gläubigen Menschen.

Jemand hat eingewandt, daß Gott sich sogleich eine ihm gefällige Menschheit hätte schaffen können, wenn er dies gewollt hätte. Doch das weiße Schaf ist so definiert: ein Mensch, der Gott aus freiem Entschluß anbetet. Nur diese auf Grund des freien Willens selbstgefaßte Entscheidung zu Gott ist es, die das weiße Schaf vom schwarzen unterscheidet. Und nur sie macht das weiße Schaf für den Hirten so wertvoll. Eine Herde – gleich welcher Art – kann sich der Allmächtige jederzeit schaffen; aber ein Mensch, der seinen Herrn aus freien Stücken liebt, kann nicht geschaffen werden, er kann nur entstehen, man kann ihn nur erwarten.

Selbstverständlich hat dieses Bild vom Hirten und seinen Schafen nur ganz begrenzte Anwendungsmöglichkeit. Der Hirte sorgt sich nur um die weißen Schafe, er liebt nur sie und fördert sie. Allerdings wird er bis zum Tag der Schlachtung der schwarzen Herde auch jene Schafe hüten und keins von ihnen vernachlässigen, denn in jedem von ihnen steckt nach dem freien Spiel der Möglichkeiten die Erbanlage für ein weißes Schaf. Er erkennt sie jedoch nur an ihren Früchten, den Nachkommen, wie der Mensch nur an seinen Taten erkennbar ist.

Gewiß hat sich der Hirte ein festes Ziel gesetzt, er wird eine bestimmte Anzahl weißer Schafe als Grundstock erreichen wollen, vielleicht zwölfmal zwölftausend, bevor er sagt: »Genug!« und die schwarzen Schafe schlachtet. Dieser Tag liegt nicht als Datum fest, sondern als Zustand: bis die Zahl erfüllt ist.

Die Katastrophe des sechsten Siegels

> 12. Und ich sah: als er das sechste Siegel öffnete,
> geschah ein großes Erdbeben,
> und die Sonne wurde dunkel wie ein Fellsack,
> und der Mond wurde wie Blut.

13. Und die Sterne des Himmels fielen auf die Erde
    wie Feigen vom Baum, den ein starker Wind schüttelt.
14. Und der Himmel entwich wie ein Buch, das man aufrollt,
    und alle Berge und Inseln wurden bewegt von ihrem Ort.
15. Und die Könige der Erde und die Machthaber und die Offiziere
    und die Reichen und die Starken und alle Sklaven und alle
    Freien
    verbargen sich in den Höhlen und unter den Felsen der Berge.
16. Und sie sprachen zu den Bergen und Felsen:
    »Fallt über uns und verbergt uns
    vor dem Angesicht dessen, der auf dem Thron sitzt,
    und vor dem Zorn des Lammes.
17. Denn der große Tag des Zorns ist gekommen,
    und wer kann bestehen?«

Offenbarung 6,12–17

Betrachten wir zunächst die ersten drei Verse des sechsten Siegels. Hier deutet alles darauf hin, daß es sich um eine echte Vision des Johannes handelt, denn in dieser Weise haben die früheren Propheten – wie auch die Seher des Mittelalters und unserer Zeit – den Gerichtstag Gottes beschrieben: eine Katastrophe von enormen Ausmaßen, ein kosmischer Unfall oder ein Atomkrieg.

Über den Zeitpunkt des sechsten Siegels läßt sich nur eines mit Gewißheit sagen: Es liegt in der Zukunft, für Johannes wie auch für uns. Da die vier Reiter heute schon Vergangenheit sind und das fünfte Siegel sich insgesamt auf die Zeit von Jesus bis zum Gerichtstag bezieht, können wir den Zeitpunkt für die gegenwärtige Generation gut festlegen: zwischen dem vierten und dem sechsten Siegel, während des fünften.

Das Bild vom Weltuntergang, das Johannes in diesen drei Versen beschreibt, spricht für sich und ist uns aus vielen Apokalypsen geläufig: Zuerst gibt es ein Erdbeben und gewaltige Veränderungen der Erdoberfläche, so daß die Berge und Inseln verschwinden. Dann verdunkelt sich die Sonne, verursacht vielleicht durch die starke Verschmutzung der unteren Luftschichten der Erde infolge der Katastrophe; dann verdunkelt sich der Mond, der blutrot aussehen wird. Der Sternenregen bedeutet einen Meteoritenfall,

Albrecht Dürer, Die Eröffnung des sechsten Siegels

und das Entweichen des Himmels – hier ist die Atmosphäre gemeint – deutet auf eine Atombombenexplosion.

Und dennoch ist es auch hier möglich, den Text in seinem übertragenen Sinn zu verstehen, was Johannes beabsichtigt hat: Das Erdbeben symbolisiert die Erschütterung unseres Selbstverständnisses, besonders jener Vorstellung, die wir Menschen als allersicherste betrachtet hatten, die Vorstellung von der Endgültigkeit und Unabwendbarkeit des Todes. Daß die Sonne dunkel wird, bedeutet, daß der Glaube schwach wird. Der blutrote Mond ist ein Zeichen für die Unreinheit der Lebensformen und Gedanken. Die Sterne, die herunterfallen, sind die Lehrer, die nicht mehr gehört werden, nachdem sie jahrtausendelang verehrt wurden. Der entweichende Himmel ist Sinnbild des Wissens, das beiseite gerollt wird wie eine Buchrolle. Und die Berge stehen für die Regierenden, sie werden weggeschoben durch Revolutionen; ebenso werden die Städte, hier als Inseln dargestellt, der Handel und die zivilisatorischen Gesetze beiseite gefegt.

Diese Deutung können wir aber bei der zweiten Dreiergruppe der Verse des sechsten Siegels nicht anwenden. Sie sind klar auf das Verhalten der Menschen während der Katastrophe bezogen. Wegen dieser für Johannes untypischen Einseitigkeit des Bildes nehme ich an, daß diese drei Verse später verändert worden sind. Während Vers 15 recht eindeutig die Gedankenwelt des Johannes enthält, zeigt Vers 16 – zumindest in der letzten Zeile – die Hand eines Bearbeiters, denn Johannes sah in Jesus nicht das »zornige« Lamm. Bezüglich dieser Zeile sind sich die Handschriften in Vers 17 nicht einig; bei einigen steht: »der Tag seines Zorns«, bei anderen: »der Tag ihres Zorns« – die Mehrzahl deutet auf Gott und das Lamm.

Der ganze Vers 16 ist als Bearbeitung zu werten, weil es sich um ein gar zu berühmtes Bild handelt, das im zweiten Kapitel des Jesaja dreimal vorkommt, ferner fast wörtlich im Propheten Hosea (10,8): »Ihr Berge, bedeckt uns! und ihr Hügel fallt über uns!« Der Evangelienüberlieferung zufolge sprach auch Jesus diese Worte aus, als er sich auf seinem Leidensgang zur Kreuzigung den weinenden Frauen zuwandte (Lukas 23,30). Es ist denkbar, daß hier ein Vers des Johannes durch dieses Zitat des bekannten Prophetenspruches ersetzt worden ist.

Es bleibt Vers 15 mit seiner Aufzählung von sieben Kasten, die stark an Platons Atlantis erinnert; in hellenistischer Zeit sprach man nur von drei Klassen oder von vier, wenn man die Sklaven als Menschen mitzählte. Johannes greift hier aber wahrscheinlich nicht auf Platons Timaios (24) zurück, wo die sechs Kasten von Athen aufgezählt werden. Mit dem älteren System der sieben Kasten wollte er ein die Zeit überdauerndes Schema geben. Es hat auch für die heutige Zeit noch Gültigkeit.

Zuerst sind mit dem Wort »Könige« die Regierenden genannt, die Kaiser und Tyrannen, Präsidenten und Kanzler. Dann kommen die Machthaber, die je nach Staatsform als die Adligen und Priester, Minister und Aufsichtsratsvorsitzenden zu sehen sind. Meist haben sie mehr Macht inne als die Regierenden, sind also die eigentlichen Machthaber. Es folgen die Obersten, die Generäle und Militärs. An vierter Stelle stehen die Reichen: Großhändler und Grundbesitzer und Unternehmer. »Starke« sind all jene Menschen des Großbürgertums und die Intellektuellen, die auf Grund ihrer Stellung Anteil an der Machtausübung haben: Richter und Ärzte, Ingenieure und Professoren. Die letzten beiden Kasten, hervorgehoben durch das Wort »alle«, sind die Machtlosen, die große Menge der Beherrschten: Mit den Sklaven sind nicht nur Leibeigene und Knechte gemeint, sondern auch die ihnen wirtschaftlich gleichgestellten Handwerker, Landarbeiter und »Proletarier« im römischen Sinn. Die Freien stehen an unterster Stelle, denn sie – die Selbständigen und Künstler – sind die Ärmsten und Verachtetsten. Ihre Lage, Unsicherheit und Hilflosigkeit muß auch damals schon offensichtlich gewesen sein, sonst hätte Johannes sie nicht ans Ende der Aufzählung gestellt.

Die Versiegelten und die Überwinder

Kapitel 7, Vers 1– 4 Die Versiegelung
          Vers 5– 8 Die Versiegelten aus den zwölf Stämmen
          Vers 9–12 Die große Schar der Überwinder
          Vers 13–17 Eine Deutung

Die Versiegelten und die Überwinder

Dieses Kapitel ist der Versuch, den Aufbau des vorigen Kapitels nachzuahmen: Die ersten acht Verse sind allerdings in zwei Gruppen zu je vier angeordnet – statt viermal zwei Verse; die Verse 4 und 9 beziehen sich auf das fünfte Siegel; die Verse 10 bis 12 sind die dritte Darstellung des himmlischen Gottesdienstes. Die daran angehängten fünf Verse sind ganz gewiß ein späterer Zusatz und bringen das Kapitel auf die gleiche Länge wie das vorhergehende.

In den ersten vier Versen, die noch am ehesten wie ein Teil der Vision des Johannes wirken, wird die Versiegelung der Gläubigen beschrieben.

> 1. Danach sah ich [die] vier Engel,
> die an den vier Himmelspunkten der Erde stehen
> und die vier Winde der Erde halten,
> so daß [ohne ihren Willen] kein Wind wehen kann,
> weder über die Erde noch übers Meer noch über irgendeinen Baum.
>
> 2. Und ich sah einen anderen Engel heraufkommen von Osten,
> der hatte das Siegel des lebendigen Gottes
> und schrie mit lauter Stimme zu den vier Engeln,
> die die Macht haben, Erde und Meer zu schädigen,
>
> 3. und sprach: »Schädigt die Erde nicht
> noch das Meer noch die Bäume,
> bis wir die Knechte unseres Gottes versiegelt [haben]
> an ihren Stirnen.«
>
> 4. Und ich hörte die Zahl der Versiegelten:
> hundertvierundvierzigtausend
> waren versiegelt von allen Stämmen der Kinder Israel.
>
> *Offenbarung 7,1–4*

Im ersten Vers haben wir wieder ein Modell, das schon von anderen Propheten in dieser Weise beschrieben und gedeutet wurde: An den vier Enden der Erde, also im Osten und Westen, im Norden und Süden stehen die vier Windengel, die ältesten Diener Gottes; sie haben Gewalt über Länder und Meere durch die vernichtende

Albrecht Dürer, *Die vier Windengel und die Versiegelung der Auserwählten*

Kraft der Stürme. Zugleich liegt in diesem Bild ein innerer Sinn verborgen: Die Geistmächte können den Atem anhalten, und dann fehlt allem der belebende Geist sogar den Bäumen, die hier die Menschen symbolisieren.

Nun steigt ein anderer Engel von Osten herauf – wie die Sonne –, er ist ein Urbild des Erlösers, und wie dieser trägt er das Siegel, die Menschen zu binden oder zu lösen, wie es von Jesus in den Evangelien gesagt wird. Damit wird dieser zweite Vers zur Parallele des zweiten Verses des vorigen Kapitels, der ebenfalls auf Jesus abzielte.

Bevor die Katastrophe des sechsten Siegels einsetzt, sollen alle Gläubigen versiegelt werden, damit sie »bestehen« können, wie es in der letzten Zeile des vorigen Kapitels hieß. Damit ist natürlich nicht gemeint, daß sie im materiellen Sinn unzerstörbar werden, also inmitten von Feuersbrünsten und Wasserfluten überleben, sondern daß ihr Geist bewahrt bleibt, daß sie nicht Schaden nehmen an ihrem Geist, daß sie den Glauben behalten trotz aller Grausamkeit des Gerichtstages.

Der Begriff der Versiegelung ist uralt. Im 8. Kapitel des ägyptischen Totenbuches steht, daß der Geist des Verstorbenen an der Stirn mit einem Siegel versehen wird, das ihn schützt. Hesekiel (9,4) spricht ebenfalls vom Siegel an der Stirn der Gläubigen, und zwar in einer Weise, die an die »Versiegelung« der Israeliter in Ägypten vor dem Auszug denken läßt. Da die Gemeinde Gottes oft mit einer Herde verglichen wird, läßt sich dieses Siegel auch wie eine Brandmarke oder ein Herdenzeichen auffassen, das den Besitzer anzeigt. Entsprechend sind die Tätowierungen auf Gesicht und Händen, die viele Hirtenvölker, auch die Hebräer, durchführten.

Dennoch dachte Johannes wohl nicht an ein bestimmtes Zeichen; ebensowenig hatte er einen Hinweis auf die Taufe im Sinn, denn diese ist ein heidnischer Kult gewesen, dessen neue Sinngebung – Aufnahmeweihe und Abwaschung der Sünden – erst durch Johannes den Täufer eingeführt und dann durch die junge Kirche übernommen worden war (vgl. Josephus Flavius, Jüdische Altertümer, XVIII,5,2). Eher könnte man als zeitgenössischen Hinweis den Brauch der Römer heranziehen, Verbrecher, die sie aus dem Lande verstießen, auf der Stirn zu brandmarken (vgl. Boethius, Trost der Philosophie, 1. Buch, 4. Prosa).

Das Siegel war ein solches Kennzeichen, ein Unterscheidungsmerkmal. Johannes hat wohl eine unsichtbare Versiegelung gemeint, die den Erlösten zu einem gewissen Zeitpunkt in ihrem Leben zuteil wird. Sie ist nur dem einzelnen Gläubigen jeweils bekannt und kann nicht vorgezeigt werden. Sie schützt keineswegs vor Krankheit und Tod, sondern nur vor dem Verderben des Geistes. Es ist ja gerade ein Kennzeichen der Erlösten, daß sie zu Märtyrern für den Glauben werden, daß sie leiden und sterben müssen, »ungerechterweise«, wie Jesus sagt: Nur wer sein Leben verliert, wird es gewinnen.

Die im vierten Vers genannte Zahl der Versiegelten, 144 000, ist wieder eine symbolische Zahl; da es sich um Auserwählte handelt, ist die Kennzahl Zwölf; und da sie aus den zwölf Stämmen Israels, die selbst schon die Auserwählten der Menschheit darstellen, ausgewählt werden, so sind es zwölfmal zwölf, tausendfach, das heißt: in großer Zahl, jedoch festgelegt und begrenzt.

Dies bezieht sich auf das fünfte Siegel, in dem neben der unermeßlichen Zahl der Märtyrer der früheren Menschheit eine genau begrenzte Zahl der noch zu tötenden Gottesknechte erwähnt wird, derer, die zwischen Jesus und dem Jüngsten Tag leben. Damit ist auch der Zeitpunkt für das Versiegeln angegeben: Es ist unser Zeitalter. »Wartet noch!« ruft der Engel den vier Sturmgeistern zu – dieses Warten, diese kleine Zeit ist die Chance, die die Menschen seit zwei Jahrtausenden haben.

Die Versiegelten aus den zwölf Stämmen

5. Aus dem Stamm Juda zwölftausend Versiegelte,
aus dem Stamm Ruben zwölftausend,
aus dem Stamm Gad zwölftausend,
6. aus dem Stamm Asser zwölftausend,
aus dem Stamm Naphthali zwölftausend,
aus dem Stamm Manasse zwölftausend,
7. aus dem Stamm Simeon zwölftausend,
aus dem Stamm Levi zwölftausend,
aus dem Stamm Isaschar zwölftausend,

8. aus dem Stamm Zebulon zwölftausend,
aus dem Stamm Joseph zwölftausend,
aus dem Stamm Benjamin zwölftausend Versiegelte.

Offenbarung 7,5–8

Die Aufzählung der zwölf Stämme Israels ist inhaltlich eigentlich überflüssig; vielleicht handelt es sich um einen späteren Einschub. Die zwölf Stämme des Volkes Israel haben wohl nie in dieser idealisierten Zahl bestanden, und sie waren lange vor der Zeit des Johannes verschwunden. Nach dem Tod Salomos, etwa um 930 v. Chr., war das Reich geteilt worden: Zehn Stämme bildeten das Reich Israel, während Juda als eigenes Reich fortbestand. Als Sargon II. von Assyrien 721 v. Chr. Israel besiegt hatte, verschleppte er die übriggebliebenen 27 290 Seelen in den Osten seines großen Reiches, und damit verschwanden die zehn Stämme aus dem Blickfeld der Geschichte.

Da die Aufzählung der zwölf Stämme an ein altes Schema anknüpft, ist zunächst unklar, warum die Reihenfolge hier nicht mit der im Jakobssegen (1. Mose 49) genannten übereinstimmt. Für die Umstellungen sind inhaltliche Gründe anzunehmen. Daß Juda die Reihe anführt, liegt natürlich daran, daß aus diesem Stamm der Erlöser hervorkam: Jesus ist der Löwe, der im Jakobssegen versprochen wurde, und die Löwin an seiner Seite ist seine Lehre, der Glaube an die Auferstehung. Dementsprechend ist der Stamm Dan ausgelassen, weil Jakob diesen Sohn verfluchte: »Dan wird eine Schlange werden auf dem Wege und eine Otter auf dem Steige und wird das Pferd in die Ferse beißen, daß sein Reiter zurückfällt« (1. Mose 49,17). Indem dieser Fluch auf den Verräter Judas Ischarioth bezogen wird, wie Heinrich Kraft schreibt, wird Jesus mit einem Reiter verglichen. Dies ist ein weiterer Hinweis darauf, daß der weiße Reiter des ersten Siegels auf Jesus zu beziehen ist.

Da dieser Fluch des Jakob den Schreiber bewog, den Stamm Dan zu unterschlagen – denn hier werden ja nur die Auserwählten des Glaubens aufgeführt –, die Zwölfzahl der Stämme aber erhalten bleiben mußte, wurde der Stamm Manasse hinzugenommen. Wie wichtig die Zahl Zwölf war, können wir aus der Tatsache entnehmen, daß die Jünger nach dem Selbstmord des Judas Ischarioth durch das Los einen neuen zwölften Jünger auswählten, den Matthias, denn wichtiger als die Auswahlgeste Jesu war ihnen die Ganzheit der Zwölf (Apostelgeschichte 1,16–26).

Im Talmud finden wir mehrmals die Überzeugung, es gäbe nur eine begrenzte Anzahl von Judenseelen und ebenso auch nur festgelegte Zahlen für die anderen Völker und Stämme, so daß diese Seelen immer wiederkehren müßten, zuweilen auch als Tiere wiedergeboren würden, um eine Strafe abzubüßen, bis sie vollends gereinigt seien und dann gemeinsam im Reich Gottes leben könnten. Die Erhaltung der Gesamtzahl und die ständige Wiederkehr derselben Seelen liegt wohl dem Modell von den zwölf Stämmen der Versiegelten zugrunde.

Da die frühe Kirche die Gültigkeit des Modells erhalten wollte, mußte sie den Begriff der zwölf Stämme auf sich selbst beziehen und damit den Kern der Aussage, nämlich die Auserwähltheit des jüdischen Volkes, umstürzen. Das wirft die Frage auf, was es denn mit der Auserwähltheit der Juden auf sich habe.

Da muß zunächst einmal festgestellt werden, daß das jüdische Volk aus geschichtlich-politischer Sicht ziemlich unbedeutend war. Nur während zwei verhältnismäßig kurzer Zeiträume besaßen sie staatliche Unabhängigkeit: einmal in ihrer Frühzeit von der Einnahme Palästinas an bis 721 bzw. 605 v. Chr., bis sie von den Assyrern und Babyloniern besiegt und in die Gefangenschaft geführt wurden, und ein zweites Mal ein Jahrhundert lang von 167 bis 64 v. Chr. durch die Makkabäer und ihre Nachfolger.

Die jüdische Kultur war keine eigene Schöpfung, sondern sehr stark von ihren mächtigen Nachbarn, den Ägyptern und Sumerern, mitgeformt worden. Auch die bodenständige kanaanäische Kultur hat Israel entscheidend beeinflußt, denn nicht alle alten Völker waren von ihnen bei der Eroberung Palästinas »mit der Schärfe des Schwertes« ausgerottet worden, wie es befohlen worden war; vor allem ihre Städte ließen die Israeliten stehen und besetzten sie; und diese Architektur hat auch ihre zweiten Bewohner geprägt. Die stärksten Einflüsse nahmen die Juden während des babylonischen Exils in Mesopotamien auf, und zwar nicht nur das dortige assyrische und babylonische Gedankengut, sondern vor allem die persische Religion des Zarathustra. Natürlich hat ihnen später auch das

Griechentum seinen Stempel aufgedrückt, und zuletzt taten es jahrhundertelang die Römer, die das Volk Israel nach dem Aufstand von Bar Kochba im Jahr 135 n. Chr. in alle Welt zerstreuten.

Es wird wohl nie eine befriedigende Antwort auf die Frage geben, wodurch die Sonderstellung dieses relativ unbedeutenden Volkes zustande kam. Allein die Tatsache des Erwähltseins hebt es aus den anderen Völkern heraus, ohne daß von Verdienst oder Strafe die Rede wäre. Es gibt keine Unterscheidungsmerkmale, die eine solche Sonderstellung begründen könnten.

Die christliche Theologie hat den Begriff der Erwähltheit vom jüdischen Glauben übernommen und auf die eigene Kirche übertragen. In den prophetischen Büchern des Alten Testamentes fanden sich schon Ansätze für eine Übertragung des Begriffes und Paulus schuf dann die Rechtfertigung im 11. Kapitel seines Briefes an die Römer. Da sind die Juden wie wilde Zweige vom Ölbaum gerissen und an ihrer Stelle die gläubig gewordenen Heiden aufgepfropft worden. Zwar ist die Wurzel alt, aber die Früchte sind veredelt. Die göttliche Gnade hat die Auswahl getroffen, von Verdienst kann keine Rede sein, wie Paulus ausdrücklich betont.

Die beiden größten Weltreligionen, Christentum und Islam, sind unverkennbar aus dem Judentum entstanden und haben bis in die fernsten Winkel der Erde den Gott Abrahams, Isaaks und Jakobs verkündet. Weder ägyptische noch babylonische oder indische Gottheiten, die doch zu ihrer Zeit unvergleichlich größere Bedeutung hatten, können sich einer solchen Verbreitung rühmen.

Noch eine andere Tatsache gibt – besonders bei der Deutung des vierten Reiters – zu denken: die seltsame Verflechtung, die das jüdische Volk mit dem deutschen verbindet. »Unter den Beziehungen ohne Zahl, die die Juden in ihrer vieltausendjährigen Geschichte mit anderen Völkern angeknüpft haben, ist keine so entscheidend gewesen wie die zu den Deutschen«, sagt Nahum Goldmann, Präsident des Jüdischen Weltkongresses. »Auch in der positiven Bilanz ist die gesamte moderne jüdische Geschichte unvorstellbar ohne die Beziehung zwischen Juden und Deutschen; sie ist die schwierigste und vielleicht sogar geheimnisvollste der Weltgeschichte.«

Der Aufruf zur Bildung einer jüdischen Heimat in Palästina ging 1896 durch Theodor Herzl von deutschem Boden aus und die ersten Zionistenkongresse wurden in deutscher Sprache abgehalten. Drei der wichtigsten Männer, die das moderne Weltbild geprägt haben, waren deutsche Juden und schrieben in Deutsch: Karl Marx, Sigmund Freud und Albert Einstein.

Die große Schar der Überwinder

Ergänzend zur begrenzten Anzahl der Begnadeten, die einzeln erwählt und versiegelt sind, beschreibt der Herausgeber nun im Stil einer Vision die große Schar der Erlösten aus allen Völkern und Zeiten. Die dritte Zeile von Vers 9 ähnelt der im neunten Vers von Kapitel 5: Die Aufzählung »Klassen, Stämme, Völker und Sprachen« ahmt Kapitel 11, Vers 9 des Johannes nach.

> 9. Danach sah ich, und siehe: eine große Menge,
> die keiner zählen konnte,
> aus allen Klassen und Stämmen und Völkern und Sprachen
> stand vor dem Thron und vor dem Lamm;
>
> sie waren mit weißen Gewändern bekleidet,
> Palmzweige in den Händen [tragend],
> 10. und riefen mit lauter Stimme und sprachen:
> »Heil kommt von dem, der auf dem Thron sitzt,
> von unserm Gott und dem Lamm.«
>
> 11. Und alle Engel standen um den Thron herum
> und um die Ältesten und um die vier Gestalten
> und fielen vor dem Thron auf ihr Angesicht
> und beteten Gott an und sprachen:
>
> 12. »Amen! Lob und Ehre
> und Weisheit und Dank
> und Herrlichkeit und Kraft und Stärke
> sind unserm Gott für alle Zeit. Amen!«
>
> *Offenbarung 7,9–12*

Sinngemäß wird hier das fünfte Siegel wiederholt, die große Zahl der Erlösten, die nun – nicht mehr unter dem Altar wie Erschlagene liegend – vor dem Thron stehen und mit den Palmzweigen des Friedens grüßen.

Albrecht Dürer, Der Lobgesang der Auserwählten

Die Reihenfolge wurde also umgedreht: im ersten Teil des Kapitels geschah die Versiegelung der noch zu erwartenden Märtyrer, eine in die Zukunft weisende Handlung, im zweiten Teil befinden sich die schon mit weißen Gewändern ausgezeichneten Erlösten im Himmel – ein Hinweis für die jetzt noch Leidenden, was sie im Jenseits erwartet. Das ist die Denkweise des Herausgebers. Auch formal ist die Einfügung erkennbar an dem »danach sah ich«, das wie ein zweiter Anfang wirkt und den Anfang des Kapitels wiederholt.

Man kann diese Versgruppe als die dritte Beschreibung des immerwährenden himmlischen Gottesdienstes ansehen; dabei ist Vers 12 eine nur wenig veränderte Wiederholung von Vers 12 des fünften Kapitels, den der zweite Verfasser nach dem Vorbild eines Johannesverses für den zweiten Gottesdienst geschrieben hat. Nur statt »Reichtum« steht hier »Dank«, das paßt besser zu der gewandelten Form des Gottesdienstes in den frühchristlichen Gemeinden nach der Jahrhundertwende. Sinngemäß dürfte dieser Gottesdienst erst am Schluß des ganzen Buches stehen, nachdem das Gericht stattgefunden hat.

Eine Deutung

In den letzten fünf Versen dieses Kapitels deutet der Herausgeber seine Vision, wobei er wieder logische Gedankenbilder entwickelt, die an Kapitel 5 anschließen: Das Blut des Opferlammes wäscht die bösen Taten ab und macht dadurch die Gewänder weiß.

Wie in Kapitel 5, Vers 5 spricht hier einer der Ältesten zum Seher und erklärt ihm die Vision, doch während dort der Älteste, ohne zu fragen, wußte, warum Johannes weint und ihm ungefragt Auskunft gibt – beides ist typisch für eine erlebte Vision –, stellt hier der Älteste die Frage, die eigentlich der Seher stellen müßte; dadurch erhält er die ehrenvolle Anrede, die sonst nur Gott zusteht: »Herr, du weißt es.«

13. Und einer der Ältesten sprach zu mir und sagte:
»Wer sind diese Weißgekleideten
und woher kommen sie?«

14. Und ich antwortete ihm: »Herr, du weißt es.«

   Und er sprach zu mir:
   »Diese sind gekommen aus der großen Trübsal
   und haben ihre Gewänder gewaschen
   und haben sie hell gemacht im Blut des Lammes.

15. Darum sind sie vor Gottes Thron
   und dienen ihm Tag und Nacht in seinem Tempel,
   und der auf dem Thron sitzt, wird über ihnen wohnen.

16. Sie werden nicht mehr hungern
   und nicht mehr Durst leiden,
   die Sonne wird sie nicht mehr plagen
   noch irgendeine Hitze.

17. Denn das Lamm mitten im Thron wird sie weiden
   und zu den Quellen des lebendigen Wassers führen,
   und Gott wird alle Tränen aus ihren Augen abwischen.«

Offenbarung 13–17

Die sieben Posaunen

Kapitel 8, Vers 1– 5 Das siebente Siegel
　　　　　Vers 6–12 Die ersten vier Posaunen
　　　　　Vers　　13 Die Prophezeiung des Adlers

Das siebente Siegel

1. Und als er das siebente Siegel öffnete,
   entstand ein Schweigen im Himmel etwa eine halbe Stunde.
2. Und ich sah die sieben Engel, die vor Gottes Thron stehen,
   denen wurden sieben Posaunen gegeben.
3. Und ein anderer Engel kam
   und trat an den Altar
   mit einem goldenen Räuchergefäß;

   und es wurde ihm viel Räucherwerk gegeben,
   damit er es zufüge zu den Gebeten aller Heiligen
   auf dem goldenen Altar vor dem Thron.
4. Und der Weihrauch stieg auf
   vom Gebet der Heiligen
   aus der Hand des Engels vor Gott.
5. Und der Engel nahm das Räuchergefäß
   und füllte es mit Glut vom Altar
   und schüttete es auf die Erde aus.
   Da geschahen Donner und Stimmen und Blitze und Erdbeben.

Offenbarung 8,1–5

Nachdem die Versiegelung der Gläubigen durchgeführt ist, kann endlich das siebente Siegel geöffnet werden. Es geschieht, indem die sieben Engel Posaunen erhalten, mit denen sie sieben gewaltige Geschehnisse ins Leben rufen werden.

Die Posaune war früher das Instrument, mit dem das Kommen wichtiger Personen angezeigt wurde, auch Geburt und Tod am Hof des Königs. Bei Jesajas (27,13) verkündet die Posaune die Heimführung des zerstreuten Volkes in der Endzeit. Im Neuen Testament – zum Beispiel in der Apokalypse Jesu – verkündet der Posaunenschall die Auferstehung der Toten.

Johannes bringt hier eine ganz eigene Darstellung, die nicht an die Vorbilder angelehnt ist. Er hat die Posaune sogar versiebenfacht in Anlehnung an seine sieben Siegel. Allerdings hat man auch hier den Eindruck, daß zunächst nur vier Posaunen zusammengehörten, danach beginnt ein neues Kapitel, und es folgen drei »Wehe«, die ebenfalls als Posaunen bezeichnet werden. Der Einschnitt ist

Albrecht Dürer, Die sieben Posaunenengel

ähnlich stark wie der zwischen den vier Reitern und den nachfolgenden drei Siegeln.

Wie die Stille vor dem Sturm das schreckliche Kommen des Sturms schon voraussagt, so auch hier: Das halbstündige Schweigen im Himmel weist auf das Kommen Gottes hin. Das Weihräuchern während der halbstündigen Stille entspricht der Handlung im Tempel zu Jerusalem, wo das Volk während der Räucherung schwieg. Nun wird der Weihrauch zu den Gebeten der Heiligen, die um das Nahen Gottes bitten, hinzugefügt, das heißt: Als Zeichen der Unvollkommenheit – und wohl auch, um die lange Wartezeit abzukürzen – fügt der Engel den Gebeten noch eine Menge Räucherwerk bei, das er am Altar erhält.

Die »halbe Stunde« ist zwar dem Vorbild der Räucherung im Jerusalemer Tempel nachgeformt, doch wird auch hier wieder ein apokalyptisches Zeitmaß gemeint sein: Die halbe Einheit ist ein Siebentel der dreieinhalb Zeiten der menschlichen Geschichte. Da diese Zeiteinheiten sonst als Tage, Monate oder Jahre auftreten, kann mit Stunde hier gemeint sein, daß die letzte Epoche kurz sein wird. Doch während der Himmel schweigt – prophetische Worte werden dann nicht mehr nötig sein – vollziehen sich auf der Erde schreckliche Ereignisse. Der Engel wirft die Glut vom Altar auf die Erde und löst damit vier Strafen aus: Der Donner bedeutet Kriege, die Stimmen verkünden Streit und Verwirrung, die Blitze symbolisieren Krankheiten und Seuchen, und das Erdbeben steht für die Erschütterung des Geistes, des Weltbildes der Menschen.

Das Ende hat begonnen.

Die ersten vier Posaunen

6. Und die sieben Engel
   mit den sieben Posaunen
   waren bereit zu posaunen.

7. Und der erste Engel blies die Posaune.
   Da entstanden Hagel und Feuer, mit Blut vermischt,
   das fiel auf die Erde.

Und ein Drittel der Erde verbrannte,
und ein Drittel der Bäume verbrannte,
und alles grüne Gras verbrannte.

8. Und der zweite Engel blies die Posaune.
Da wurde eine große feurig brennende Masse, wie ein Berg,
auf die Erde geworfen.

Und ein Drittel des Meeres wurde zu Blut,
9. und ein Drittel aller Geschöpfe, die im Meer leben, starb,
die Seelen haben,
und ein Drittel aller Schiffe wurde zerstört.

10. Und der dritte Engel blies die Posaune.
Da fiel ein großer Stern vom Himmel,
der brannte wie eine Fackel;
er fiel auf ein Drittel der Wasserströme
und der Quellen.

11. Der Name des Sterns lautet: Wermut.
Und ein Drittel des Wassers wurde zu Wermut,
und viele Menschen starben an dem Wasser,
denn es war bitter geworden.

12. Und der vierte Engel blies die Posaune.
Da wurde ein Drittel der Sonne geschlagen
und ein Drittel des Mondes und ein Drittel der Sterne,

so daß sich ein Drittel davon verfinsterte,
und der Tag um ein Drittel kürzer wurde,
und die Nacht ebenso.

Offenbarung 8,6–12

Diese schreckliche Vision in insgesamt dreißig Zeilen ist das Bild des Johannes, geformt nach uralten Überlieferungen von irdischen Katastrophen, aber vergeistigt in seiner Aussage durch die innere Bedeutung, die jede Posaune enthält: Blut steht für Unreinheit; Verdunkelung spielt auf das Verschwinden der Erleuchtung an, die fortschreitende Verdummung; die Bitterkeit des Wassers ist die Lüge, die »geschlagenen« Himmelskörper Sonne, Mond und Sterne symbolisieren die Lehrer, die den Weg zur Erleuchtung gelehrt haben.

Dieser innere Sinn überlagert die Überlieferungen von Katastrophen auf der Erde, die Johannes verarbeitet hat. Fassen wir die vier Posaunen als rudimentäre Traditionen auf, so ergeben sich folgende Szenarien:

Das in der ersten Posaune genannte Ereignis könnte von einem Kometen herrühren, der in der Atmosphäre der Erde zerplatzt ist. Bei derartigen Ereignissen entsteht ein Hagel von Steinbrocken und große Wald- oder Steppenbrände können ausbrechen. Das hier angegebene Maß »ein Drittel« mag als Hinweis auf die ungeheure Ausdehnung einer Katastrophe in der Frühzeit anzusehen sein, ist aber zugleich wieder ein symbolischer Ausdruck für das Unglück.

Der große, feurig brennende Berg der zweiten Posaune kann ein Meteorit gewesen sein, der mit seinem Aufprall im Meer gewaltige Flutwellen auslöste, die vielen Lebewesen und Seefahrern zum Verhängnis wurden.

Die dritte Posaune ist etwas ausführlicher beschrieben, statt sechs stehen hier neun Zeilen, und es wird sogar ein Name genannt, wenn auch nur in Übersetzung. Das deutet darauf hin, daß diese Überlieferung besser erhalten ist als die übrigen drei Berichte. Wiederum dürfte es sich hier um einen Bolidensturz handeln. In dichterischer Sprache ist »bitter« häufig eine Metapher für »salzig«, und nur das soll der Name Wermut bzw. Absinth bedeuten. Auch im Zusammenhang mit Sodom und Gomorrha ist von Salz die Rede (Jeremias 23, 14–15 sagt »bitter«). Die beiden vernichteten Städte lagen am Toten Meer, und dieses – rund 300 m tief unter dem Meeresspiegel – ist das salzigste Gewässer der Erde und enthält kein Leben. Vielleicht ist hier ein zu großen Teilen aus Salz bestehender Bolide eingeschlagen.

Die vierte Posaune betrifft alle Himmelskörper, und zwar hinsichtlich des Blickwinkels, der sich von der Erde aus ergibt. Das Unglück hat also die Erde als Ganzes getroffen, so daß sich ihre Stellung zu Sonne, Mond und Sternen verschoben hat. Eine derartige Achsenverschiebung, wie sie schon Ben Ezra in seinem Kommentar zur Johannesoffenbarung annahm, ist durch neuzeitliche Forschungen, vor allem im 20. Jahrhundert, nachgewiesen worden: Die Pole der Erde haben sich gegenüber der Rotationsebene mehrmals ruckartig verlagert, was jedesmal Katastrophen zu

Folge hatte, am besten erkennbar ist dies in der Überlieferung von Atlantis.

Wenn die Erde auf diese Weise »kippt«, verändert sich auch der sichtbare Ausschnitt des Sternenhimmels, so daß bekannte Sternbilder verschwinden. Außerdem könnte sich die Rotationsgeschwindigkeit der Erde beschleunigt haben, wodurch Tag und Nacht verkürzt wurden. Dabei möchte ich die Angabe »ein Drittel« wiederum nicht als Maßeinheit, sondern als symbolischen Ausdruck für Unglück ansehen.

Obgleich Johannes nicht vorhatte, von geologischen Kataklysmen zu berichten, hat er doch die in seinem Umkreis bekannten Überlieferungen in diesen knappen Versen erstaunlich präzise wiedergegeben.

Die Prophezeiung des Adlers

13. Und ich sah und hörte
 einen Adler hoch über den Himmel fliegen
 und mit lauter Stimme rufen:

 »Weh, weh, weh den Erdbewohnern
 vor dem Schall der übrigen Posaunen der drei Engel,
 die noch die Posaunen blasen werden!«
 Offenbarung 8,13

Der hoch über dem geistigen Raum fliegende Adler mit seinem rauhen Wehegeschrei ist wieder ein Prophet, und zwar der vom adlerförmigen Thronwesen aufgerufene; die menschliche Verkörperung des zweiten Reiters, der Prophet Mohammed; und sein warnender Schrei ist der Koran, in dem immer wieder das nahe Weltende beschworen wird, der Gerichtstag Gottes.

Ähnlich wie der Löwe, der das Buch der Siegel öffnete und als erster Reiter das Geschehen in Gang setzte, greift auch der Adler bald als das zweite der drei angekündigten Wehe in die Handlung ein. Doch zuerst wird mit dem ersten Wehe noch einmal der erste Reiter, Jesus, aufgerufen.

Die Prophezeiung des dreifachen Leidens

Kapitel 9, Vers 1– 5 Die fünfte Posaune
          Vers   6 Eine seltsame Weissagung
          Vers 7–12 Das Heer der Dämonen
          Vers 13–19 Die sechste Posaune
          Vers 20–21 Die Uneinsichtigen

Die fünfte Posaune

1. Und der fünfte Engel blies die Posaune.
   Und ich sah einen Stern, der vom Himmel
   auf die Erde gefallen war,
   und ihm wurde der Schlüssel zum Brunnen des Abgrunds
      gegeben.

2. und als er den Brunnen des Abgrunds aufschloß,
   stieg Rauch aus dem Brunnen auf
   wie Rauch von einem großen Ofen,
   und Sonne und Luft wurden finster
   vom Rauch aus dem Brunnen.

3. Und aus dem Rauch kamen Heuschrecken auf die Erde;
   und ihnen wurde Macht gegeben,
   wie sie die Skorpione auf Erden haben.

4. Und es wurde ihnen gesagt,
   sie sollten das Gras auf Erden nicht schädigen
   und nichts Grünes und keinen Baum,

   sondern nur die Menschen,
   die nicht Gottes Siegel haben
   auf ihren Stirnen.

5. Und sie erhielten den Auftrag,
   sie nicht zu töten,
   sondern fünf Monate lang zu quälen;
   und ihre Qual war wie die, die ein Skorpion verursacht,
   wenn er einen Menschen sticht.

Offenbarung 9,1–5

Im Anschluß an die vier Erdkatastrophen wird nun mit dem Bild des gestürzten Sterns ein geistiges Ereignis beschrieben: Der Stern steht für einen Lehrer, für ein Vorbild, und zwar für Christus, denn nur ihm ist die Gewalt über die Unterwelt gegeben, der Schlüssel zum Abgrund, wie schon der Herausgeber in Vers 18 des ersten Kapitels sagt: »Ich habe die Schlüssel des Todes und der Unterwelt.«

Durch Öffnung der Siegel leitet er die Endzeit ein, und dazu gehört auch das Öffnen der Unterwelt, aus der die geistigen Plagen heraufströmen. Die Verfinsterung von »Sonne und Luft« ist gewiß eine Vision des Johannes – vielleicht sah er die absolute Luftverschmutzung der Zukunft voraus –, und sie hat auch wieder einen tieferen Sinn: Sie symbolisiert die Verdunkelung des Glaubens und des Wissens, das Schwinden der lebensnotwendigen Einsicht. Aus dieser Verdunkelung steigen dämonenartige Tiere hervor wie Heuschrecken oder Skorpione, freßgierig und giftig. Sie schaden den Pflanzen nicht, sondern nur den Menschen, die sich gegen Gott entschieden haben. Die Dämonen treffen also eine Unterscheidung, sie schaden nur dem Geist der Menschen; Pflanzen sind Sinnbilder für den Körper. Indem die Dämonen den Geist der Ungläubigen quälen, gehorchen sie ihrem Auftrag, den Christus als Schlüsselbesitzer des Abgrunds in Bewegung gesetzt hat.

Das Vorbild der Vision finden wir im Buch des Propheten Joel, dessen erste beiden Kapitel ausführlich davon erzählen: Ein mächtiges zahlloses Dämonenvolk mit Zähnen wie Löwen, das nie zuvor existierte und auch danach nicht mehr sein wird, erscheint am Gerichtstag des Herrn und vollbringt sein Vernichtungswerk wie ein Kriegsheer, unverwundbar – denn es sind Geistwesen –, Heuschrecken oder Käfern vergleichbar, willenlose Werkzeuge des Herrn. Zweimal werden sie das »Heer des Herrn« genannt (2,11; 2,25). Allerdings ist die Vision des Joel nicht so mystisch wie die des Johannes, denn wie echte Heuschrecken oder Raupen schaden seine Geistwesen noch der Natur und dem heiligen Volk.

Bei Johannes greift die Plage nur den Geist der Menschen an, und darum kann sie nur den Unversiegelten schaden. Aber sie tötet nicht, sondern quält nur, und auch nur für kurze Zeit, für einige »Monate«. Wenn wir auch die fünf Monate nicht wörtlich nehmen dürfen, können wir doch ablesen, daß der Zeitraum dieser Plage, gemessen an der gesamten Leidenszeit kurz sein wird; die fünfte Posaune bezieht sich wohl nur auf die Endzeit, wenn alles schneller abläuft.

Die Zahl Fünf ist hier nur ein Gestaltungsmittel, durch das Johannes seinen Text gegen Veränderungen absichert. Es ist das beste Beispiel für diese Art in der Offenbarung: Die fünfte Posaune wird in zweimal fünf Versen beschrieben, deren fünfter Vers aus fünf Zeilen besteht; in der ursprünglichen Anordnung des Johannes stand die fünfte Posaune im fünften Kapitel. Diese fünfmalige

Verwendung der Zahl Fünf zeigt die von Johannes gewollte Textstruktur.

Viele Kommentatoren haben sich daran gestört, daß hier in der fünften Posaune Christus erkannt wird, während er sonst stets der Erste oder Letzte ist; sie erklären darum, es sei hier von einer Doppelgestalt des Erlösers die Rede, einem Teufel oder dem Satan schlechthin. Doch es heißt ausdrücklich, daß die Dämonen nur den Ungläubigen Leid zufügen. Und außerdem gibt es im christlichen Denken keine Macht außer Gott oder den von ihm beauftragten Geistwesen, die eine Bewegung von der Art des Dämonenheeres auslösen könnte. Der König des Heeres (9,11) war zusammen mit seinen Dämonen im Abgrund verschlossen und konnte nur durch den Beauftragten Gottes, der die Schlüsselgewalt besitzt, herausgelassen werden. Wenn die Dämonen aus freiem Willen handeln würden, wären sie eine zweite Gewalt im All und Gott nicht mehr der Allmächtige. Der auf die Erde gefallene Stern kann nur ein »Sohn Gottes«, vermutlich der Gesalbte, sein.

Im übrigen ist die Stellung des Messias als fünftes von sieben Geschehnissen durch die Gestaltung des Buches erst entstanden; so wie die Zusammenfassung der vier Reiter mit drei weiteren Siegeln zu einer Siebenergruppe durch die Form der sieben Siegel erzwungen war, so hat Johannes auch die vier Posaunen, die irdische Katastrophen darstellen, erst nachträglich mit den drei Wehe zusammengeschmolzen zu einer zweiten Siebenergruppe. Daß es sich aber bei dem ersten Wehe eigentlich um einen Neuanfang handelt, ist durch die Stellung am Kapitelanfang noch deutlich hervorgehoben.

Eine seltsame Weissagung

> 6. Und in jenen Tagen werden die Menschen den Tod suchen und ihn nicht finden,
> sie werden begehren zu sterben,
> und der Tod wird vor ihnen fliehen.
>
> *Offenbarung 9,6*

Diese Weissagung hat kein älteres Vorbild. Ihre Bedeutung ist für unsere Zeit offensichtlich denn immer wieder gibt es Menschen, die durch einen Unfall das »Bewußtsein« verlieren, Wochen oder Monate auf ihren Tod warten, ihn inbrünstig herbeisehnen, wenn ihr Geist dazu noch fähig ist, und doch nicht den Gnadenstoß erhalten.

Daß diese Stelle zum Einfügen einer Weissagung von Johannes gewählt wurde, liegt wohl daran, daß die beiden Teile der Heuschreckenplage getrennt werden mußten, weil sie so unterschiedlich sind. Zudem gehört die Weissagung über die Plagen der Menschheit und ihren Todeswunsch zu den Dämonen, die quälen, jedoch nicht töten dürfen.

Das Heer der Dämonen

7. Und die Gestalten der Heuschrecken gleichen Rossen,
   die zum Kriege gerüstet sind;
   und auf ihren Köpfen tragen sie etwas wie goldene Kronen,
   und ihre Gesichter gleichen dem Menschenantlitz,
8. und sie hatten Haare wie Frauenhaar,
   und ihre Zähne waren wie Löwenzähne,
9. und sie hatten Panzer wie eiserne Panzer,
   und das Rasseln ihrer Flügel
   war wie das Rasseln vieler Pferdewagen,
   die in den Krieg rasen.
10. Und sie haben Schwänze mit Stacheln wie Skorpione,
    und in den Schwänzen liegt ihre Macht,
    die Menschen fünf Monate lang zu schädigen.
11. Und sie haben als König über sich den Engel des Abgrunds,
    der auf hebräisch Abaddon heißt,
    und auf griechisch lautet sein Name: Apollyon.
12. Das erste Wehe ist vergangen.
    Siehe: Danach kommen noch zwei Wehe.

Offenbarung 9,7–12

Vers 8 ist vermutlich aus rhythmischen Gründen später zugefügt. Diese Dämonen haben Gesichter wie Menschen und sogar Frauenhaare, so daß sie schön anzusehen sind; auf dem Kopf tragen sie eine Art goldene Kronen, das heißt: Sie sind unsterbliche Geister mit Herrschaftsgewalt. Sie sind gut bewaffnet wie Löwen mit ihren Zähnen und gut geschützt mit eisernen Panzern. Laut ist das Rasseln ihrer Flügel, es erinnert an Kriegsgeschrei und Streit. Doch ihre eigentliche Macht steckt – wie bei den Skorpionen – heimtückisch in ihrem Schwanz, der von hinten über den Kopf zum Stoß erhoben wird.

An der Wiederholung des Zeitraums »fünf Monate« wird deutlich, daß hier ein Einschub des Herausgebers vorliegt. Da der ganze Vers 10 nur Wiederholungen enthält, kann er als seine Einfügung angesehen werden, ebenso wie die übrigen beiden Verse mit den sonderbaren Eigennamen, durch die der Herausgeber gegen zwei Sagengestalten zugleich vorgeht: gegen einen Engel der alten hebräischen Überlieferung, Abaddon, und gegen den griechischen Gott Apollon, den strahlenden Sonnenjüngling, der mit seinen Gaben der Heilkunst und der Weissagung sowie als Führer bei der Einweihung so sehr der Gestalt Christi glich, daß er durch diese »Verteufelung« aus dem Bewußtsein der vom Griechentum gekommenen Christen getilgt werden sollte. Durch die leichte Verunstaltung des Namens erhält dieser nun den Sinn »Vernichter«.

Diese Dämonen mit den goldenen Kronen scheinen mit Eigenschaften der Throngestalten ausgestattet zu sein: Vom Löwen haben sie die Zähne, vom Adler die Flügel und vom Skorpion den Schwanz und das menschliche Haupt. Nur die dritte Gestalt, der Stier, ist nicht vertreten. So sind diese Dämonen wieder Ausdruck der Siegel, wobei vor allem das vierte Siegel, der Reiter der Vernichtung, auffällt.

Im 20. Jahrhundert lauert die Plage dieses Dämonenheers in der Werbung und Propaganda, wie sie täglich für die unterschiedlichsten Zwecke durch die Medien jeden einzelnen erreicht. Zahllos wie ein Geisterheer sind die Informationen, Nachrichten und Reklamen, die niemand mehr wirklich erfassen kann und die mit ihrer großen Zahl den Geist lähmen.

Sie töten nicht, sondern quälen, denn menschliche Reaktionen auf die tägliche Masse der Horrormeldungen sind unmöglich geworden. Und das gigantische Angebot an Ideologien und Zielen, für die es sich einzusetzen lohne, stürzt den einzelnen in die Unfähigkeit, sich zu entscheiden.

Die fünfte Posaune wird in Vers 12, den der Zwischenbearbeiter schrieb, als das erste Wehe bezeichnet. Sie ist parallel zum fünften Siegel gebildet, denn die Märtyrer leiden nicht für ihre Taten, sondern für ihr Wort.

Die sechste Posaune

13. Und der sechste Engel blies die Posaune.
    Und ich hörte eine Stimme von den vier Hörnern
    des goldenen Altars vor Gott,

14. die sprach zu dem sechsten Posaunenengel:
    »Löse die vier Engel,
    die an den großen Strom Euphrat gebunden sind!«

15. Und es wurden die vier Engel los,
    die bereitstehen auf Stunde, Tag, Monat und Jahr,
    zu töten ein Drittel der Menschheit.

16. Und die Zahl des Kriegsvolkes
    war zweimal zehntausend mal zehntausend;
    ich hörte ihre Zahl.

17. Und so sah ich in der Vision die Rosse
    und die Reiter darauf:
    Sie trugen Panzer in feurigen Farben,
    und bläulich und schwefelig.

    Und die Häupter der Rosse waren wie Häupter von Löwen,
    und aus ihrem Maul
    kam Feuer, Rauch und Schwefel.

18. An diesen drei Geißeln starb ein Drittel der Menschheit,
    an Feuer, Rauch und Schwefel,
    die aus ihrem Maul kamen.

19. Denn die Macht der Rosse liegt in ihrem Maul
    und in ihren Schwänzen.
    Und ihre Schwänze sind wie Schlangen, und sie haben Köpfe,
    mit denen sie Schaden tun.

Offenbarung 9,13–19

Albrecht Dürer, Die vier Euphratengel

Der Aufbau dieser Gruppe von sieben Versen ist auffällig strukturiert: Auf viermal drei Zeilen folgen vier und drei Zeilen, dann umgekehrt drei und vier Zeilen. Es ist anzunehmen, daß die beiden letzten Zeilen von Vers 18, die Wiederholung sind, hinzugefügt wurden, um Symmetrie zu erzielen. Und die beiden Verse 13 und 14 waren früher wohl ein einziger Vers, denn der Satz ist fortlaufend.

Die Rosse mit ihren Schlangenschwänzen, die in ungeheuer großer Zahl auftreten und ein Drittel der Menschheit töten, zeigen eine gewisse Ähnlichkeit mit den Heuschrecken der vorangegangenen Plage. Ihre Herkunft aber ist anders: Eines der vier Hörner des goldenen Altars, also eine geistige Macht, gibt dem sechsten Posaunenengel den Auftrag, die vier Engel zu lösen, die am östlichsten großen Strom gebunden sind. Sie haben dort von Anfang der Geschichte an bereitgestanden für den festgelegten Zeitpunkt ihres Auftretens.

Dieser Zeitpunkt kann also nicht der Gerichtstag sein, der ja nicht in dieser Weise festliegt, sondern nur ein Schritt auf dem Wege dahin. Wiederum wird eine »genaue« Zahl genannt, man könnte die Anzahl der Krieger, die Johannes gehört hat, ausrechnen: zweihundert Millionen, aber daraus leitet sich kein Verständnis ab. Die »Myriaden mal Myriaden« sind nur Ausdruck einer unvorstellbar großen Zahl.

Schon diese ersten vier Verse werfen viele Fragen auf. Dies kann das Kennzeichen einer echten Weissagung sein, denn solange die Voraussage noch nicht eingetreten ist, kann sie nicht erkannt werden. Während die Plage der fünften Posaune seit einigen Jahrzehnten mit ihrer erdrückenden Gewalt existiert und als Werbung oder Propaganda die Menschen plagt, ist die sechste Posaune noch nicht geblasen. Ihr festgelegter Zeitpunkt liegt noch in der Zukunft. Ein Deutungsversuch kann nur eine Vorahnung wiedergeben.

Der Euphrat, jener große östliche Strom, steht für das alte Volk der Sumerer und damit für ihre Kultur, die in der Magie als Wissenschaft und Religion ihre Höchstform fand. Für Johannes und seine Zuhörer waren die »Chaldäer« – also die Sumerer, wie wir heute sagen würden – gleichbedeutend mit den magischen Künsten, mit Astrologie und Medizin, Architektur und Ingenieurstechnik. In diesen Wissenschaften übertrafen die Völker des Zweistromlandes alle anderen Völker der Antike; vor allem unterschieden sie sich von den anderen darin, daß sie diese Wissenschaften getrennt von der Religion weiterentwickelt hatten, indem sie Sternkunde, Landvermessung und Heilkunst in profaner Weise ausübten. Das war den tiefreligiösen Ägyptern und den frommen Juden ein Greuel, und selbst den wissenschaftlich aufgeschlossenen Griechen war dieses Denken fremd, denn sie konnten sich keine Heilung von Krankheit vorstellen, ohne dem Äskulap einen Hahn zu opfern.

Mit dem Dämonenheer, das am Strom der Wissenschaft festgebunden ist und zu bestimmter Stunde losgelassen wird, beschreibt Johannes die unüberschaubaren Kräfte, die durch Wissenschaft und Technik ermöglicht wurden, und die – wie wir heute sehen – auch zerstörerisch wirken können. Feuer, Rauch und Schwefel sind treffende Kennzeichnungen ihres Mißbrauchs.

Die Uneinsichtigen

20. Und die übrigen Menschen,
    die nicht getötet wurden von diesen Geißeln,
    bereuten nicht ihrer Hände Werk;
    sie hörten nicht auf, Dämonen zu verehren,

    und goldene und silberne Götzen,
    eiserne, steinerne und hölzerne,
    die nicht sehen können,
    nicht hören und nicht gehen.

21. Und sie kehrten sich nicht ab von ihrem Morden
    und ihrer Giftmischerei
    und ihrer Unzucht
    und ihrem Diebstahl.

Offenbarung 9,20–21

Die Verse 20 und 21 enthalten die Lehre von der Verstockung der Übeltäter, die Johannes fremd war und die wahrscheinlich der Herausgeber hier eingefügt hat. Dieser Zusatz des Herausgebers is wohl zusammenfassend auf die fünfte und sechste Posaune gemein sam bezogen. Zunächst wird unmißverständlich klargestellt, daß es sich bei diesen Plagen um Auswirkungen menschlicher Taten handelt und daß diese Werke eine Folge der menschlichen Dämo nenverehrung sind: Durch die Anbetung der Götzen aus Metall, Stein und Holz, also durch die Hingabe an die materiellen Güter, durch die Sucht nach Reichtum und technischem Luxus, der aber geistlos ist, sind diese Plagen heraufbeschworen worden.

Mit Mord und Giftmischerei, Unzucht und Diebstahl sind geistige Verirrungen, Verrat am Glauben, Lügen, Götzendienst und Hinterlist gemeint. Diese Bilder symbolisieren zugleich die technisierte Welt, in der diese vier Übel alltäglich vorkommen: der Mord durch Ausbeutung, die Verfälschung der Nahrungsmittel, die Pornographie und die Kriminalität.

Und der Mensch, der – nach Ansicht des Herausgebers wie auch des Johannes – die Möglichkeit zur Umkehr hat, wendet sich nicht ab von seinen Untaten, nicht einmal, als er sieht, daß er selbst dies alles bewirkt.

Der letzte Prophet

Kapitel 10, Vers 1– 7   Die sieben Donner

Vers 8–11   Das offene Buch
Die Verbindung von Christentum und Islam

Die sieben Donner

An die sechste Posaune schließt sich wieder eine Vision an, so wie auf das sechste Siegel das Kapitel 7 mit der Versiegelung folgte. Jene war dem ersten Reiter gewidmet, der die Schlüsselgewalt besitzt, diese hier ist dem zweiten Reiter zugeordnet, der das Siegel der Propheten ist.

1. Und ich sah einen anderen starken Engel
   vom Himmel hierniedersteigen.
   Er war mit einer Wolke bekleidet,
   und ein Regenbogen war um sein Haupt,
   und sein Antlitz war wie die Sonne
   und seine Beine wie Feuersäulen.

2. Und er hielt in seiner Hand ein offenes Buch;
   seinen rechten Fuß setzte er auf das Meer
   und seinen linken auf das Land.

3. Und er schrie mit lauter Stimme wie ein brüllender Löwe.
   Und als er schrie, redeten die sieben Donner ihre Sprüche.

4. Und als die sieben Donner ausgeredet hatten, wollte ich es aufschreiben.

   Da hörte ich eine Stimme vom Himmel zu mir sagen:
   »Verwahre, was die sieben Donner gesprochen haben,
   schreibe es nicht auf!«

5. Und der Engel, den ich stehen sah
   auf dem Meer und dem Land,
   hob seine rechte Hand auf zum Himmel

6. und schwur: »Bei dem, der für alle Zeit lebt,
   der den Himmel geschaffen hat mit allem darin
   und die Erde mit allem darauf
   und das Meer und alles darin, [verkünde ich]
   daß von nun an keine Frist mehr sein soll.

7. Sondern in den Tagen des Schalls des siebten Engels,
   der die Posaune blasen wird,
   ist das Gleichnis Gottes vollendet,
   das er hinsichtlich seiner Knechte, der Propheten, verkündet hat.«

Offenbarung 10,1–7

Der Schwur des Engels besagt zweierlei: Alle Gleichnisse Gottes werden durch die Propheten verkündet, *bevor* das Ende über die Menschheit hereinbricht; das Ende kann also erst anbrechen, wenn alle Propheten gesprochen haben, die Aufgabe der Propheten wird dadurch ungewöhnlich wichtig. Und zur Zeit des Johannes wurden noch immer Weissagungen verborgen gehalten, nach ihm muß also noch ein Prophet auftreten, der die letzte Bedingung für den Beginn des Jüngsten Gerichts erfüllt.

Diesen Engel, der den letzten Propheten lenken wird, sieht Johannes vom Himmel herabsteigen mit glänzender Kraft: Er ist in eine Wolke gehüllt und seine Beine sind Feuersäulen. Das soll an die Wanderung des Volkes Israel von Ägypten durch die Wüste zum gelobten Land erinnern: Tagsüber zog vor ihnen her eine große Wolke und nachts eine Feuersäule. Das Antlitz des Engels, heißt es im ersten Vers weiter, leuchtete wie die Sonne: So strahlte das Angesicht Mose, wenn er mit Gott gesprochen hatte, so daß er sich mit einer Decke verhüllen mußte, bevor er vor das Volk treten konnte. Der Engel hier ist also jener, der Moses zur Seite stand und damals das Volk Israel leitete. Der Regenbogen auf seinem Haupt erinnert zunächst an Noah, dem der Regenbogen als Zeichen seines Bundes mit Gott gegeben worden war, doch später gewinnt das Bild vom Regenbogen eine allgemeinere Bedeutung, es steht für jeden Bund, den Gott mit den Menschen oder einem Propheten schließt.

Wer ist dieser Prophet, der mit den mächtigen Zeichen des Mose auftritt und die Reihe aller Propheten beschließen soll? Der Aufbau deutet es an: Er ist der zweite Reiter, der Prophet des Islam, Mohammed, der Araber. Das arabische Volk sieht sich selbst als Zweig der zahlreichen Nachkommenschaft von Abraham, und Mohammed fühlte sich als Vollender der biblischen Weissagungen, als Prophet mit gleicher Machtbefugnis wie Moses und als Siegel der Propheten, das heißt, als letzter der vor dem Anbruch der Endzeit erwarteten Propheten. Die von ihm verkündete Botschaft ist im Koran enthalten, jenem Buch, das auf arabisch auch »Elkitabu-lmubiynu« heißt, auf deutsch: »das aufdeckende Buch«, womit gesagt wird, daß es selbst die Erklärung für alle prophetischen Geheimnisse bringt, also keine Geheimlehre für Auserwählte, sondern ein für alle »offenes Buch« ist.

Natürlich kann man zunächst denken, daß mit dem offenen Buch, das sieben Donner enthält – also in apokalyptischer Sprache das strenge Gericht Gottes ansagt – die vorliegende Offenbarung des Johannes gemeint sei, aber dann besagt Vers 4, daß die schreckliche Weissagung nicht niedergeschrieben, sondern noch verborgen gehalten werden soll. Sie muß nur vor dem Ende der Tage verkündet werden, das besagt der Schwur des Engels.

Dieser Schwur klingt wie ein übersetzter Koranvers, sowohl durch seine einleitende Bekräftigungsformel als auch durch seine Aussage. Der »andere starke« Engel ist demnach Gabriel, der zweite Thronengel, der in Gestalt eines Adlers die Propheten aufruft. Er setzt einen Fuß auf das Meer und den anderen auf das Land; das bedeutet: Seine Botschaft ist halb dem geistlichen Bereich und halb dem weltlichen zugewandt. Das kann von Mohammeds Religion auch gesagt werden, denn im Islam gibt es keine Trennung der Gewalten, wie sie das Christentum kennt, und auch keinen einseitigen Rückzug auf den rein geistlichen Gehalt. Mystisch und politisch zugleich ist der Islam von Anfang an und bis heute.

Tatsächlich hatte Mohammed nicht nur betont, daß er in der Nachfolge des Mose stehe (Koran 73,15), sondern er hob auch immer wieder hervor, daß er mit einem Engel persönlichen Umgang hatte und daß dieser der Engel Gabriel sei. Er nennt dies vor allem als Erklärung für jenes wunderbare Ereignis, das er stets als *das Zeichen* seines göttlichen Auftrags vorzeigte:

Das offene Buch

8. Und die Stimme vom Himmel, die ich gehört hatte,
   sprach wieder zu mir und sagte:
   »Komm, nimm das offene Buch, das in der Hand des Engels ist,
   der auf dem Meer und dem Lande steht.«

9. Und ich ging zu dem Engel und sagte zu ihm,
   er möge mir das Buch geben. Und er sprach zu mir:
   »Nimm und verschling es! Und es wird dich im Bauch
      grimmen,
   aber in deinem Munde wird es süß sein wie Honig.«

Albrecht Dürer, *Johannes verschlingt das Buch*

10. Und ich nahm das Buch aus der Hand des Engels
und verschlang es.
Und es war süß in meinem Munde wie Honig,
doch als ich es gegessen hatte, grimmte es mich im Bauch.
11. Und [die beiden] sagten mir: »Du mußt noch einmal weissagen
Völkern und Nationen und Sprachen und vielen Königen!«

Offenbarung 10,8–11

Ähnlich wie der Prophet Hesekiel verschlingt Johannes das Buch, das ihm der Engel hinreicht. Dazu wird ihm gesagt, daß er eines Tages wiederkehren und als Prophet viele Völker und Könige aufrufen muß.

Dieser wiedergekehrte Prophet am Ende der Prophetenreihe ist Mohammed. »Lies!« hieß das erste Wort, das Gabriel zu ihm sprach. Mohammed hatte weder lesen noch schreiben gelernt, doch an diesem Tag las er. Die Diktion dieser ersten arabischen Offenbarung spricht für sich:

»Lies! im Namen deines Herrn, der erschafft,
erschafft den Menschen aus einem Lehmkloß.
Lies! und dein Herr ist der Freigiebigste,
der mit dem Griffel lehrt,
den Menschen lehrt, was er nicht wußte.« *Sure 96,1*

In den folgenden 23 Jahren traten die einzelnen Stücke des Korans, den Mohammed selbst einmal als Ganzes erblickt hatte, aus ihm heraus, wobei er sie vor seinem geistigen Auge sah und vorlas, so daß seine Anhänger den Text auswendig lernen konnten. Seine Offenbarung ist kein gehörter Auftrag, sondern ein geschautes Buch – eine für Propheten ungewöhnliche Aussage.

Der Koran enthält viermal vier mal sieben Kapitel und wird in sieben »Manzil« aufgeteilt, so daß er in sieben Tagen gelesen werden kann. Bei Johannes sind es sieben »Donner«, was besser zum Inhalt der mächtigen Verse paßt. Denn diese Worte klingen süß wie Honig, sie sind die schönste Dichtung der arabischen Sprache und fanden sofort Anklang.

Man muß erlebt haben, wie kriegsgewohnte Männer laut weinen, wenn sie Koranverse im Vortrag hören, um zu begreifen, wie bewegend der Klang dieser Verse ist, also jener Teil der Botschaft, der im Munde wirkt. Und wer den Koran gelesen hat, wird verstehen, daß es ein grimmig hartes Buch ist, das nichts von der leicht verdaulichen Art der christlichen Gleichnisse an sich hat; es ist strenges Gericht und harter Verweis.

Den Koran selbst nannte Mohammed »sein Wunder«, und er sah in ihm den Beweis seiner göttlichen Sendung. Dieses Wunder findet seine Erklärung in der Weissagung, die Johannes in der Offenbarung mitteilt. Am Schluß bringt er noch ein weiteres Kennzeichen der Sendung Mohammeds in dem Zweizeiler, in dem beide – die Himmelsstimme und der Engel – zum Seher sprechen. Anders als die jüdischen Propheten und anders als Jesus hatte sich Mohammed von Anfang an mit seiner Botschaft an alle Völker und Sprachen gewandt und viele Briefe mit der Aufforderung zur Bekehrung an die Könige und Herrscher seiner Zeit gerichtet.

Religionswissenschaftler haben sich gefragt, wieweit Mohammed die Bibel oder jüdische und christliche Schriften gekannt haben mag, zumindest aus Erzählungen gelehrter Männer, die er auf seinen Reisen in Arabien getroffen haben könnte. Die Untersuchungen des Koran und der Aussprüche Mohammeds ergaben, daß er wohl kein biblisches oder apokryphes Buch dem Wortlaut nach kannte, sondern nur eine allgemeine, recht verschwommene Vorstellung von der Bibel hatte. Mohammed hat auch nicht Hesekiel, Daniel oder Johannes zitiert, sondern Johannes hat mit seinen Versen auf den zukünftigen Propheten Mohammed hingewiesen.

Die Verbindung von Christentum und Islam

Der Brückenschlag zwischen Christentum und Islam, den ich an Hand der Johannesoffenbarung an mehreren Stellen für notwendig halte, wird jedem Moslem selbstverständlich sein, wie die Verbindung zwischen Judentum und Christentum in geschichtlicher und theologischer Sicht berechtigt ist. Dem Christen wird er ungewohnt vorkommen, die Gemeinsamkeiten zwischen der christlichen und der islamischen Religion scheinen ihm zu gering zu sein.

Der Islam dagegen betrachtet sich selbst als Erneuerung und Weiterführung der Religionen, die Moses und Jesus »gestiftet«

haben. Mohammed spricht mit größter Hochachtung von seinen Vorgängern und besonders von Jesus, dessen überragende Bedeutung hinsichtlich des Gerichtstages der Welt er bekräftigt. Die Apokalypse, die verstreut im Koran enthalten ist, ähnelt der christlichen in großen Zügen; es würde zu weit führen, die islamische Endzeiterwartung vollständig zu betrachten, einige Beispiele müssen genügen:

Zuerst einige Koranverse, die die grundsätzliche Einstellung Mohammeds kennzeichnen.

»Der Einzige Gott hat Himmel und Erde und was dazwischen ist nur um der Wahrheit willen geschaffen und nur für einen genau begrenzten Zeitraum; doch die meisten Leute glauben nicht, daß sie ihren Herrn kennenlernen werden.

Sind sie denn nicht auf der Erde herumgereist und haben sie nicht gesehen, wie die Vorherlebenden bestraft wurden? Jene waren viel mächtiger als diese hier und haben mehr auf der Erde gegraben und gebaut als diese hier. Ihre Propheten kamen zu ihnen mit klaren Zeichen [der Warnung]. Nicht der Einzige Gott hat ihnen unrecht getan, sondern sie selbst haben sich unrecht getan.« *Sure 30,8–9*

Auf die früheren Völker, die in mancher Hinsicht den Zeitgenossen Mohammeds überlegen waren, wird im Koran oft hingewiesen, an einigen Stellen mit Angaben von Namen (Atlanter) und der Beschreibung ihrer Bauten. Dabei wird die erwartete Katastrophe der Erde als eine von vielen Vernichtungen hingestellt, wie sie sich in früherer Zeit abgespielt haben. Römersure Vers 19 bezieht sich auf diese Überzeugung:

»Er bringt die Lebenden von den Toten und die Toten von den Lebenden und belebt die Erde nach ihrem Tode, und so werdet auch ihr herbeigebracht!« *Sure 30,19*

Mit dem Tod der Erde und ihrer Neubelebung – ein beliebtes Thema im Koran – ist die Trennung der wiedererweckten Toten in Lebende und Tote verbunden: das Gericht am Ende der jetzigen Epoche.

Abgesehen von diesen allgemeinen Hinweisen fehlt es im Koran nicht an sehr präzisen Weissagungen über Endzeitereignisse, wie zum Beispiel den »gelben Wind«, der in Vers 51 dieser Sure genannt wird. Ein anderes vielgenanntes Beispiel ist der »Rauch«, nach dem die Sure 44 ihren Namen hat, oder das Erdbeben, das Sure 99 nennt:

»Wenn die Erde geschüttelt wird in ihrem Beben,
und wenn die Erde ihre Last auswirft,
und der Mensch fragt: was hat sie? –
An jenem Tage erzählt sie ihre Nachricht,
als ob dein Herr ihr es offenbart habe.
An jenem Tage werden die Menschen zuhauf kommen,
 um ihre Taten zu sehen.
Denn wer ein winziges bißchen Gutes tut, wird es sehen,
und wer ein winziges bißchen Böses tut, wird es sehen.«   *Sure 99*

Dieses unvergleichlich große Erdbeben kennt auch Johannes, er nennt es das sechste Siegel; dort wollen sich die Menschen in den Höhlen und unter den Felsen der Berge verstecken, aber das ist offensichtlich unmöglich. Im gleichen Sinn sagt der Koran: Die Erde wird herauswerfen, was in ihr verborgen ist.

In der Sure der Wahrheit scheint es fast, als ob Mohammed einige Stellen aus der Johannesoffenbarung zitieren würde:

»Denn wenn die Trompete mit einem gewaltigen Stoß geblasen wird und die Erde und die Berge weggetragen und mit einem Schlag zerbrochen werden – an jenem Tage geschieht das [große] Ereignis, und der Himmel wird auseinandergerissen...«   *Sure 69,13–16*

Wenn Mohammed die Wiedergeburt des Johannes ist, dann läßt sich verstehen, wie er Verse des Johannes »zitieren« konnte, ohne sie zu kennen. Auch die ersten 14 Verse der Sure 81 die unter dem Titel »Zum Ball gemacht« bekannt ist, legen das nahe. Diese 14 Verse sollen hier versuchsweise mit dem Leben und Denken des 20. Jahrhunderts verknüpft werden:

»Wenn die Sonne zum Ball gemacht wird
 [auf Grund der neuen Erkenntnisse]
und wenn die Sterne sandfarben sind
 [durch den Dunstschleier der verschmutzten Atmosphäre]
und wenn die Berge weggeschoben werden
 [mit gewaltigen Bulldozern]
und wenn die Kamele vernachlässigt werden
 [weil Lastwagen wirtschaftlicher sind]
und wenn die wilden Tiere zusammengetrieben werden
 [in Reservaten und zoologischen Gärten]
und wenn die Städte zum Überquellen gebracht werden
 [durch die Bevölkerungsexplosion]

und wenn die Seelen gepaart werden
[die Einführung der Einehe ist eine geschichtliche Neuheit!]
und wenn die lebendig Begrabene gefragt wird, für welche Sünde sie geopfert worden sei
[die Befreiung der Frau gehört zu den großen Neuerungen der Endzeit]
und wenn die beschriebenen Blätter verbreitet werden
[das Überangebot an Gedrucktem ist auffällig]
und wenn der Himmel aufgedeckt wird
[durch Atombomben, die die schützende Atmosphäre vernichten]
und wenn die Hölle geschürt wird
und wenn das Paradies nahegebracht wird,
weiß jeder selbst, was er sich bereitet hat!« *Sure 81, 1–14*

Auch das Hadith, das ist die Sammlung der Aussprüche und Taten des Propheten Mohammed, belegt mit vielen Beispielen die grundsätzliche Übereinstimmung der islamischen und christlichen Endzeiterwartungen.

Im Buch Daniel wird der Islam angekündigt (11,27). Und in der Offenbarung bezieht sich nicht nur das ganze zehnte Kapitel auf den Propheten Mohammed, sondern noch vier weitere Stellen sagen sein Kommen voraus: Kapitel 6, Vers 3 und 4, Kapitel 8, Vers 13, Kapitel 14, Vers 6 und 7, Kapitel 18, Vers 1 bis 3.

Aber die Offenbarung ist nicht das einzige Buch im Neuen Testament, das eine solche Weissagung enthält. Die Erwartung der Wiederkehr des Mose und Elias ist jahrhundertelang gewachsen und war in der Zeit Jesu besonders stark. Wie die ersten drei Evangelisten gleichlautend berichten, erschienen Moses und Elias zu beiden Seiten Jesu in jener berühmten Verklärung auf dem Berge in Anwesenheit von dreien seiner Jünger. Anschließend sagt Jesus, daß Elias schon gekommen sei, womit er Johannes den Täufer meint. Die Wiederkunft des Mose stand aber noch aus.

Im Evangelium des Johannes wird in den Kapiteln 14, 15 und 16 das Kommen eines großen Propheten nach Jesus geweissagt. Jesus spricht von seinem baldigen Abschied und sagt den Jüngern: »Ich will den Vater bitten, daß er euch einen andern Tröster gebe, der für alle Zeit bei euch bleibe.«

Diesen »Geist der Wahrheit«, wie Jesus den Tröster im nächsten Vers nennt, setzte die Kirche später mit dem »Heiligen Geist« gleich, der schon wenige Tage nach der Himmelfahrt Jesu, an Pfingsten, auf die Jüngergemeinde in Jerusalem herabgekommen ist. Die meisten Theologen der katholischen und evangelischen Kirche sind sich darüber einig, daß dies eine fromme Erfindung des zweiten Jahrhunderts ist. Vielmehr muß mit dem Tröster zunächst ein Mann, ein Prophet, gemeint gewesen sein, sonst hätten nicht immer wieder Männer – wie zum Beispiel Montanus im zweiten Jahrhundert – mit dem Anspruch auftreten können, der von Jesus versprochene Tröster zu sein.

Es mußten mehrere Jahrhunderte vergehen, bis endlich der große Prophet auftrat, der sich als wiedergekehrter Moses verstand und mit ähnlicher Wortgewalt – an die jüdische Tradition anknüpfend – eine neue Religion schuf: Mohammed. Seine Gabe, der Koran, ist das, was bei den Gläubigen bleiben wird »für alle Zeit«, denn anders als die viel zu spät aufgezeichneten Reden Jesu wurde der Koran sogleich bei der Verkündigung durch Auswendiglernen fixiert, und dieser Text ist – auch nach Ansicht der kritischsten Wissenschaftler – mit bewunderungswürdiger Genauigkeit bis heute erhalten.

Weiter sagt Jesus von dem zukünftigen Tröster: »Derselbe wird euch alles lehren und euch an alles erinnern, was ich euch gesagt habe.« Tatsächlich hat Mohammed viele wichtige Sätze Jesu ausgesprochen, wenn auch in seiner eigenen strengen Weise, die einzig auf das Endgericht bezogen ist. Mohammed sah sich als letzten Propheten, als Erfüllung der letzten Bedingung.

Am Ende des 15. Kapitels des Johannesevangeliums wird das Versprechen Jesu mit den Worten wiederholt: »Wenn aber der Tröster kommen wird, den ich euch vom Vater senden werde, der Geist der Wahrheit, der vom Vater ausgeht, der wird zeugen von mir. Und ihr werdet auch zeugen, denn ihr seid von Anfang an bei mir gewesen« (Johannes 15,26–27). Neben der vom Tröster neu gegründeten Gemeinde wird also die ältere Gemeinde, die ebenfalls »das Zeugnis hat«, weiterbestehen.

Auf die vorhin zitierte Weissagung im Johannesevangelium folgt eine Ankündigung von Kriegen, die jedoch verschleiert, fast unkenntlich ist. Am Beginn des 16. Kapitels steht ein stärkerer

Hinweis: »Das habe ich euch gesagt, damit ihr euch nicht ärgert. Sie werden euch in den Bann tun. Es kommt aber die Zeit, da wird man meinen, daß der, der euch tötet, Gott einen Dienst tut« (Johannes 16,1–2). Die Glaubenskriege zwischen Christen und Moslems während der Kreuzzüge sind hier vorausgesagt mit all ihrer geistigen Verirrung.

In Johannes 16, Vers 7 sagt Jesus, daß der Tröster erst kommen kann, wenn er selbst gestorben ist. In den nächsten vier Versen wird die Botschaft des kommenden Propheten angekündigt, wobei der strafende Charakter Mohammeds gut zu erkennen ist. Schließlich betont Jesus noch einmal in drei Versen die Rechtmäßigkeit jenes zukünftigen Boten: Nicht aus sich selbst, sondern Gottes Stimme befolgend, wird der »Geist der Wahrheit« von der Zukunft predigen und Jesus »verklären«, wie es dann auch wirklich geschah.

Als die Christen unter den Berbern der Atlantikküste von der Verkündigung des Islam durch Mohammed in Arabien hörten, ahnten sie sogleich, daß dieser Prophet der versprochene Tröster sein könnte und sandten sieben Männer aus ihren Gemeinden nach Medina zu Mohammed, die sich dort umhören sollten, ob die Erwartung erfüllt sei. Nachdem sie ihm aufmerksam zugehört hatten, kamen sie zur Überzeugung, daß hier tatsächlich der im Johannesevangelium versprochene Tröster vor ihnen stand, und so nahmen sie die neuen Gebetsformen und Weisungen an und kehrten glücklich in ihre Heimat zurück. Dort verkündeten sie, was sie erlebt hatten und wurden so zu den ersten islamischen Missionaren in Westafrika.

Diese sieben Männer werden noch heute in Marokko als Heilige verehrt und alljährlich mit einer vierzigtägigen Wallfahrt gefeiert; mehrere Stämme tragen in ihren Sitten und Überlieferungen die Verbindung vom Islam und Christentum weiter fort.

Das Ende der Prophezeiungen

Kapitel 11, Vers 1– 2 Der Auftrag an Johannes
          Vers 3– 6 Die Aufgabe der beiden Zeugen
          Vers 7–12 Tod und Aufstieg der zwei Zeugen
          Vers 13–14 Die sechste Prophezeiung
          Vers 15–19 Die siebente Posaune

Der Auftrag an Johannes

Der Anfang des elften Kapitels bringt eine Berufungsvision, die – wie das ganze vorige Kapitel – zur sechsten Posaune hinzugefügt ist. Das Thema des Prophetentums wird weiter besprochen. Dies geschieht in vier Teilen: Auf die Vision der ersten beiden Verse folgen zweimal fünf Verse und noch einmal zwei. Den Abschluß des Kapitels bildet mit fünf Versen die Beschreibung der siebenten Posaune.

Die ersten beiden Verse, die in manchen Abschriften am Schluß des zehnten Kapitels stehen, enthalten die Aufforderung an Johannes, den Tempel zu messen. Das knüpft an eine berühmte Vision des Hesekiel an (40–43). Der ursprüngliche Text des Johannes wird aus vier Versen zu je vier Zeilen bestanden haben, denn vier mal vier ergibt 16, die vollkommene Zahl für den Raum, doch heute fehlt die zweite Hälfte. Vermutlich hat sie der Herausgeber in das Kapitel 21 als die Verse 15 bis 17 versetzt und erweitert. Dort sind die Maße angegeben, hier ist nur die Aufforderung zum Messen erhalten:

1. Und mir wurde ein Rohr gegeben, wie ein Stab;
   er sprach [zu mir]:
   »Steh auf und miß den Tempel Gottes
   und den Altar und die, die darin anbeten.

2. Aber den Vorhof außerhalb des Tempels verwirf
   und miß ihn nicht,
   denn er wurde den Heiden gegeben;
   sie werden die heilige Stadt zertreten 42 Monate lang.«

   Offenbarung 11,1–2

Der Seher soll »aufstehen«, denn ein Prophet »erhebt« sich, wenn er seine Verkündigung beginnt. Der Auftrag zum Messen enthält damit schon die Aufforderung, die Maße auch zu verkünden. Johannes bekommt einen Meßstab gereicht und soll den Tempel, also die geistige Gestalt der Gemeinde, sowie den Altar, also die Anzahl der Seelen der Märtyrer, feststellen. Tatsächlich hat er eine entsprechende Weissagung in Kapitel 7, Vers 4 schon ausgesprochen. Diese neuere Berufungsvision kann als Bestätigung des ursprünglichen Auftrags gelten.

Außerdem wird von Johannes eine Trennung der Gläubigen von den Ungläubigen verlangt. Der äußere Vorhof des Tempels, der nicht heilig war, sondern von Fremden betreten werden durfte, steht für die Ungläubigen, die verworfen wurden. Sie verlieren damit ihr geistiges Leben und erhalten die weltliche Macht, die heilige Stadt – nämlich die Gemeinde der Gläubigen – niederzutreten für eine festgesetzte Zeit: 42 Monate, das sind dreieinhalb Jahre, die gesamte Leidenszeit der menschlichen Entwicklung.

Offensichtlich wurden diese Verse vor der Zerstörung des Jerusalemer Tempels im Jahre 70 schon verkündet, sonst wären sie überholt. Einige Kommentatoren (vgl. Wellhausen) bezogen die Weissagung auf die römische Besetzung Jerusalems kurz vor der Zerstörung des Tempels, denn zu jener Zeit wurde der heilige Innenhof und der Tempel selbst noch von den jüdischen Zeloten gehalten, während der Vorhof und die Stadt schon in römischer Hand waren. Angeblich soll auch die Belagerungszeit von 42 Monaten historisch sein.

Historische Bezüge gibt es mehrfach, auch einen, der dem prophetischen Geist entspricht. Der Aufruf zur Trennung von den Ungläubigen, der Auszug der kleinen Schar, hat in den Jahren kurz vor der Zerstörung des Tempels stattgefunden. Die junge Christengemeinde zog aus Jerusalem aus über den Jordan in leeres Land und versuchte dort zu überleben. Nach der wenige Jahre später erfolgten Zerstörung des Tempels waren sie zum eigentlichen Tempel und zur heiligen Stadt geworden.

Der Aufruf zur Trennung von den Verworfenen ist eines der wichtigsten zeitbezogenen Anliegen der Offenbarung, Johannes faßte ihn als persönlichen Auftrag auf. Dieser Auszug war – wie alle Sinnbilder – auf zweifacher Ebene gemeint: Eine körperliche Trennung von den Unreinen und eine geistige von den Ungläubigen war gefordert.

Das Ergebnis der Messung fehlt hier. Aber da es schon vorher verkündet war, konnte der Herausgeber es für die Maße seiner Himmelsstadt verwenden. Die dort angegebenen Zahlen sind durchaus sinnvoll für diese Vision: 12 000 Stadien für den Tempel, das heißt eine große Zahl Auserwählter, und 144 Ellen für den Altar, also zwölfmal zwölf Versiegelte oder Märtyrer, wie in 7,4, wo von 144 000 die Rede ist.

Die Aufgabe der beiden Zeugen

3. Und ich will meinen beiden Zeugen geben,
   [daß] sie weissagen 1260 Tage lang,
   mit Säcken bekleidet.
4. Diese sind die beiden Ölbäume und die beiden Leuchter,
   die vor dem Herrn der Erde stehen.
5. Und wenn ihnen jemand ein Leid tun will,
   sprüht Feuer aus ihrem Munde
   und verbrennt ihre Feinde;
   und wenn jemand ihnen ein Leid tun will,
   muß er ebenso getötet werden.
6. Sie haben die Macht, den Himmel zu verschließen,
   so daß kein Regen fällt in den Tagen ihrer Weissagung;
   und sie haben die Macht, Wasser in Blut zu verwandeln,
   und die Erde mit vielerart Plagen zu schlagen, wenn sie es
      wollen.

Offenbarung 11,3–6

Während der gesamten Leidenszeit – 1260 Tage sind dreieinhalb Jahre – weissagen die beiden Zeugen; sie stehen also für alle Propheten. Zeugnisse müssen immer von zwei Personen abgegeben werden, »zwei Zeugen« sind also *alle* Zeugen, so wie die zwölf Auserwählten oder die vier Geister die Gesamtheit aller Auserwählten oder Geister kennzeichnen.

Die Propheten, die während der gesamten Menschheitsgeschichte auftreten, sind mit Säcken bekleidet, das heißt, sie sind bußbereit, demütig. Das bedeutet ferner, daß sie nicht von vornherein Gerechte oder Heilige sind, sondern erst nach ihrem Tod wird den Märtyrern ein weißes Gewand gegeben als Kennzeichen ihrer Erlösung.

Der angehängte Vers 4 ist von einem Bearbeiter eingefügt. Die Ausmalung der beiden Zeugen als Ölbäume oder Leuchter (vgl. Sacharja 4,3; 4,11–14) geschah sicher vor der Herausgabe des Buches; sie widerspricht den »sieben Leuchtern« des Herausgebers (1,12; 1,20). Hier müssen wir einen weiteren Mitarbeiter an der Offenbarung vermuten. Er hat eine gut erkennbare, persönliche

Note hineingebracht, die der entstehenden Kirche wichtig war: die Lehre von der Vergeltung aller Taten. Sie wird im folgenden Vers 5 deutlich ausgesprochen; und auch in Kapitel 13, Vers 10 und Kapitel 18, Vers 6 und 7 erscheint diese Lehre. Die Evangelien bringen die gleiche Überzeugung: »Richtet nicht, auf daß ihr nicht gerichtet werdet, denn mit welchem Maß ihr meßt, mit dem werdet ihr auch gemessen werden.«

Da diese Vorstellung mit der des zweiten Verfassers nicht vereinbar ist und wahrscheinlich nach seiner Bearbeitung eingefügt wurde, jedoch lange vor der »Herausgabe«, spreche ich von einem »Zwischenbearbeiter«. Er achtete streng darauf, daß seine – zahlenmäßig geringen – Einschübe nicht als Fremdkörper auffallen, indem er meist nur zwei Zeilen an vorhandene Verse anhängte. In diesem Fall mußte er, um die Symmetrie zu wahren, sowohl an Vers 3 als auch an Vers 5 je zwei Zeilen anhängen, damit die Zeilen »und wenn jemand ihnen ein Leid tun will, / muß er ebenso getötet werden« nicht auffielen. Aber gerade die Wiederholung des Ausdrucks und die aus inhaltlichen Gründen nötige Verdoppelung des Leuchters – bei Sacharja war zwar von zwei Ölbäumen, aber nur einem Leuchter die Rede – lassen die Zeilen als Fremdkörper erkennen und verraten den Zwischenbearbeiter.

Johannes benützt die Vorstellung der beiden Endzeitzeugen, um ein Gesamtbild der prophetischen Macht im alttestamentlichen Sinn darzustellen oder ein übersteigertes Bild dieser Macht zu malen. Hätten nicht die späteren Bearbeiter durch Einfügungen der glanzvollen Messias-Visionen die Erlösergestalt als absolut höchste Person herausgestellt, dann stünden die beiden Gesalbten hier als wichtigste menschliche Verkörperung der Herrlichkeit Gottes. Sie veranschaulichen den Prophetenstand, der zum Sprecher Gottes und Auslöser des Heilsgeschehens erklärt wird. Das beinhaltet eine unvergleiche Machtfülle, die noch dazu nicht zeitlich eingeschränkt wird, sondern während der ganzen Menschheitsgeschichte durch die Propheten ausgeübt werden soll.

Dennoch ist in Vers 5 natürlich nicht gemeint, daß die Propheten Feuer speien, auch nicht, daß sie ihre Feinde töten, denn es ist ja genau umgekehrt: Die Zeugen werden umgebracht. Es kann also nur im inneren Sinn gemeint sein, daß sie mit dem, was aus ihrem

Mund kommt – also mit ihrer Weissagung –, ihre Feinde töten, indem sie die Menschen in zwei Gruppen scheiden: Die einen glauben ihnen, die anderen lehnen sie ab. Wer ihnen nicht glaubt, verliert das wirkliche Leben, die Seligkeit.

Die Vollmacht der Propheten bezieht sich nicht nur auf die Trennung der Menschen in Gerettete und Tote, sondern auch auf eine tatsächliche Macht über irdische Plagen, wie Vers 6 mit zwei Beispielen klarmacht, indem er an die beiden Propheten erinnert, die damals wiedererwartet wurden: Elias besaß die Vollmacht, den Himmel zu verschließen, so daß Dürre herrscht (1. Könige 17, dort kommt der Zeitbegriff des Leidens, dreieinhalb Jahre, zuerst vor). Und Moses hat die Plage der Verwandlung von Wasser in Blut ausgelöst (2. Mose 7,19). Mit diesen beiden mächtigen Zeugen will Johannes sagen, daß alle Plagen, die von Propheten vorausgesagt werden, auch von diesen selbst hervorgerufen werden.

Offensichtlich ist die Episode von den beiden Zeugen keine Vision, sondern eine Dichtung des Johannes, die sich aus Kapitel 10 ergab. Auch Heinrich Kraft sagt zu diesen Versen, daß ein wiederkehrender und ein endzeitlicher Prophet unterschieden werden können. Da Johannes der Täufer durch Jesus schon als der wiedergekehrte Elias bezeichnet worden war, blieb der endzeitliche Prophet noch zu erwarten. Johannes sieht sich in seiner Auftragsvision selbst als der Prophet, der die letzte Offenbarung einst bringen soll.

Tod und Aufstieg der zwei Zeugen

7. Und wenn sie ihr Zeugnis vollendet haben,
   wird das Tier, das aus dem Abgrund heraufsteigt,
   sie bekämpfen;
   es wird sie besiegen und sie töten.

8. Und ihre Leichen liegen auf der Gasse der großen Stadt,
   die sinngemäß Sodom und Ägypten heißt,
   wo auch ihr Herr gekreuzigt wurde.

9. Und es werden [manche]
   von den Völkern, Stämmen, Sprachen und Nationen

ihre Leichen sehen, dreieinhalb Tage lang,
und werden ihre Leichen nicht ins Grab legen lassen.

10. Und die Bewohner der Erde freuen sich darüber
und beglückwünschen sich und senden einander Geschenke,
denn diese beiden Propheten
hatten die Bewohner der Erde gequält.

11. Und nach dreieinhalb Tagen
kehrte der Lebensgeist Gottes [wieder] in sie,
und sie standen wieder auf;
und große Furcht befiel die, die das sahen.

12. Und sie hörten eine laute Stimme vom Himmel
zu ihnen sprechen: »Steigt herauf!«
Und sie stiegen in der Wolke zum Himmel,
und ihre Feinde sahen es.

Offenbarung 11,7–12

Ab Vers 7 wird die Einmischung des Herausgebers in den Text spürbar: Das Tier, das aus dem Abgrund heraufsteigt, wird erst viel später gesehen; und wie könnten die beiden Zeugen – oder alle Propheten – kämpfen, wo sie doch Gottes Frieden verkünden und zum Leiden und Dulden bestimmt sind?

Die erste Zeile »und wenn sie ihr Zeugnis vollendet haben« gewinnt ihren Sinn von Vers 7 des vorigen Kapitels, und das Tier, das gegen die Gläubigen kämpft, ist schon seit Daniel Kapitel 7, Vers 7 bekannt; diese Parallelen gehen hauptsächlich auf den Herausgeber zurück, der vermutlich hier einige Verse umgestaltet hat. Andererseits ist aber spürbar, daß hier sehr ähnliche Zeilen gestanden haben müssen, sonst wäre der ganze weitere Text unverständlich. Nur die beiden Zeilen 8b und 8c sind wirklich fremd, die erste vom Herausgeber, der hier – unpassend – die große Stadt mit Babylon gleichsetzt, also auf die Religionen bezieht. Sodom steht für Hurerei und damit für den Götzendienst, Ägypten für den Aberglauben.

Die zweite Zeile ist eine sehr späte Zufügung durch einen Nachbearbeiter, denn »Herr der Propheten« konnte eigentlich nur Gott sein, erst Mitte des zweiten Jahrhunderts kann auch Jesus an diese Stelle treten. Ebenso stand erst dann die Kreuzigung über jeden

Einwand erhaben, und erst damit wurde Jerusalem von der »werten Stadt« zur Mörderin der Propheten.

Doch die »große Stadt« des Johannes, auf deren Gassen die Leichen der Propheten offen liegen, ist weder Jerusalem, noch Babylon, noch das mächtige Rom, sondern die Großstadt allgemein, die städtische Zivilisation. Dort glaubt man den Propheten nicht, auch nicht nach ihrem Tod, wenngleich man ihnen prunkvolle Gräber baut und ihre Sprüche in kostbaren Büchern verwahrt; man verewigt damit nur die Leichenschau.

Wiederum hebt Johannes die große Bedeutung der Propheten hervor, indem er sagt, daß aus allen Völkern, Stämmen, Sprachen und Staaten Menschen bestimmt sind, die Leichen der Propheten zu sehen. Dieser vierfache Ausdruck, der an den Koran erinnert, kommt in der Offenbarung siebenmal in fast gleichlautenden, nur wenig abgewandelten Formen vor. Er beschreibt die Gesamtheit der Bewohner der Erde, wobei die Vierteiligkeit als stilistisches Mittel zur vollständigen Wiedergabe des Raumes angewandt wird, wie die vier Winde. Fünfmal stammt der Ausdruck von Johannes (10,11; 11,9; 13,7; 14,6 und 17,15). Parallel zu diesem neunten Vers hier hat der Herausgeber den Ausdruck im neunten Vers von Kapitel 5 und 7 benutzt. Er dachte dabei an die große Schar der zum Glauben Bekehrten, an die in der Welt ausgebreitete Kirche. Bei Johannes hat die Aussage einen negativen Wert, denn die Bewohner der Erde sind die Verlorenen; zwar werden ihnen Propheten gesandt, aber sie lästern über sie, lassen sich vom Drachen leiten und freuen sich über den Tod der Propheten.

Der Herausgeber übernahm den Ausdruck, um seinen Versen eine gewisse Echtheit zu verleihen, achtete aber nicht auf die negative Wertung, sondern verwendete den Ausdruck positiv, für die Erlösten. In gleicher Weise hat er auch die Könige der Erde, die Johannes verächtlich behandelt, später in die Himmelsstadt einziehen lassen.

Die große Bedeutung der Propheten wird ferner durch den Jubel der Völker über ihren Tod unterstrichen. Man freut sich allerorten, denn die Propheten haben die Erdbewohner »gequält«, womit die Gewissensqual gemeint ist, die in den Hörern der Weissagungen entsteht, die zur Entscheidung aufgefordert werden.

Im Gegensatz zur Menschheitsentwicklung, die symbolisch mit dreieinhalb Jahren angegeben wird, dauert die letzte Zeit – das heißt die Zeit vom Ende der Weissagung bis zur Auferstehung – dreieinhalb Tage. Das Verhältnis von Jahren zu Tagen soll den Unterschied zwischen der enorm langen Zeit vorher und der kurzen Endzeit ausdrücken.

Die Dreieinhalb weist wieder auf das Leiden hin. Hier ist auch ein direktes Verständnis des Ausdrucks dreieinhalb Tage möglich: In allen Totenbuchlehren heißt es, daß sich der Geist des Menschen dreieinhalb Tage nach seinem Tod erhebt und die Wanderung im Jenseits beginnt. Das ist sonst nur den Eingeweihten sichtbar, hier aber sehen es auch die Feinde und werden mit Furcht erfüllt. Damit hat der Handlungsablauf wieder den kritischen Augenblick des Endes erreicht, weshalb hier wie ein Bruchstück eine Vision eingeschoben ist, die wohl noch zur sechsten Posaune gehört.

Die sechste Prophezeiung

13. Und zu derselben Stunde geschah ein großes Erdbeben,
    und ein Zehntel der Stadt stürzte ein;
    und in dem Erdbeben wurden getötet
    die Namen von siebentausend Menschen.
    Und die anderen erschraken
    und gaben dem Gott des Himmels die Ehre.
14. Das zweite Wehe ist vorbei.
    Siehe, das dritte Wehe kommt gleich.

Offenbarung 11,13–14

Wenn der Name des Menschen, also sein Geist, getötet wird, dann ist der Gerichtstag gekommen, dann ist das Urteil gefällt. Die Anzahl 7000 deutet das an, denn sie soll die Gesamtheit ausdrücken. Und wenn die übrigen erschrecken und den Himmelsgott anbeten, dann gibt es keine Ungläubigen mehr, das Ende ist da.

Allerdings fällt auf, daß die Katastrophe relativ klein ist, wenn nur ein Zehntel der Stadt zerstört wird. Eigentlich erwartet man den Untergang der gesamten Zivilisation. Möglicherweise haben auch hier nachträgliche Veränderungen den Text entstellt. Zumindest ist die Wendung »Gott des Himmels« ungewöhnlich, die nur noch in Kapitel 16, Vers 11 vorkommt – vom Herausgeber geschrieben – und sonst nirgends im Neuen Testament.

Der Sinn ist dennoch erhalten: Der Glaube, daß die Menschen zur Umkehr fähig sind durch das heilsame Erschrecken, ist in der Offenbarung kennzeichnend für den Urtext.

Die beiden Zeilen des Verses 14 hat der Zwischenbearbeiter eingefügt, an ihnen ist ablesbar, daß Vers 13 noch zur sechsten Posaune gerechnet werden soll.

Die siebente Posaune

15. Und der siebente Engel blies die Posaune.
    Da erklangen laute Stimmen im Himmel, die sprachen:
    »[Nun] gehört die Herrschaft über das Weltall
    unserem Herrn und seinem Gesalbten.
    Und seine Herrschaft wird sein für alle Zeit.«

16. Und die 24 Ältesten,
    die auf ihren Thronen vor Gott sitzen,
    fielen nieder auf ihr Angesicht
    und beteten Gott an und sprachen:

17. »Wir danken dir,
    Herr, allmächtiger Gott,
    der ist und der war,
    daß du deine große Macht übernommen hast
    und König geworden bist.

18. Und die Heiden wurden zornig,
    und es kam dein Zorn
    und die Zeit, daß die Toten gerichtet werden,
    und den Lohn zu geben
    deinen Knechten, den Propheten,
    und den Heiligen,
    und denen, die deinen Namen fürchten,
    den Kleinen und Großen,
    und diejenigen zu verderben, die die Erde verderbt haben.«

19. Und der Tempel Gottes im Himmel öffnete sich,
    und die Lade seines Bundes in seinem Tempel wurde sichtbar.

Und es geschahen Blitze, Stimmen und Donner
und Erdbeben und ein großer Hagel.

Offenbarung 11,15–19

Die siebente Posaune löst eine ähnliche Handlung aus wie die Öffnung des siebenten Siegels. In beiden wird ein Gottesdienst und ein »Erscheinen Gottes« (Theophanie) beschrieben. Das Preislied in Vers 15, die Anbetung in Vers 16 und das Dankgebet in Vers 17, insgesamt 14 Zeilen, erinnern an die Beschreibung in Kapitel vier und sind wohl von Johannes geschrieben. Nur in der vierten Zeile hat der zweite Verfasser den »Gesalbten« angefügt. Typisch für Johannes ist die Zeile 17c, wo Gott nicht »der Kommende« heißt, sondern »der ist und der war« (wie in 16,5).

Die gewollt lyrische Sprache von Vers 18, in dem der Zorn der Heiden dem Zorn Gottes gegenübersteht und die Zerstörung der Erde den Zerstörern selbst zum Schicksal wird, läßt darauf schließen, daß er vom Herausgeber stammt.

Vers 19 gehört sinngemäß zu Vers 13, dem leicht veränderten Text der Vision der sechsten Posaune. Da jedoch hier ein Erscheinen Gottes beschrieben wird, glaubte der zweite Verfasser wohl, dies nur in der letzten, der siebenten Posaune verantworten zu können. An zwei Ausdrücken ist der zweite Verfasser als Urheber erkennbar: Die Bundeslade, die weder für Johannes noch für den Herausgeber von Bedeutung sein konnte, da Johannes auf dergleichen Kultgeräte keinen Wert legte und der Herausgeber dem Judentum schon zu sehr entfremdet war, um diese Gegenstände noch mit einzubeziehen, während der zweite Verfasser gerade den Zusammenhang mit dem »alten Bund« betont. Der zweite eingefügte Ausdruck ist die Hagelplage, die der zweite Verfasser – vielleicht einer eigenen Vision folgend – für ein wichtiges Merkmal der Theophanie hielt und darum auch später, bei der siebenten Schale, noch einmal einfügte.

Daß es sich um das endgültige Erscheinen Gottes und um das Ende dieser Schöpfung handelt, ist auch von den anderen Bearbeitern verstanden worden; die zweiteilige Kennzeichnung Gottes »der ist und der war« wurde nicht um die Futurform erweitert, im Gegensatz zu Kapitel 1, Vers 4 und 8, und Kapitel 4, Vers 8, wo es heißt, daß Gott kommen wird. Offensichtlich haben wir hier einen alten Buchschluß vor uns, denn was könnte nach der siebenten Posaune noch geschehen?

Johannes hatte weitere Visionen, und alle beleuchten das Gesamtbild aus verschiedenen Blickwinkeln. Eine chronologische Reihenfolge der Szenen war nicht beabsichtigt. So erklärt es sich, daß im folgenden zweiten Buchteil neue Aspekte der Weltschau hinzukommen.

Der Kampf im Himmel

Kapitel 12, Vers 1– 4 Das schwangere Weib und der rote Drache
Vers 5– 6 Die Geburt
Vers 7– 9 Der Sieg Michaels über den Drachen
Vers 10–12 Himmlische Preisung
Vers 13–16 Die Verfolgung des Weibes
Vers 17–18 Die Kriegserklärung

Das schwangere Weib und der rote Drache

1. Und es erschien ein großes Zeichen im Himmel:
   ein Weib, mit der Sonne bekleidet,
   und der Mond unter ihren Füßen,
   und auf ihrem Haupt ein Kranz von zwölf Sternen.
2. Und sie ist schwanger
   und schreit in den Wehen
   und hat große Qual bei der Geburt.
3. Und es erschien ein anderes Zeichen im Himmel:
   und siehe: ein großer roter Drache,
   der hatte sieben Köpfe und zehn Hörner
   und auf seinen Köpfen sieben Kronen.
4. Und sein Schwanz riß ein Drittel der Sterne vom Himmel
   und warf sie auf die Erde.

   Und der Drache trat vor das Weib,
   das gebären sollte,
   um ihr Kind zu fressen, wenn sie geboren hätte.

   Offenbarung 12,1–4

Nach der Vision der vier apokalyptischen Reiter ist das hier geschilderte Himmelsbild das bekannteste der Offenbarung. Alljährlich zu Mariä Himmelfahrt am 15. August wird es in allen katholischen Kirchen vorgelesen und in einigen mit theatralischen Gesten aufgeführt. Denn diese Vision hat kosmisches Ausmaß: Sie zeigt den Zweikampf zwischen den beiden Prinzipien Demut und Stolz – jedoch nicht zwischen »Gut« und »Böse« oder Gott und Satan, wie es bei oberflächlicher Betrachtung scheinen könnte.

Zuerst wird hier in sieben Zeilen das Weib beschrieben, danach in sechs Zeilen der Drache. Weitere drei Zeilen beziehen sich auf den Kampf des Drachen gegen das Weib.

Die beiden Gestalten stehen als Geistmächte vor uns: Das Weib ist die göttliche Lehre, und der Drache ist die Lehre des eigenwilligen Engels, des Revolutionärs. Dieser stellt sich vor das Weib, um ihr Kostbarstes, das Kind, das sie gebären wird, zu fressen. Der Knabe ist die Gemeinde der Gläubigen, die von der Lehre hervorgebracht wird, und mit dem Gefressenwerden ist nicht der Tod

Albrecht Dürer, Das Sonnenweib und der siebenköpfige Drache

gemeint, sondern das Abfallen vom Glauben durch die Versuchung, die der Drache mit großer Klugheit inszeniert.

Damit sind die drei Hauptpersonen des dramatischen »Zeichens« beschrieben. Da es heißt, das Zeichen erschien im Himmel (oder auch am Himmel, wie in modernen Übersetzungen steht), glauben viele Kommentatoren, daß es sich um Sternbilder handelte; dabei bestärkt sie noch die Zufügung von Sonne und Mond und den zwölf Sternen. Tatsächlich bezeichnen wir ein Sternbild im Tierkreis als »Jungfrau« und ein anderes, das sich um den Nordpol windet, als »Drachen«.

Die Kommentatoren interpretieren als Drachen jedoch lieber die »Wasserschlange«, weil sie der »Jungfrau« gegenübersteht; daraus errechnen sie in immer wieder anderer Weise einen Zeitpunkt für das Ereignis, wobei sie auf verschiedene astrologische Überlieferungen zurückgreifen.

Doch die Ähnlichkeit der apokalyptischen Bilder mit astrologischen Zeichen ist rein äußerlich, weil alle Sagenbilder der Antike in dieser Bildersprache verfaßt sind, die einen Zusammenhang mit Gestirnen einschließt. Johannes konnte gar nicht all jene Wörter vermeiden, die astrologisch vorbelastet waren, doch er dachte nicht in astrologischen Begriffen, die aus Babylonien und Ägypten entlehnt waren.

Das mit der Sonne bekleidete Weib, dessen Füße auf einer Mondsichel stehen, ist ein uraltes Götterbild, das schon in der Steinzeit dargestellt wurde. Und es ist zeitlos geblieben, noch heute wird die »Gottesmutter« in dieser Gestalt auf unzähligen Altären verehrt. Der Kranz von zwölf Sternen um ihr Haupt könnte eine Neuerung durch Johannes sein, der damit die auserwählten zwölf Stämme als die Anhänger der heiligen Lehre mit einbeziehen wollte. Das Bild »Kranz« drückt ferner aus, daß diese Auserwählten zu Märtyrern werden. »Bekleidet mit der Sonne« ist eine göttliche Eigenschaft, die den Glanz und die Lichtfülle der Erkenntnis beschreibt. Sie war im Sonnenkult der vorgeschichtlichen Völker schon bildhaft geworden. Entsprechend bedeutet der »Mond unter ihren Füßen« die Überwindung des Mondkultes, der den wandernden Völkern der Steppen wichtig war. Damit wird nicht nur die Ablösung des Mondkalenders durch den jahreszeitlich konstanten Sonnenkalender angezeigt, sondern auch die Abkehr von den mit dem Mond verbundenen geistigen Werten und die Hinwendung zu den durch die Sonne verkörperten Lehren der Wiedergeburt.

Die Lehre ist am Himmel erschienen und wird ein Kind zur Welt bringen, eine Gefolgschaft als sichtbaren Ausdruck ihrer Kraft. In Vers 2 wird hervorgehoben, daß diese Geburt schwer und schmerzvoll ist. Der Grund für die Schmerzen der werdenden Mutter ist das Geistwesen, das vom folgenden Vers an auftritt: groß und feurigrot, listig und stark, mit sieben Köpfen und zehn machtvollen Hörnern.

Auch die Gestalt des Drachen ist seit vorgeschichtlicher Zeit fest in die Vorstellungen aller Völker eingeprägt. Der Drache – oder die »Schlange« – verkörpert das ganze Geschlecht der Kriechtiere, genauer gesagt: die diesem Tierstamm innewohnende Kraft und Zielstrebigkeit. Während des Erdmittelalters stieg dieses ungeheuer große Wirbeltier aus dem Meer auf und bevölkerte Wasser, Land und Luftraum. Mit Kraft und Intelligenz errang es lange vor dem Menschen die Weltherrschaft. Aus der belgischen Kreideformation ist ein versteinerter Abdruck eines Iguanodon bekannt; dieser Saurier ging aufrecht auf den Hinterfüßen und hatte an den Vordergliedmaßen Hände mit je fünf Fingern! Es gab sogar Säugerechsen und manch andere hochentwickelte Sonderform. »Die Schlange war listiger als alle Tiere auf dem Felde, die Gott gemacht hatte«, berichtet der Schreiber der Schöpfungsgeschichte (1. Mose 3,1).

Irgendwann im Lauf der Entwicklung zweigt von diesem Stamm ein anderer ab, der schließlich zum Menschen hinführt. Die Versuchung für ihn bestand darin, das gleiche Ziel anzustreben: die Herrschaft über den Erdball. Der Kampf zwischen beiden Gattungen war erbarmungslos, wie aus unzähligen Sagen hervorgeht, die bei allen Völkern zu finden sind. Von seinem Anfang im Paradies bis zum Ende beim Weltuntergang ist der Drache mit dem Menschen eng verbunden. Manche Religionen, wie die des Mani, sahen den Kampf zwischen den reinen Engeln und dem Drachen, zwischen den Geistern des Lichtes und des Dunkels, als eine unausweichliche Schlacht an, in der die Bestimmung dieser Schöpfung liegt. In der Bibel spricht Gott zur Schlange im Paradies: »Ich will Feindschaft setzen zwischen dir und dem Weibe, zwischen deinen

Kindern und ihren Kindern« (1. Mose 3,15). Unmittelbar vor diesem Vers steht die Verfluchung der Schlange: »Auf deinem Bauche sollst du kriechen und Erde fressen dein Leben lang!« Der Kampf ist entschieden, der Saurier stirbt aus; nur eine kleine Verwandte, die giftige Schlange, bleibt als mahnende Verkörperung übrig. Aber das Geistwesen mit dem maßlosen Herrschaftsanspruch lebt weiter, es bewohnt jetzt den Menschen, der sich im jahrmillionenlangen Kampf um die irdische Herrschaft an seinem Erbfeind angesteckt hat.

Daraus entstanden zwei Kultformen. Die eine gipfelte in der Anbetung dieses mächtigen Tieres, denn als größter Feind war es zum wichtigsten Gegenstand alles Denkens und Planens geworden, zur Gottheit selbst. Ihr wurden Opfer von größter Grausamkeit gebracht: König Kepheus ließ die schöne Andromeda opfern, um den Meeresdrachen zu besänftigen, der sein Land bedrohte. Die Azteken rissen dem Schlangengott zuliebe ihren Gefangenen die Herzen aus lebendigem Leib. Der Schlangenkult gehörte sogar zum jüdischen Gottesdienst (4. Mose, 21,8−9): Moses machte eine eiserne Schlange, die denjenigen, der von einer giftigen Schlange gebissen war, vor dem Tod bewahrte, wenn er das Bild ansah.

Erst 500 Jahre später ließ König Hiskia diese Schlange »Nehustan« zerstören (2. Könige 18,4).

Die andere Kultform führte zur Verherrlichung jener Helden, die Drachen getötet hatten: Marduk in Sumer, der mit dem Sieg über das Ungeheuer Tjamat unsere heutige Welt schuf. Siegfried, dessen Tötung des Lindwurms ihm den Schatz einbrachte, der im Erdreich verborgen gelegen hatte. Michael, der Erzengel, der mit der Lanze den Drachen aus dem Himmel wirft.

Symbolhaft steht die Schlange für eine Weltepoche, sie ist Sinnbild der in sich abgeschlossenen Zeit, jener unfaßbaren, flüchtigen, gewundenen Dimension unserer Welt, die sich der Herrschaft des Menschen entzieht und allgegenwärtig die Materie im Griff hält. Obgleich die Zeit an sich mathematisch nicht als Dimension darstellbar ist, kann sie doch als Übergang von einer Dimension zur anderen aufgefaßt werden; sie ist der Faktor, der die räumliche Ausbreitung bewirkt; ohne »Zeit« gäbe es gar keine Dimension in der uns vorstellbaren Weise.

Die Offenbarung verwendet zwei Zeitbegriffe: Mit A und O bezeichnet sie Schöpfung und Vernichtung der materiellen Welt. Dazwischen liegt die »Zeit«. Damit ist jedoch nicht ausgeschlossen, daß es vor A schon eine Schöpfung – und damit Zeit – gab, etwa bei Hiob die Welt der Engel und Geistwesen, und daß es nach O noch eine andere »Zeit« geben wird, die »neue Erde und den neuen Himmel« (Offenbarung 21,1).

Johannes spricht von der Zeitlosigkeit mit dem Ausdruck »für alle Zeit« (Luther übersetzt »Ewigkeiten«). Das ist für uns kaum vorstellbar, weil es außerhalb begrenzter Dimensionen liegt. Da wir »Zeit« nur als eine Abfolge von Augenblicken oder als Bewegung erfassen, ist der Raum jenseits des erlebten Raumes, also die »Zeit an sich«, nicht begreifbar.

Der Drache steht als Sinnbild nur für den ersten der beiden Zeitbegriffe, denn er ist das brennende, sich verzehrende Element der Welt, das Vergängliche und Unwirkliche. In unserem Bild trägt der Drache sieben Köpfe, die für verschiedene Zeitabschnitte stehen. Dieses siebenköpfige Fabeltier stammt von Daniel, in dessen Vision vier Tiere auftreten, von denen eins sonderbarerweise vier Köpfe hat, während die anderen drei je einen Kopf besitzen. Durch Zusammensetzen der vier Tiere entsteht das Drachenwesen des Johannes mit den sieben Köpfen. Die Königskronen auf den Köpfen sollen auf seine weltliche Herrschaft hindeuten, und die zehn Hörner sind Ausdruck der militärischen Macht des Ungeheuers. Die rote Farbe des Tieres, die gut zu Feuer und Krieg paßt, hat ihren Ursprung in den ältesten mystischen Texten aus Ägypten und Tibet, wo sie den Westen bezeichnet, der durch die untergehende Sonne feuerrot erscheint. Das ist wiederum ein Hinweis auf das westliche Reich, Atlantis, wo der Drache mit dem spiralig gewundenen Schwanz als Symbol der Zeit verstanden würde.

Die Verbindung mit Atlantis ergibt sich auch aus dem in Vers 4 sowie in den Versen 7 bis 9 skizzierten Engelsturz, der ganz allgemein auf die Atlantiskatastrophe bezogen wird.

Die Sterne – oder Lehrer –, von denen ein Drittel auf die Erde gestürzt wird, gehören ebenfalls zu Atlantis, wie ich bei Besprechung der vierten Posaune (8,12) schon erklärt habe. Auch das Weib befindet sich nun auf der Erde, und dadurch wird die zeitlose reine Wahrheit in den irdischen Zusammenhang eingebettet und der Versuchung durch den Drachen ausgesetzt wie Eva im Paradies.

Die Geburt

> 5. Und sie gebar einen Sohn, einen Knaben,
> der alle Heiden mit eisernem Stab weiden wird.
> Und das Kind wurde entrückt
> zu Gott und seinem Thron.
> 6. Und das Weib floh in die Wüste,
> wo es einen von Gott bereiteten Platz hat
> und dort ernährt wird
> 1260 Tage lang.
>
> *Offenbarung 12,5–6*

Indem die Lehre auf die Erde gelangt, erwirbt sie sich eine Gemeinde unter den Menschen, was bildlich gesehen wird als Geburt eines Knaben. Wer in dem Weib Maria und in dem Knaben Jesus gesehen hat, wer also diese Szene mit Weihnachten gleichsetzt, der hat ein geschichtliches Einzelgeschehen in der großen, die Jahrtausende überragenden Schau des Johannes erblickt.

Doch Johannes kann dies nicht beabsichtigt haben, denn zu seiner Zeit war die Geburt Jesu noch nicht zu dem großen Ereignis hochstilisiert, das die Mitteleuropäer ein Jahrtausend später darin sahen.

In der ersten Zeile steht neben »Sohn« noch »Knabe«; diese Verdoppelung ist als Zufügung verdächtig, sie soll überleiten zur zweiten Zeile, die wir damit als Einschub des Herausgebers erkennen, zumal er dieses Zitat aus Psalm 2, Vers 9 schon in der Botenrede an die Gemeinde von Thyatira (2,26) einfügte. Dieser Satzteil fällt auf, denn er gibt innerhalb der zeitlosen Sage eine Weissagung über den zukünftigen Messias. Außerdem bricht diese eingefügte Zeile das stilvolle Schema: Die thematisch zur göttlichen Welt gehörenden ersten und letzten beiden Verse (Vers 1 und 2, 5 und 6) bestanden zusammen aus je sieben Zeilen und rahmen die neun Zeilen (Vers 3 und 4) des Drachenthemas ein.

Schließen wir die eingefügte zweite Zeile aus, dann ist der Anschluß nicht mehr so sprunghaft, denn das Kind wird nun zu

Gott entrückt, noch bevor es zum Hirten herangewachsen ist. Da das Kind später nicht mehr auftaucht, muß das Bild allein aus diesen Versen gedeutet werden. Es drückt aus, daß die Gemeinde der Gläubigen ihren Lohn, ihr Ziel, in der Hinführung zu Gottes Thron sieht. An die Himmelfahrt Jesu ist in der damaligen Zeit aber noch nicht gedacht worden.

Ich hatte schon zitiert, daß Jesus sich selbst als den Tempel bezeichnete, also von sich selbst als dem Inbegriff der Gemeinde sprach. Nur in diesem Sinn ist er der Knabe, den das Weib geboren hat.

Mehrere der auf Jesus bezogenen Ausdrücke – der gute Hirte, der sein Leben für seine Schafe gibt; der leidende Gottesknecht; das geschlachtete Opferlamm – stellten ursprünglich das Gottesvolk, die Gemeinde als Ganzes dar. Die Begriffe wurden aus dem zweiten Jesaja und dem Psalter entwickelt und fanden bei Essenern und frühen Christen Anklang. Diese Sinnbilder verselbständigten sich wie das vom Menschensohn, das Jesus auf alle Gläubigen anwandte und natürlich auf sich selbst als »ein Beispiel für viele«: Der Mensch als Forderung, als Zielvorstellung, als idealisiertes Zukunftsbild ist schon Wirklichkeit geworden in einzelnen, eben den Gläubigen; und wenn es einer direkten Anschauung als Vorbild bedarf, einer mit Händen faßbaren Person, dann stellte Jesus sich selbst hin als den Menschensohn, durch den viele den Weg zum Leben finden würden. Er ist also jener Knabe der Offenbarung und der Tempel Gottes zugleich; er ist der Heilige, auf den die Suchenden schauen können. Seine Handlungen sind aber nichts weltbewegend Einmaliges, sondern die mustergültige Handlung des Menschen, wie er von Anfang an erstrebt wurde und wie er als sinnvolles Ziel der Entwicklung aller Menschen am Ende Bestand haben soll. In diesem Sinn steht Jesus »pars pro toto« für die ganze Gemeinde und gleicht damit jedem vollkommenen Gläubigen, der dieselbe Stelle einnehmen könnte. So wird Johannes die Gleichsetzung mit dem Knaben gemeint haben, sonst wären Knabe und erster Reiter austauschbare Begriffe.

Wenige Jahrhunderte nach Johannes hat die Kirche begonnen, die Geistgestalt »Weib« mit der historischen Person »Maria«, der

Mutter Jesu, zu verschmelzen. Doch zwischen dem zur Erde herabsteigenden Weib, das gebärt und in die Wüste flieht, und der Mutter Jesu, wie sie in den ersten Kapiteln von Matthäus und Lukas erscheint, liegt ein großer Abstand. Und aus diesem Bild des Johannes gar eine »Himmelfahrt Mariä« zu machen, führt zu weit. Dennoch ist diese Gleichsetzung mit großem Nachdruck vollzogen worden, so daß heute in sehr vielen katholischen Kirchen der Hauptaltar statt eines Christusbildes eine Darstellung des Weibes Maria nach der Beschreibung des Johannes zeigt.

Religionswissenschaftler weisen immer wieder darauf hin, daß die bei unendlich vielen Völkern und Stämmen verehrte Muttergottheit, Sinnbild der Fruchtbarkeit und Liebe, der Frauenmacht und des häuslichen Friedens, durch eine neue Religion nicht völlig verdrängt werden konnte, sondern in einer – meist verfeinerten – Gestalt weiterleben mußte. Die Gottesmutter Maria habe alle diese unaustilgbaren Elemente früherer Glaubensformen in sich vereinigt.

Aber die in den Evangelien dargestellte Mutter Jesu gilt dennoch nicht als Göttin der Fruchtbarkeit, obwohl sie eine ganze Reihe von Söhnen und Töchtern hatte – sie werden elfmal im Neuen Testament erwähnt, einige auch namentlich genannt. (Vgl. Matthäus 12,46; 13,55; Markus 3,31; 6,3; Lukas 8,19; Johannes 2,12; 7,3; 7,5; 7,10; Apostelgeschichte 1,14; Galater 1,19. Die Namen der Brüder Jesu lauten: Jakobus, Judas, Joses und Simon.) Nach katholischer Auffassung hat sie nur ein einziges Mal geboren. Und der andere wichtige Wesenszug der Muttergottheit fehlt ebenfalls: Statt einer Liebesgöttin wird eine keusche Jungfrau verehrt. Nicht einmal als Heldin der Frauenfreiheit wird Maria in der christlichen Kirche angesehen, obgleich dazu Anlaß gegeben wäre, denn sie hat ohne Mitwirkung ihres Mannes ihr erstes Kind empfangen und ist trotzdem nicht verstoßen worden, wie es damals allgemein Recht und Brauch war.

Hieran möchte ich eine textkritische Betrachtung anschließen. Der von allen Kirchen auf Maria und Jesus bezogene Spruch aus dem Jesajabuch, Kapitel 7, Vers 14 – »Siehe: eine Jungfrau ist schwanger und wird einen Sohn gebären, den wird sie nennen: Gott ist mit uns« – hat nichts mit den Messias-Weissagungen des Jesaja zu tun, sondern ist an König Ahas gerichtet und bezieht sich auf dessen Lebenszeit, er regierte von 735 bis 719 v. Chr. Im hebräischen Text ist auch nicht von einer Jungfrau die Rede – das wäre den Leuten damals absurd vorgekommen –, sondern von einer jungen Frau (vgl. Augstein, S. 31). Möglicherweise war es die – oder eine – Frau des Königs Ahas, dem diese frohe Botschaft mitgeteilt wurde, aber wir hören nichts von einer Erfüllung der Weissagung.

Der Zusammenhang, in dem dieser Spruch steht, eine politische Weissagung über die Zukunft der hebräischen Staaten, hat sich nicht erfüllt. Allenfalls hat sich die Voraussage der Vernichtung an einem der beiden Staaten, nämlich an Israel, bewahrheitet, während Juda, das Königreich des Ahas, noch über ein Jahrhundert weiterbestand.

Obgleich sowohl Daniel als auch die Apokalypse aus demselben Zusammenhang zitieren, heißt es dennoch in der Offenbarung nicht, daß eine Jungfrau schwanger ist, sondern ein Weib. Man kann darum annehmen, daß die Fehldeutung des Jesajatextes zur Zeit des Johannes noch nicht Allgemeingut der Gemeinden war, sonst hätte Johannes dies einbeziehen müssen. Erst Matthäus (1,22–23) zitiert wörtlich den Vers des Jesaja und bezieht ihn auf die Geburt Jesu, wodurch Maria zur schwangeren Jungfrau wird. Etwas später stellt Lukas schon in großer Ausmalung die Jungfernzeugung dar, und der Evangelist Johannes macht daraus schließlich die gewaltige Wortspielerei vom fleischgewordenen Wort. Nur Markus, der früheste Evangelist, weiß noch nichts davon.

Die Einstellung der Johannesoffenbarung entspricht also der des Markus, und das ist eine der vielen Hinweise auf die Entstehungszeit unseres Textes: Gleichzeitig mit Markus oder eher hat Johannes die Offenbarung geschrieben; also vor dem Jahr 70, auf jeden Fall eher als die übrigen drei Evangelien, die zwischen 85 und 100 (oder 115) entstanden sind. Noch von anderer Seite wird dies bestätigt: In den Paulusbriefen, die die ältesten Dokumente des Neuen Testamentes sein dürften, heißt es, Jesus sei »vom Weibe geboren« (Galater 4,4).

Die Umwandlung des Weibes in eine Jungfrau scheint in der Kirche nach der Abfassung des Kerns der Johannesoffenbarung erfolgt zu sein, möglicherweise jedoch vor der Bearbeitung durch den zweiten Verfasser. Ich habe mich gefragt, warum dieser – oder spätestens der Herausgeber – die entsprechenden Stellen nicht einfach geändert habe und kam zu folgendem Schluß: Die Verse des Johannes sind feinste dichterische Sprache, und diesen Charakter wollten beide späteren Bearbeiter wohl erhalten, denn er galt als Beweis der Echtheit. Es ist aber nicht möglich, das zweisilbige griechische Wort für »Weib« durch das dreisilbige für »Jungfrau« zu ersetzen, ohne die Verse zu sprengen. Die Änderung wäre jedem lyrikgewohnten Zuhörer aufgefallen und hätte das Vertrauen in die Echtheit des Textes erschüttert. Praktisch alle Änderungen am Text des Johannes sind durch Zufügen oder Weglassen ganzer Zeilen oder Verse erfolgt. Allein in Kapitel 12 kommt das Wort »Weib« achtmal vor, und es scheint unmöglich, alle Stellen zu ändern, ohne das Kapitel im ganzen neu zu schreiben. Es scheint sogar, daß die Bearbeiter sich der Vorstellung des Johannes unterordnen mußten: Das Kapitel 12 enthielt ursprünglich nur siebenmal das Wort »Weib«, und derjenige, der Vers 17 anfügte, mußte dasselbe Wort benützen, um nicht die sprachliche Einheitlichkeit zu gefährden.

Die Kirche hat sich später nicht daran gestört, daß hier noch die alte Ausdrucksweise vorliegt, sondern hat das »Weib« mit Maria gleichgesetzt. Und dies ist ein weiterer Grund dafür, daß Maria nicht als Fortsetzung der Hulda oder Freia oder Venus oder Kybele oder Astarte anzusehen ist. Denn die Auffassungen des Johannes und die der katholischen Kirche stimmen hier überein: Maria ist das Weib, sie ist das kostbare Gefäß, in das Gott sein heiliges Wort gegossen hat; sie ist die Trägerin der erlösenden Lehre. Da die Kirche zur Verwalterin der Lehre heranwuchs wie eine Muttergestalt, wurde das Weib zum Sinnbild der Kirche selbst. Auch das hat Johannes vorausgesehen, er stellt es in Kapitel 17 dar.

Diese Wandlung hat hier in Kapitel 12 aber noch nicht stattgefunden, denn das Weib, hier die Lehre von Demut und ewigem Leben, flieht in die Wüste. Auch das ist kein einmaliges geschichtliches Ereignis, sondern ein immerwährender Vorgang. Diese Lehre findet sich nicht an den Höfen der Herrscher, nicht in den Städten und Tempeln, sondern in der Verbannung, bei den Verfolgten. Buße und Besinnung sind die Wege, die zur Erkenntnis führen. Gott selbst schützt seine Diener und seine Lehre, er ernährt sie an den vorbereiteten Orten im Elend. Diese Nahrung ist geistig: Es sind die Visionen und Träume, die Gnadenerlebnisse, mit denen die Gläubigen gestärkt werden. Das währt 1260 Zeiten lang, die gesamte Leidenszeit der Menschheit.

Der Sieg Michaels über den Drachen

7. Und es entbrannte ein Kampf im Himmel:
Michael und seinen Engeln [wurde befohlen],
mit dem Drachen zu kämpfen.

Und [auch] der Drache kämpfte
und seine Engel
8. und siegte nicht;
ihr Platz im Himmel war nicht mehr zu finden.

9. Und hinausgeworfen wurde der große Drache,
die alte Schlange,
die Teufel und Satan heißt,
die die ganze Welt verführt,
und wurde auf die Erde geworfen,
und seine Engel wurden mit ihm geworfen.

Offenbarung 12,7–9

Die ersten sieben Zeilen berichten von der Schlacht der Engel und dem Sieg Michaels, die folgenden sechs Zeilen vom Drachen und seiner Niederlage. Dieses nach strengem Schema aufgebaute Bild ist eine uralte Sage, die selbständig neben dem ersten Teil dieses Kapitels steht. Der Krieg im Himmel ist keine Folge des zuerst beschriebenen Ereignisses, sondern eine parallele Darstellung desselben Gedankens. Im vorigen Bild war der Drache auf die Erde gestürzt und hatte mit seinem Schwanz ein Drittel der himmlischen Lehrer, der Engel mitgerissen. Hier wird nun gesagt, daß der Engelsturz das Ergebnis eines Kampfes war. Johannes konnte die Bilder in so knapper Weise nacheinander bringen, denn sie waren allgemein bekannt und lösten bei den Zuhörern sogleich die Erinnerung an den ganzen Sagenkreis aus, dem sie entstammen. Auch heute noch sind diese Sagen aus mehreren Quellen, hauptsächlich aus der griechischen Mythologie überliefert, die die Künstler seit der Renaissance immer wieder dargestellt haben: der Sturz der Titanen, der Söhne des Himmels und der Erde – Uranos' und Gäas

Albrecht Dürer, Michales Kampf mit dem Drachen

– und ihrer Nachkommen, die in zehnjährigem Kampf dem Herrscher des Olymps, Zeus, und seinen Göttern unterlagen. Zur Bestrafung werden sie im Tartaros festgehalten.

Johannes geht es nur um einige Einzelheiten aus diesem Bild, an denen er die Gültigkeit des neu entstehenden christlichen »Sagenbildes« in einem universalen Sinn zeigen will. Einerseits hebt er die Sonderstellung Michaels als Führer der siegreichen Engelschar hervor und betont damit indirekt die Sonderstellung des Siegers Jesus; und andererseits bringt er die verschiedenen Begriffe des Gegners, jenes anderen Sohnes Gottes, der unterlegen ist und aus dem Himmel geworfen wurde, zu einer einzigen Gestalt zusammen. Aus Schlange, Teufel, Satan und Verführer wird ein einziger Anführer der abtrünnigen Engel, der Drache mit den sieben Köpfen, der in die Zeit geworfen wird.

Jesus hat selbst einmal Bezug genommen auf dieses Sagenbild, als er zu den ausgesandten siebzig Jüngern nach ihrer Rückkehr sagte: »Ich sah den Satan vom Himmel fallen wie einen Blitz« (Lukas 10,18). Der Blitz war im Altertum eine häufige Umschreibung für die Engel. Jesus vergleicht damit die Ausbreitung des Gottesreiches, die gerade durch den erfüllten Auftrag der siebzig Jünger geschehen ist, mit dem Sieg im Himmel und dem Sturz des Satans. Das wird in den folgenden 4 + 3 Zeilen mit einem Preislied im Himmel verkündet:

Himmlische Preisung

10. Und ich hörte eine laute Stimme im Himmel, die sprach:
»Nun ist das Heil und die Kraft
und das Reich unseres Gottes gekommen
und die Herrschaft seines Gesalbten,

weil der Ankläger unserer Brüder verworfen wurde,
der sie verklagte vor unserem Gott
Tag und Nacht.

Offenbarung 12,10

Die vierte Zeile erinnert an Vers 15 des Kapitels 11, wo der zweite Verfasser den Gesalbten eingefügt hatte. Er schrieb dieses siebenzeilige Lied, um eine theologische Ergänzung einzubringen: An die Stelle der himmlischen Streiter Michael und seiner Engel stellt er den Gesalbten und die Brüder; nun kann er den Schaden, den der Satan verursachte, neu begründen: Er bestand in der Verklagung der Gläubigen.

Die Anklage des Drachen muß gerechtfertigt sein, denn eine unberechtigte Klage hätte vor dem unbestechlichen himmlischen Richter keine Chance. Und die Anklage bezieht sich auf die Last an unedlen Taten, Worten und Gedanken, die jeder Mensch, auch der heiligste, im Lauf seines Lebens anhäuft. Sie sind im Schuldbuch der jeweiligen Person verzeichnet und unlöschbar. Nur durch eine Gegenhandlung Gottes kann die berechtigte Anklage unterdrückt werden – durch einen Gnadenerlaß. Als solchen stellt der zweite Verfasser die Machtübernahme des Gesalbten dar. Die Brüder werden frei von der Anklage des aufrührerischen Engels, der nur starre Gesetzmäßigkeit ohne Liebe kennt. Durch die Gnade wird er überwunden. Dadurch wird der Kampf im Himmel, der mit dem Engelsturz endet, als himmlischer Ausdruck der Erlösungstat Jesu gedeutet. Dies ist die Auffassung des zweiten Verfassers, wie sie schon im zweiten Gottesdienst in Kapitel 5 steht.

Ganz ähnliche Gedanken hat der Evangelist Johannes dem von seiner Jüngerschar abschiednehmenden Jesus in den Mund gelegt (Johannes 12,31–32; 14,30; 16,11). Als Entstehungszeit dieses Evangeliums nimmt man heute die letzten Jahre des ersten Jahrhunderts an, die gleiche Zeit also, in der der zweite Verfasser die Weissagungen des Johannes um diese neuen Ideen bereicherte.

In Vers 11, den der Herausgeber später einfügte, wird die neue Lehre weiter ausgebaut; der Inhalt ist mit Vers 7,14 verwandt.

> 11. Und sie haben ihn überwunden durch das Blut des Lammes
> und durch das Wort ihres Zeugnisses.
> Und sie haben ihr Leben nicht geliebt
> bis zum Tod.
>
> *Offenbarung 12,11*

Durch den folgenden Vers, der von Johannes stammt, werden die beiden eingefügten Verse bestätigt, ein »Kunstgriff« der Bearbeiter

12. So freut euch, ihr Himmel
und die, die darin wohnen!
Weh über die Erde und das Meer,
denn der Teufel kam zu euch hinab
und hat großen Zorn,
weil er weiß, daß er nur wenig Zeit hat.
Offenbarung 12,12

Die Freude im Himmel über den Sturz des Drachen ist groß, entsprechend groß ist der Fluch über Mensch und Tierwelt, die nun betroffen sind. Doch ein Gedanke mildert die Schwere der Plage: Es bleibt nur wenig Zeit.

Die Verfolgung des Weibes

13. Und als der Drache sah,
daß er auf die Erde geworfen war,
verfolgte er das Weib,
das den Knaben geboren hatte.

14. Und dem Weib wurden gegeben
die beiden Flügel des großen Adlers,
um damit in die Wüste zu fliegen an den Ort,
wo es ernährt wird
eine Zeit und zwei Zeiten und eine halbe Zeit
fern vom Angesicht der Schlange.

15. Und die Schlange spie aus ihrem Maul
Wasser wie einen Strom nach dem Weibe,
um es im Strom zu ersäufen.

16. Aber die Erde half dem Weib
und tat ihren Rachen auf
und verschlang den Strom,
den der Drache aus seinem Maul gespien hatte.
Offenbarung 12,13–16

Im ganzen 12. Kapitel bringt Johannes Anklänge an antike Sagenbilder mit der Absicht, einen Rahmen für den zweiten Teil seines Buches zu schaffen. Offensichtlich hat er dieses Kapitel erst nach Fertigstellung der anderen Buchteile zum besseren Verständnis seiner Visionen verfaßt und an den Anfang der zweiten Buchhälfte gestellt.

Die vier Verse, in denen Johannes beschreibt, wie das Weib vom Drachen bedroht und durch die Hilfe der Erde gerettet wird, wirken ungewöhnlich für einen Johannestext, stehen aber in Einklang mit der Ausdrucksweise des Alten Testamentes. An der eigenwilligen Beschreibung erkennt man das Bemühen des Johannes, auf den von ihm in seinem Aufruf (18,4) geforderten Auszug der Christen aus Jerusalem einzuwirken und die in die Wüste Geflohenen mit einer frohen Botschaft zu stärken, nämlich mit der Verheißung, daß die Verfolger ihnen nicht wirklich schaden können. Natürlich ist dieser Auszug im Jahre 68–69 nur als Einzelgeschehnis einer Kette von immer wieder notwendigen Rückzügen der verfolgten Gläubigen aufzufassen.

Ein Anklang an das dritte Siegel scheint beabsichtigt, doch wie an entsprechenden Stellen ist auch hier das dritte Siegel nur undeutlich erkennbar. Während der Verfolgung erhält die Gemeinde, die die Lehre von der Auferstehung verwaltet, Adlerflügel – eine Erinnerung an die Gesetzgebung durch Moses am Berg Sinai, wo Gott zu Anfang sagt: »... und ich habe euch auf Adlerflügeln getragen und zu mir gebracht« (2. Mose 19,4). Gott rettet das Volk Israel, indem er es »auf Adlerflügeln« in die Wüste bringt; diese Adlerflügel kennzeichnen den Helfer, den Vollstrecker des göttlichen Willens, den Propheten Moses. In gleicher Weise wird hier das Weib in die Wüste gebracht mit Hilfe der beiden Flügel »des großen Adlers« – nicht ein einzelner Prophet, sondern der prophetische Geist und die Gabe der Weissagung tragen sie. Durch sie wird die Lehre gerettet.

Der geschichtliche Bezug zu bestimmten Reformatoren der Kirche, die wie Propheten wirkten, aber doch nicht im einzelnen als Propheten zu bezeichnen sind – Meister Eckehart, Savonarola, Hutten oder Luther – drängt sich auf.

In der historischen Wüste am Sinai fehlte der Drache. Nun aber beginnt die Verfolgung, indem der Drache einen Strom von Wasser gegen das Weib schießt. Wasser und Ströme symbolisieren Menschenmengen. Wie eine Flut ergießt sich eine unübersehbar große Menschenschar gegen die Verwalterin der heiligen Lehre, aber sie kann dem Weib nichts anhaben, denn die Erde, das große Grab, tut ihren Schlund auf, und die aus Erde Geschaffenen kehren dahin zurück. Da ihnen der lichte Geist fehlt, ist die Mühe des Drachen vergeblich.

In den Augen des Johannes stellt die Bevölkerungsexplosion der Neuzeit kein Problem dar, denn sie wird von der Erde wieder aufgesaugt.

Nur am Rande möchte ich daran erinnern, daß die Sage vom Drachen, der das Neugeborene des Weibes verschlingen will, in vielen heidnischen Religionen zu Hause ist und gerade in der griechischen Mythologie ein schönes Gegenstück besitzt: die Geburt des Apoll. Leto, die Tochter des Titanen Koios, war die Gemahlin des Zeus, bevor dieser Hera zur Frau nahm. In späteren Texten heißt sie Geliebte des Zeus. Als sie gebären wollte, verfolgte sie der Drache Python, so daß sie von Land zu Land irrte, bis sie auf der ziellos herumschwimmenden Insel Delos Schutz fand, wodurch die Insel vier feste Säulen erhielt. Dort brachte sie ihre Zwillinge Apoll und Artemis zur Welt.

Später erschlug Apoll den Drachen Python in seiner Felsenkluft am Parnaß, weshalb das Heiligtum und Orakel von Delphi Apoll geweiht wurde. Es heißt, daß die Pythonschlange nur darum die Geburt vereiteln oder den Knaben sogleich nach der Geburt verschlingen wollte, weil sie wußte, daß sie dereinst von ihm getötet würde.

Statt des Windes, der Leto zur Insel trägt, ist es bei Johannes ein Adler, und das geht auf den oben zitierten Mosetext zurück. Und statt der Zwillinge wird nur ein Knabe geboren, was durch die orientalische Abneigung gegen weiblichen Nachwuchs bedingt scheint. Davon abgesehen ist die Übereinstimmung zwischen den beiden Sagen erstaunlich groß. Sicher war die Verehrung der Leto in Ephesus, wo das größte Heiligtum ihrer Tochter Artemis stand, überragend und von großem Einfluß auf die Offenbarung, die wohl hauptsächlich im Bereich von Ephesus entstanden ist.

Die Umdichtung des griechischen Mythos durch Johannes – man beachte, daß er in diesem zwölften Kapitel nirgends behauptet, daß es sich um eine Vision handele – ist darum als Deutung eines die Zeit überdauernden allbekannten Sinnbildes aufzufassen. Aus der griechischen Leto wurde die Latona der Römer, und von da bis zu »La Donna« und »Madonna« bedurfte es nur eines phonetischen Schrittes. Schon im Jahre 431 wurde Maria, die Mutter Jesu, zur Gottesgebärerin erklärt und die unbefleckte Empfängnis zum Dogma erhoben – auf dem Konzil in Ephesus.

Die Kriegserklärung

17. Und der Drache wurde zornig auf das Weib
    und zog aus zum Streit
    mit den übrigen ihrer Nachkommenschaft,
    die Gottes Gebote halten
    und das Zeugnis Jesu haben.
18. Und er trat an den Strand des Meeres.

Offenbarung 12,17–18

Da der Drache die Lehre nicht ertränken oder verwässern konnte mit dem Aufgebot der großen Menschenzahl, muß er sich nun gegen jeden einzelnen wenden, der die Lehre weiterträgt. Die Nachkommen des Weibes sind die Menschen, die von diesem Weib zum Leben erweckt wurden, die durch die göttliche Wahrheit zum Leben herbeigerufenen Seelen.

Dies ist ein für den Zwischenbearbeiter typischer Gedankengang, der das Bild des Johannes verändert, denn statt des einen Knaben, der für alle Märtyrer steht, hat das Weib nun viele Nachkommen. Kennzeichnend für den Zwischenbearbeiter ist auch die Verwendung des Ausdrucks »Gottes Gebote halten«.

An diese vier Zeilen hängte der Schlußbearbeiter die Zeile vom Zeugnis Jesu an, vielleicht aus rhythmischen Gründen.

Vers 18 wird in manchen Handschriften zum ersten Vers des nächsten Kapitels gerechnet, er stellt den drohenden Auftakt für den Kampf dar, denn das Meer symbolisiert die Geschichte der Menschheit in geistiger Hinsicht; hier ist es der Herkunftsort des Drachen. Dies ist offensichtlich eine sehr späte Anfügung, die einem »Nachbearbeiter« zuzuschreiben ist.

Wenn die Offenbarung auf die beiden Seiten einer Lederrolle geschrieben war, wie es bei den Juden für heilige Texte üblich war und wie auch der Ausdruck von der »inwendig und auswendig beschriebenen Buchrolle« (5,1) vermuten läßt, dann befand sich an dieser Stelle das Ende der Rolle – wenn man nicht das 12. Kapitel zerteilen wollte. Das erklärt, wie der Schlußbearbeiter die letzte Zeile an Vers 17 anhängen konnte, ohne den Text zu stören, und erklärt weiterhin, daß die vom Nachbearbeiter angefügte Zeile (12,18) bald hier, bald am Anfang von Kapitel 13, also vor der ersten Zeile auf der neuen Seite der Rolle stand.

Die zwei Drachen

Kapitel 13, Vers 1– 2 Das Untier mit sieben Köpfen
           Vers 3– 4 Die Bewunderung des Untiers
           Vers 5– 7 Die Lästerung
           Vers   8 Die Anbetung
           Vers 9–10 Der Einweihungsspruch
           Vers 11–14 Die Macht des zweiten Untiers
           Vers   15 Das »Bildnis«
           Vers 16–18 Das Mal des Widersachers

Das Untier mit sieben Köpfen

Kapitel 13 bringt ein weiteres volkstümliches Bild: das Untier mit sieben Köpfen. Schon einmal kurz erwähnt in Kapitel 11, Vers 7 als Feind der Heiligen, wird es hier nun in seiner ganzen Pracht geschildert.

Ursprünglich hatte das Kapitel sieben und sieben, also 14 Verse; in der jetzigen Fassung sind die ersten sieben Verse mit insgesamt dreißig Zeilen (die Anzahl der Schande) als ungestörter Text des Johannes erhalten. Vers 8 dürfte ein Zusatz des zweiten Verfassers sein, die Verse 9 und 10 sind ein alter Spruch aus dem Einweihungswissen, eingefügt durch den Zwischenbearbeiter. Im zweiten Teil des Kapitels sind den von Johannes stammenden 27 Zeilen (drei hoch drei) fünf Zeilen hinzugefügt, die aber den Sinn nur an einer Stelle verändern.

Den ersten Teil des Kapitels kann man in drei Abschnitte aufteilen, wobei die ersten beiden aus je zwei Versen zu neun Zeilen bestehen, während der dritte Abschnitt drei Verse mit insgesamt zwölf Zeilen hat.

> 1. Und ich sah aus dem Meer ein Tier aufsteigen
>   mit zehn Hörnern und sieben Köpfen,
>   und auf seinen Hörnern zehn Kronen
>   und auf seinen Köpfen lästernde Namen.
> 2. Und das Tier, das ich sah, glich einem Panther,
>   und seine Füße denen eines Bären,
>   und seine Schnauze der eines Löwen.
>   Und der Drache gab ihm seine Kraft
>   und seinen Thron und seinen starken Willen.
>
> *Offenbarung 13,1–2*

Johannes sieht aus dem Meer – also aus der Geistesgeschichte der Menschheit – ein Untier aufsteigen, das die Bewohner der Erde in Schrecken und Bewunderung zugleich versetzt. Die zehn Hörner bedeuten weltliche Macht und gehen auf das Vorbild Atlantis zurück, wo zehn Könige die Macht besaßen. In Atlantis – so glaubte man – war der Drache angebetet worden. Die zeitliche Beziehung zu Atlantis wird erst später, in Kapitel 17, näher dargestellt.

Albrecht Dürer, *Der siebenköpfige Drache und das Tier mit den Lammeshörnern*

Die sieben Köpfe dagegen stehen für sieben Religionen (das heißt alle Religionen), denn der Kopf als Sitz des Geistes kennzeichnet die über das Körperliche hinausragenden Bestrebungen. So wie zu den zehn Hörnern zehn Kronen als sichtbares Zeichen politischer Macht gehören, so sind den sieben Köpfen die lästernden Namen zugeordnet, denn durch die Aussagen aller Religionen wird Gott gelästert.

Man hat sich gefragt, wie sieben Köpfe zehn Hörner tragen können. Ich denke, daß vier Köpfe nur je ein Horn, die übrigen drei Köpfe je zwei Hörner tragen; das bedeutet, daß vier Zeitalter von monotheistischen, die anderen drei von dualistischen Religionen bestimmt sind.

Zwischen dem Vorbild des Drachen und dem hier beschriebenen Untier besteht ein Unterschied: Die sieben Köpfe des Drachen trugen je eine Krone, das Untier hat auf seinen zehn Hörnern je eine Krone. Die Macht, dargestellt in der Krone – die zugleich ein Gegenbild zum Siegerkranz der Zeugen ist –, hat sich vom religiösen auf den politischen Bereich verlagert. Auch das ist ein geschichtlicher Vorgang. Dabei ist der Übergang vom Siebenersystem der Religionen zum Zehnersystem der Politiker, zum modernen Dezimalsystem, ohne das heute Herrschaft nicht mehr denkbar ist, ganz offensichtlich. Diese Entwicklung hatte zur Zeit des Johannes gerade eingesetzt, als das römische Reich mit seinem Zehnersystem die Mittelmeerländer prägte.

Mit seiner Beschreibung des Untiers folgt Johannes der Vision des Daniel, die zu seiner Zeit bekannt war; mit Panther, Bär und Löwe nennt er die ersten drei Danieltiere, jedoch in umgekehrter Reihenfolge, womit er wohl die negative, die vernichtende Gewalt ausdrücken will. Der Drachenthron ist ein himmlisches Symbol und Vorbild für den Thron des Lammes in der späteren Bearbeitung.

Die berühmte Vision Daniels, die auch an anderen Stellen auf die Offenbarung eingewirkt hat, soll nun zusammenhängend betrachtet werden.

»Ich, Daniel, sah ein Gesicht in der Nacht. Siehe: die vier Winde unter dem Himmel stürmten gegeneinander auf dem großen Meer. Und vier Tiere stiegen herauf aus dem Meer, alle verschieden voneinander. Das erste [sah aus] wie ein Löwe und hatte Flügel wie ein Adler. Während ich zusah, wurden ihm die Flügel ausgerissen, und es wurde von der Erde aufgehoben, so daß es wie ein Mensch auf zwei Füßen stand; und es wurde ihm ein menschliches Herz gegeben.« *Daniel 7,2–4*

Die vier Winde sind jene Geistwesen, die die Religionen der Menschheit lenken; sie heißen darum auch die »Diener Gottes«. Diese vier Winde lagen im Streit gegeneinander, wie Daniel sagt. Das große Meer symbolisiert die Geschichte der geistigen Entwicklung des Menschen. Aus ihm steigen die vier Tiere hervor, die als Verkörperung der einzelnen Religionen anzusehen sind. Das erste Tier ist das dem Seher am meisten am Herzen liegende Wesen: der Löwe von Juda, die Religion seiner Ahnen. Die Adlerflügel sind Propheten, daß sie ausgerissen wurden, weist auf die Verfolgungen der Propheten hin. Von nun an erhält diese herrliche Religion ein weniger kraftvolles Symbol: den Menschen. Damit wird der »Menschensohn« angekündigt, der Gesalbte. Und das menschliche Herz, das ihm gegeben wird, bezieht sich auf seine Botschaft, den Aufruf zur Nächstenliebe.

»Und siehe: das zweite Tier danach war wie ein Bär; es stand auf der einen Seite und in seinem Maul hatte es unter seinen Zähnen drei große, lange Zähne. Und man sprach zu ihm: ›Steh auf und friß viel Fleisch!‹« *Daniel 7,5*

Mit diesem Tier ist das Heidentum gemeint. Der Bär ist das Tier des alten Nordens. Daß es auf einer Seite steht, drückt die Einseitigkeit seiner Macht aus, denn bei den Heiden waren Politik und Religion getrennt. Drei große lange Zähne, die Waffen des Bären, weisen auf die den Heiden heilige Dreiheit hin, die schließlich zur Dreifaltigkeitslehre der Kirche führte. Der am Schluß stehende Befehl zum Fleischfressen ist eine Kennzeichnung der Mordlust des Bären, er symbolisiert die großen (religiösen) Kriege – insofern ebenfalls Weissagung für eine spätere Zeit, wie der letzte Teil der Beschreibung des Löwen.

»Und nach diesem sah ich, siehe: ein anderes Tier, wie ein Panther, mit vier Flügeln wie ein Vogel auf seinem Rücken; und das Tier hatte vier Köpfe; und ihm wurde Gewalt gegeben.« *Daniel 7,6*

Das dritte Tier ist wieder eine Raubkatze, also dem ersten ähnlich, und es hat auch Vogelflügel. Wir können darum die zweite große monotheistische Religion des Orients darin erkennen: den Islam. Das doppelte Auftreten der Zahl Vier trifft ebenfalls auf den Islam zu, denn mit den vier Köpfen sind die vier Bücher oder Religionen gemeint, die im Islam Gültigkeit haben: Thora (Mosaismus), Sabur (die Weisheit der Sabäer), Evangelium (Jesu Lehre) und Koran (Mohammeds Verkündigung). Die vier Flügel, die der Ausbreitung dienen, sind die vier Kalifen nach Mohammed, die vage den Propheten entsprechen; oder die vier Schulen des orthodoxen Islam: Maleki, Schafeï, Hanbeli und Hanefi. Der letzte Satzteil: »ihm wurde Gewalt gegeben« zeigt die Vereinigung von weltlicher und geistiger Macht an, die ein Kennzeichen des Islam ist.

»Danach sah ich in diesem Gesicht in der Nacht, siehe: das vierte Tier war greulich und schrecklich und sehr stark, und es hatte große eiserne Zähne, fraß um sich und zermalmte [viel], und was übrig blieb, zertrat es mit den Füßen; es war auch ganz anders als die vorigen und hatte zehn Hörner.« *Daniel 7,7*

Damit ist die gottlose Weltanschauung gemeint, der wissenschaftliche Materialismus, auch dieser seiner Form nach eine Art Religion. Doch es ist »ganz anders als die vorigen«, nämlich antireligiös, und es zermalmt die übrigen.

Die zehn Hörner kommen schon in einem früheren Traum Daniels vor, sie sind ein wichtiges Symbol. Das Urbild waren die zehn Söhne Poseidons, die Könige von Platons Atlantis, die in gottloser Weise die Natur verwüsteten und mit ihrem großen Heer die übrigen Länder Europas unterwerfen wollten. In einer gewaltigen Katastrophe wurde ihre Macht gebrochen und ihr Reich vernichtet. Dasselbe Ende wird auch diesem Tier in Daniels Vision geweissagt (7,11).

Die eigentliche Macht der Wissenschaften besteht in ihrer Normierung; die zehn Hörner können als Hinweis auf das Dezimalsystem gedeutet werden.

»Als ich aber die Hörner anschaute, siehe: da brach zwischen ihnen ein anderes hervor, ein kleines Horn, vor dem drei der vorigen Hörner ausgerissen wurden; und siehe: dieses Horn hatte Augen wie Menschenaugen und ein Maul, das große Reden führte.« *Daniel 7,8*

In dem schon erwähnten früheren Traum Daniels standen die zehn Könige für die Uneinigkeit der weltlichen Lehre. Das einzelne kleine Horn hier, das drei andere vernichtet, ist ein Zeichen der Einigkeit. Ich sehe in diesem elften Horn den historischen Kommunismus, die Einigkeit der Arbeiterklasse, die »kleinen Leute«, die die Macht der drei großen »Hörner« zerstört: Adel, Kirche und Bürgertum. Daß es sich um eine staatliche Macht handeln muß, geht aus dem dritten Teil dieses Kapitels hervor, doch könnte theoretisch jede Art staatlicher Gewalt gemeint sein. Meine Deutung wird durch den letzten Teil des Verses bestärkt: Die alles bewachenden Menschenaugen und das Maul, das große Reden führt – nämlich Propaganda –, sind Kennzeichen ideologischer Staaten.

Der zweite Teil bringt in weiteren sieben Versen eine Schilderung des Weltgerichts. »Die Bücher werden aufgetan«, endet Vers 10.

»Ich sah zu wegen der großen Reden, die das Horn redete; und während ich zusah, wurde das Tier getötet, und sein Leib kam um und wurde ins Feuer geworfen. Und die Gewalt der anderen Tiere war auch zu Ende, denn es war ihnen Zeit und Stunde festgelegt, wie lange jedes bestehen sollte.« *Daniel 7,11–12*

Das Ende der Religionen ist beschlossen, doch nur eine von ihnen wird völlig vernichtet: der wissenschaftliche Materialismus. In Vers 13 und 14 tritt der Menschensohn auf und erhält von Gott Gewalt über alle Völker; seine Herrschaft ist unvergänglich.

Im dritten Teil gibt »einer von denen, die dabeistanden«, Daniel eine Erklärung der Vision, vor allem hinsichtlich des vierten Tieres, über das Daniel maßlos erschrocken ist. Daniel fügt selbst noch eine Beschreibung des besonderen kleinen Horns hinzu: »Ich sah das Horn gegen die Heiligen kämpfen, und es besiegte sie.« Erst durch das Gericht erhalten die Heiligen die Herrschaft. Von diesem Horn sagt der »Erklärer«:

»Es wird den Höchsten lästern und die Heiligen des Höchsten bedrängen und wird sich anmaßen, Zeit und Gesetz zu ändern. Sie werden in seine Hand gegeben werden für dreieinhalb Zeiten.« *Daniel 7,25*

Zeit und Gesetze: Darunter verstanden die Juden die Tageszeiten, die Gebetszeiten und die Einhaltung des Sabbat. Heute wird die Zeit durch den Staat festgelegt, indem er mit der künstlichen Sommerzeit bestimmt, wann Mittag oder Mitternacht ist. Und auch der

Siebentagerhythmus wird aufgelöst in der modernen Industriearbeit.

Aus den drei Tieren, die nicht zerstört werden, Löwe, Bär und Panther, ist das Untier bei Johannes zusammengesetzt. Ohne es näher zu sagen, hat er das vierte Tier auf besondere Weise dargestellt: Es ist das Untier selbst. Der Drache, Sinnbild der gewundenen Zeit, verkörpert sich im Untier, dem Symbol der wissenschaftlichen Weltanschauung, die im Messen der Zeit ihre glanzvollste Leistung sieht.

Die Ideologie des Untieres ist tatsächlich aus der der drei vorigen Tiere zusammengesetzt: aus dem Heidentum, insbesondere der griechischen Philosophie, aus dem Islam, der zum Überträger der babylonischen Wissenschaften wurde, sie selbst weiterentwickelte und die europäische Renaissance auslöste, und schließlich aus dem Judentum und der daraus entsprungenen Religion, dem Christentum.

Der Drache überträgt diesem Weltbild seinen starken Willen, sagt Vers 2 im 13. Kapitel der Offenbarung. Der Wille zur Weltherrschaft wohnt dem Drachen inne und treibt die Wissenschaft an, immer neue Lebensbereiche zu erobern.

Die Bewunderung des Untiers

> 3. Und einer seiner Köpfe [sah aus]
> wie tödlich verwundet,
> und die tödliche Wunde heilte [wieder].
>
> Und die ganze Erde bewunderte das Tier,
> 4. und sie beteten den Drachen an,
> weil er dem Tier seinen Willen eingab,
> und sie beteten das Tier an und sagten:
> »Wer gleicht diesem Tier
> und wer kann es bekämpfen?«
>
> *Offenbarung 13,3–4*

Welcher der Köpfe ist »wie tödlich verwundet« und nun wieder geheilt? Der Panther, das heißt der Islam, kann es nicht sein; der Löwe, Juda, fand seine Fortsetzung im Christentum, kann also auch nicht gemeint sein; es bleibt der Bär, das Heidentum (siehe auch Vers 12). Die heidnische Weltanschauung schien tödlich verwundet, als mit dem Untergang des römischen Reiches die Antike versank. Und doch lebte sie wieder auf – in der Renaissance erstand die heidnische Idee aufs neue mit all ihren Mythen und auch mit ihrer Wissenschaft, die im Messen und Wiegen der Natur und im Konstruieren von Maschinen ihren zerstörenden Willen durchsetzte.

Das Preislied auf die Macht des Untiers »Wer gleicht diesem Tier, und wer kann es bekämpfen?« klingt dem Siegeslied des Moses über das Heer des Pharao (2. Mose 15,11) sehr ähnlich. Theologen, denen dies auffiel, störten sich daran, daß das satanische Geistwesen von den Menschen mit den gleichen Worten angebetet wird wie Gott, und sie erklärten dies als List des Tieres, als seine Fähigkeit, die Menschen zu täuschen, was ja den Charakter des Untiers ausmacht. Aber ich sehe wirklich keinen Unterschied zwischen diesen beiden Siegesliedern, und so muß es auch Johannes gemeint haben: als scharfe Kritik an der jüdischen Vorstellung, militärische Erfolge seien ein Sieg Gottes. Denn die Tat des Moses war nur ein militärischer Erfolg, kein geistiger – geistig wäre der Sieg des Moses gewesen, wenn der Pharao und sein Heer fortan den Gottesbegriff des Moses übernommen hätten; statt dessen ertranken sie im Schilfmeer.

Alle hier beschriebenen Riten der Anbeter des Untiers gleichen denen der früheren Religionen, sie sind deutlich nach dem jüdischen Vorbild gestaltet. Doch hierin liegt keine Mißdeutung heiliger Handlungen, keine Verdrehung des eigentlichen Sinnes, sondern die Beobachtung, daß die Vorbilder schon den Keim der Verderbnis in sich tragen. Der Unterschied liegt nicht im Ritus, sondern im Gegenstand des Kultes.

Insofern ist der zu Tode getroffene und wieder geheilte Kopf des Tieres nicht nur Abbild all jener Religionen, in denen ein Gott oder Gottessohn stirbt und wieder aufersteht, sondern auch ihr Vorbild. Auch das erwürgte Lamm, das der zweite Verfasser in die Offenbarung hineinbrachte, ist als eine Erscheinungsform des Untieres anzusehen.

Die Lästerung

5. Und es wurde ihm eine Schnauze gegeben
zu großem Gerede und zum Lästern;
und es erhielt Macht,
42 Monate lang zu bestehen.

6. Und es tat seine Schnauze auf
zu Lästerungen gegen Gott,
seinen Namen und sein Haus zu lästern,
und die, die im Himmel wohnen.

7. Und es wurde ihm bestimmt,
gegen die Heiligen zu kämpfen und sie zu besiegen;
und es wurde ihm Macht gegeben
über alle Stämme und Völker und Sprachen und Nationen.
Offenbarung 13,5–7

Die Wissenschaft wurde selbst zu einer Religion, und nun bekämpft sie die anderen Religionen nicht mehr, sondern bekämpft wie diese die »Heiligen«. Ihre Mittel dazu sind weder Schläge noch Gefangenschaft, weder Feuer noch Giftbecher, sondern Worte, machtvolle Worte, die überall erklingen und alle Völker in ihren Bann zwingen. Dies ist ganz deutlich eine Weissagung des Johannes.

Moderne Theologen haben die Verse 5 bis 7 als spätere Zufügung angesehen, vor allem auf Grund der sprachlichen Analyse: In Vers 5 und 7 kommt je zweimal das griechische Wort edothe (gegeben, bestimmt) vor, und diese Wiederholung sei plump. Aber gerade der zweite Verfasser und Herausgeber zeichnen sich durch eine gewählt lyrische Sprache aus; die starke Wiederholung eines Wortes soll sicher die Deutung beeinflussen.

Hier ist der Gebende oder Bestimmende Gott, während in Vers 2 und 4 der Drache dem Untier seine Macht übergibt, und dies ist keineswegs ein Widerspruch, wie die Kommentatoren es sahen, sondern eines ergänzt das andere. Der Drache handelt aus der Machtbefugnis, die ihm Gott übergeben hat, und legt seine Kraft auf sein Abbild.

Auch dies wird oft als Gegenstück zu jener Machtübergabe von Gott an die Propheten, die in Kapitel 11, Vers 3 steht, angesehen, obgleich es wiederum nur eine Parallele ist.

Die Sprache der Offenbarung malt streng in Schwarzweiß, wobei die unendlich vielen Schattierungen verlorengehen. Auf der einen Seite steht die Gemeinde der Heiligen, auf der anderen das Heer der Ungläubigen; dem Löwen oder Lamm steht das Untier gegenüber, dem Engel Michael der Drache, dem Siegel der Erlösten das Mal des lammähnlichen Untieres und dem Abgrund der Vernichtung die himmlische Stadt. In der Ähnlichkeit der sich gegenüberstehenden Figuren und Werte liegt die Versuchung, die den Menschen zur Entscheidung auffordert.

Das hat dennoch nichts mit einer dualistischen Weltschau zu tun, denn alle sind Geschöpfe Gottes, auch der Satan heißt ausdrücklich »ein Sohn Gottes«. Die Strafe für den Widersacher ist nicht das Dunkel, das als Gegensatz zum Licht anzusehen wäre, sondern das Feuer, das selbst eine Art Licht ist. Da es letzten Endes nur eine einzige Kraft gibt, stellt sich immer wieder die Frage, ob denn alle Kämpfe zwischen dem Bösen und dem Guten nur Scheinkämpfe seien. Doch es geht um den einzelnen und seine Entscheidung, die sein höchstes Gut ist.

Die Anbetung

8. Und alle Bewohner der Erde werden es anbeten,
jeder, dessen Name nicht geschrieben ist
im Lebensbuch des Lammes, das geschlachtet ist,
seit Erschaffung der Welt.

Offenbarung 13,8

In diesem Vers wird die Entscheidungsfreiheit verneint. Es ist eine Zufügung des zweiten Verfassers, erkennbar vor allem an dem Bild des »geschlachteten Lammes« (vgl. 5,6; 5,12), wobei er dasselbe Wort benützt wie Johannes in Vers 3 für das todwunde Haupt des Tieres vom Meer: »erwürgt«. Durch diesen Ausdruck entsteht hier eine verschachtelte Aussage: Die Namen sind ins Lebensbuch geschrieben seit Anfang der Welt. Offensichtlich war dem zweiten Verfasser die Ausdrucksweise des Johannes in Vers 3 und 7, daß alle Völker von dem Untier beherrscht werden, zu kraß, darum nimmt er hier die Versiegelten davon aus. Aber während Johannes etwas Gesehenes beschreibt, spricht der zweite Verfasser von Zukünftigem und verrät sich dadurch als einer, der nicht sah, sondern die Vision auslegt.

Der Einweihungsspruch

9. Wer Ohren hat, der höre:
10. Wenn jemand [andere] ins Gefängnis bringt,
    der geht selbst ins Gefängnis.
    Wenn jemand mit dem Schwert tötet,
    der muß mit dem Schwert getötet werden.
    Hierin liegt die Erwartung und Zuversicht der Heiligen!
    Offenbarung 13,9–10

Der einleitende Satz besagt, daß es sich im folgenden um Mysterienweisheit handelt, daß also nur der den Spruch versteht, der eingeweiht ist. Die anderen werden diese Zeilen für ein Rätsel halten. Darum weichen schon die ältesten Handschriften stark voneinander ab, und die kirchlichen Ausleger haben die verschiedensten Erklärungen und Textkorrekturen angegeben, ohne jedoch den Sinn zu treffen. Am einfachsten schien die fatalistische Deutung nach der alexandrinischen Handschrift: Wer ins Gefängnis soll, der geht hinein – aber dazu paßte der zweite Teil des Verses nicht mehr, der eher an Matthäus 26,52 erinnert und darum nicht so frei verändert werden konnte.

Der Sinn ist jedoch voll erhalten in diesen Worten, und er ist für Eingeweihte durchsichtig: Es handelt sich um das Vergeltungsgesetz, ohne das die göttliche Gnade überflüssig wäre; um Vergeltung im Sinn des Karma der Inder: Jede Tat in diesem Leben bewirkt einen entsprechenden Gegenschlag im nächsten Leben, sei sie gut oder übel. Dieses Gesetz gilt auch dann noch, wenn sich das nächste Leben nicht auf der Erde, sondern in einem geistigen Bereich abspielt.

Ohne die Kenntnis der Wiedergeburtenlehre sind alle Einweihungssprüche unverständlich, vor ihrem Hintergrund werden sie klar: Wer jemanden ins Gefängnis bringt, der ist von da an selbst belastet mit dieser Handlung, und dies wird ganz sicher auf ihn zurückwirken; es könnte sein, daß er das Gefängnis im Geist betreten muß, wie der Drache in Kapitel 20, Vers 2 bis 3. Entsprechend soll der, der mit dem Schwert tötet, auch durch das Schwert umkommen, erst dann hat sich seine Handlung wieder ausgeglichen; fehlt dieser Gegenstoß, dann wird er am Ende aller Tage im geistigen Sinn »getötet« werden.

In diesem Naturgesetz der Vergeltung liegt die Gewißheit aller Märtyrer, schließt der Zwischenbearbeiter, der diesen Sechszeiler schrieb.

Es wurde die Frage aufgeworfen, warum diese Einfügung gerade hier erfolgt sei, wo kein erkennbarer Zusammenhang vorliege. Wie an anderen Stellen könnte ein Bedürfnis nach Symmetrie dazu geführt haben, denn der gleiche Gedanke vom Vergeltungsgesetz war im zwölften Kapitel in Vers 10 eingefügt. Außerdem kann eine stärkere Trennung der beiden Geistwesen beabsichtigt gewesen sein, denn im nächsten Vers tritt das zweite Untier auf.

Die Macht des zweiten Untiers

11. Und ich sah ein anderes Tier von der Erde aufsteigen,
    und es trug zwei Hörner wie ein Lamm
    und redete wie ein Drache.
12. Und es übt alle Macht des vorherigen ersten Tieres aus.

Offenbarung 13, 11–12 a

Das zweite Tier kommt nicht aus dem Meer – der menschlichen Geistesgeschichte –, sondern aus der Erde, dem Reich des Todes. Mit seinen beiden Hörnern gleicht es einem Widder. Dies ist das einzige Mal, daß Johannes das Wort »Lamm« verwendet.

Von diesem Lamm ausgehend, hat der zweite Verfasser als Gegenbild das »Lamm Gottes« geschaffen, und der Herausgeber ist ihm darin gefolgt. So konnten sie das Untier »Lamm« als den »Antichrist« auffassen. Später haben die Kommentatoren bewundert, wie treffend die Gefahr der Verwechslung zwischen Wahrheit und Lüge, zwischen Christ und Antichrist, in diesem Doppelbild zum Ausdruck gekommen sei.

Da aber Johannes das noch nicht beabsichtigt hat, ergibt sich die Frage, woher er das Bild des gottfeindlichen Lammes genommen habe. Welche traditionellen Vorbilder können zu dieser Vision geführt haben? Wie beim ersten Tier ist auch hier eine Vision Daniels die Grundlage gewesen. Sie steht in den ersten 14 Versen des 8. Kapitels im Buch Daniel.

»Im dritten Jahr der Herrschaft des Königs Belsazar erschien mir, Daniel, [wieder] ein Gesicht, nach dem, das mir vorher erschienen war. Ich war in diesem Gesicht im Schloß Susan im Land Elam am Wasser Ulai. Und ich hob meine Augen auf und sah, siehe: vor dem Wasser stand ein Widder, der hatte zwei hohe Hörner, wobei eins höher war als das andere, und das höhere wuchs [zeitlich] am längsten. Ich sah, wohin der Widder mit den Hörnern stieß: nach Westen, nach Norden und nach Süden; und kein Tier konnte vor ihm bestehen noch vor seiner Hand errettet werden, sondern er tat, was er wollte, und wurde [sehr] groß.«   *Daniel 8,1–4*

Wiederum sieht Daniel Tiere als Verkörperungen mächtiger Weltbilder. Diesmal schaut er viel weiter zurück als in der ersten Vision, fast sieht er den Anfang aller geistigen Kämpfe der Menschheit. Der zuerst geschaute Widder mit seinen beiden Hörnern vertritt das dualistische Weltbild, in dem zwei wie Pole einander entgegengesetzte Mächte um die Herrschaft streiten: das Gute und das Böse als selbständige Wesen. Das Horn, das länger wächst, ist die Macht des Guten, die mehr wert ist und länger besteht als die Macht des Bösen.

Im Osten, in Persien, hatte sich die Idee vom Kampf der zwei Gestalten, des Lichtes gegen das Dunkel, sehr früh verbreitet und zum Monotheismus des Zarathustra gesellt, ja, diesen überlagert. Die Lehre vom Dualismus befindet sich auf dem Vormarsch nach Westen, Norden und Süden, wie Daniel erkennt. Nichts kann ihr widerstehen. Da tritt ein anderes Tier auf:

»Und indem ich dies ansah, siehe: ein Ziegenbock kommt von Westen über die ganze Erde her, ohne die Erde zu berühren; und der Bock hatte ein ansehnliches Horn zwischen seinen Augen.«   *Daniel 8,5*

Die andere Lehre, die von der einzigen Geistesmacht, ist später entstanden. Sie kam von Westen und schwebte über die Erde, das heißt: Die Lehre verunreinigte sich nicht. Das einzige Horn, das der Bock zwischen den Augen führt, ist Sinnbild des *einen* Gottes, und es ist ansehnlich, das heißt angenehm, freundlich.

»Und er kam bis vor den Widder, der zwei Hörner hatte [und] den ich stehen sah vor dem Wasser; und er lief in seinem Zorn gewaltig auf ihn zu. Und ich sah dabei, wie er hart an den Widder kam; und er ergrimmte über ihn und stieß den Widder und zerbrach ihm seine beiden Hörner. Und der Widder hatte keine Kraft, um vor ihm bestehen zu können; sondern er warf ihn zu Boden und zertrat ihn, und niemand konnte den Widder vor seiner Hand erretten.«   *Daniel 8,6–7*

Der Ziegenbock ist zornig auf den Widder, denn der einzige Gott ist ein »eifriger Gott«, ein eifersüchtiger Herrscher, der neben sich keine Götter duldet, wie es im ersten Gebot des Moses heißt. Als einzige Macht des Weltalls besiegt er die beiden Hörner des Widders und zertritt den Dualismus. Es handelt sich hier um einen geistigen Kampf, der sich im Innern des Menschen abspielt und der sich in den Äußerungen seines Geistes, in Kunst und Religion, spiegelt. Eine Zuordnung bestimmter historischer Schlachten ist nicht beabsichtigt.

»Und der Ziegenbock wurde sehr groß. Und als er am stärksten geworden war, zerbrach das große Horn, und an seiner Stelle wuchsen vier ansehnliche [Hörner] gegen die vier Winde des Himmels«
Daniel 8,8

Das Weltbild vom einzigen Gott nimmt an Macht zu unter allen Menschen, bis es zu groß wird und in vier »Mächte« zerbricht, das heißt in vier Religionen, die sich aber jetzt gegen die Winde, das heißt gegen die Diener Gottes, stellen also zu Feinden der Wahrheit werden, wenn sie auch in den Augen Daniels und der Menschen »ansehnlich« sind.

»Und aus einem [Horn] wuchs ein kleines Horn; das wurde sehr groß nach Süden und Osten zu und gegen das geliebte Land.«   *Daniel 8,9*

Dieses neue Horn ist zwar klein und weniger wert als die vorigen, doch es gewinnt große Macht, sogar gegen die Heimat der Heiligen. Entstanden ist es aus einem der vier Hörner. Sicher handelt es sich wieder um das vierte Tier, das schreckliche, das Daniel in der ersten Vision so sehr bewegte.

»Und es wuchs bis an des Himmels Heer und warf etliche davon und von den Sternen auf die Erde und zertrat sie.«   *Daniel 8,10*

Wieder taucht hier das Bild vom Engelssturz auf, ohne das eine Erklärung der Frage, wie das Böse in die Welt kam, in der es nur eine einzige (gute) Macht gibt, nicht möglich ist. Das kleine Horn, das die Sterne auf die Erde wirft, ist der Satan oder Drache bei Johannes.

»Ja, es wuchs bis an den Fürsten des Heeres und nahm das tägliche Opfer von ihm weg und verwüstete die Wohnung seines Heiligtums. Aber diese Macht gegen das tägliche Opfer wurde ihm wegen der Sünde gegeben, so daß es die Wahrheit zu Boden schlug und ihm alles, was es anfing, gelingen mußte.«　　　　　　　　　　*Daniel 8,11–12*

Die Zerstörung, die diese Gewalt in der Gemeinde anrichtet, ist unerhört: das tägliche Opfer, das übliche Tagesgebet, wird abgebrochen, und die Wahrheit selbst wird erschlagen.

»Ich hörte aber einen Heiligen reden; und ein [anderer] Heiliger sprach zu dem, der redete: ›Wie lange soll doch währen dieses Gesicht vom täglichen Opfer und von der Sünde, um derentwillen diese Verwüstung geschieht, so daß beide, das Heiligtum und das Heer, zertreten werden?‹ Und er antwortete mir: ›Bis 2300 Abende und Morgen um sind; dann wird das Heiligtum wieder geweiht werden.‹«

Daniel 8,13–14

Daniel handelt oder spricht in dieser Vision nicht selbst, aber seine Gedanken und Ängste finden Ausdruck in den Personen, die er sieht. Ein Heiliger fragt, was Daniel und viele seiner Zeitgenossen so sehr bewegte: Wenn es schon einen genauen Plan für den Ablauf aller Geschehnisse gibt, welches ist dann das Zeitmaß, nach dem alles abläuft? Die Antwort ist dennoch nicht klar, sondern eine Metapher, die nie geklärt wurde, obgleich es an Lösungsversuchen nicht fehlt.

Sinngemäß entsprechen die 2300 Tage den 1260 Tagen des Johannes. Mit der Zerstörung des Heiligtums ist die Zerstörung der – nur geistig sichtbaren – Gemeinde der Heiligen gemeint, nicht die Zerstörung des jüdischen Tempels oder vergleichbare historische Ereignisse. Alle Deutungen, in denen diese Vision auf einzelne politische Geschehnisse bezogen wird, treffen die Aussage nicht.

Darum ist der in den nachfolgenden Versen 15 bis 26 ausgemalte historische Bezug ein späterer Zusatz, wie Vers 27 klar erkennen läßt. Nur der große Gegensatz der beiden Geistmächte ist herauszulesen: Der Antagonismus zwischen dem dualistischen Denksystem, das in Plus-Minus-Begriffen die Welt erfaßt, verkörpert durch den zweigehörnten Widder, der von Osten kommt, und dem Individualismus des abendländischen Menschen, der hier als Bock mit einem Horn gesehen wird.

> Und es bringt die Erde und ihre Bewohner dazu,
> das erste Tier anzubeten,
> dessen tödliche Wunde geheilt war.
>
> 13. Und es tut große Wunderzeichen,
> so auch, indem es Feuer vom Himmel
> auf die Erde vor die Menschen herabfallen läßt.
>
> 14. Und es verführt die Bewohner der Erde durch die Wunderzeichen,
> die es vor dem Tier verrichten darf,
> und es überredet die Bewohner der Erde,
> daß sie ein Bild dem Tier machen,
> das die Schwertwunde hatte und [wieder] lebendig geworden war.
>
> *Offenbarung 13, 12–14*

Das erste Tier im Text des Johannes war der Geist der heidnischen Antike und besonders der vom Sakralen befreiten Wissenschaft der Sumerer und Hellenen. Seine tödliche Wunde war ihm von den »irrealen« Mächten, die im Judentum, Christentum und Islam ihren Ausdruck finden, beigebracht worden, aber das Tier war wunderbarerweise wieder geheilt worden und übt nun große Macht aus. Es veranlaßt seine Anhänger, jene »aufgeklärte« Einstellung zur Natur und dem Kosmos einzunehmen, also die wissenschaftliche Weltanschauung an die Stelle zu setzen, die sonst der Glaube eingenommen hat. Das ist mit Renaissance gemeint; und einer der größten Denker jener Zeit, Agrippa von Nettesheim, hat es dokumentiert: »Der schlichte Glaube an Gottes Wort ist der einzige Weg zur Wahrheit. Die Wissenschaft ist eine trügerische Vorspiegelung des Widersachers Gottes.« (De vanitate scientiarum, Antwerpen 1530).

Was Johannes in Vers 13 mit dem vom Himmel fallenden Feuer gemeint haben mag, ist eine Vision der beiden Weltkriege. Aber noch schlimmer als die physischen Schrecken, die das Tier »Wissenschaft« im Angesicht der Menschen verübt, sind für Johannes die Qualen und Verirrungen, die der menschliche Geist durchmachen muß: die Verführung zum Götzendienst (Vers 13,14).

Johannes war nicht der einzige, der diese Entwicklung voraussah und aussprach. Im 2. Thessalonicherbrief (2,3–4) steht: »Laßt euch von niemandem verführen!... und es wird offenbar der Mensch der Sünde, der Sohn des Verderbens, der der Widersacher ist und sich über alles erhebt, was Gott oder Gottesdienst heißt, so daß er sich in den Tempel Gottes setzt und vorgibt, er sei Gott.«

Der Widersacher setzt sich in den Tempel Gottes – das hat schon Daniel (11,36) gesehen –, er setzt sich in den Glauben des Menschen, in sein innerstes Heiligtum; deshalb kann an einen einzelnen Menschen nicht gedacht sein mit dem Wort »Widersacher«, sondern nur an eine Lehre, eine Ideologie.

In den ersten beiden Briefen des »Ältesten« Johannes ist ebenfalls von einer satanischen Weltanschauung die Rede, hier wird sie Antichrist genannt (Luther sagte Widerchrist). Dieses Wort hat man später auch auf das zweigehörnte Tier vom Land in der Johannesoffenbarung übertragen, was sinngemäß zutrifft. Die Bearbeiter des Buches benutzen dieses Wort noch nicht, sondern prägen ein neues: »Lügenprophet« heißt das zweigehörnte Tier in den Versen, die der Herausgeber einfügt.

Sowohl der Begriff Antichrist des »Ältesten« Johannes als auch der »Lügenprophet« des Herausgebers lassen an eine Person denken und sind von den meisten Kommentatoren auch so aufgefaßt worden. Doch die eben angeführten Zitate aus Daniel und dem Thessalonicherbrief lassen keinen Zweifel daran, daß auch Johannes nur von einer geistigen Macht spricht, wie ja auch seine anderen »Tiere« stets unpersönliche Weltanschauungen beschreiben. (Die vier Reiter machen eine bewußte Ausnahme, denn sie sind als Doppelbilder zu begreifen: Der Reiter verkörpert einen Menschen, sein Pferd ein Geistwesen, das ihn trägt.)

Da das Landtier in der Offenbarung zum Sprachrohr des Meerestieres wird, zum Verkünder dessen, was das Untier fordert, wird damit gesagt, daß sein Kennzeichen die Überzeugungskraft ist. Mit diesem Mittel bewirkt es die Anbetung der Wissenschaft und alles dessen, was sie ermöglicht.

Betrachtet man die Ausdrücke aus dem Nachrichtensystem und dem Showgeschäft, dann heißt es »anrufen«, auch wenn dieser Ausdruck nicht mehr so stark wie das früher geübte Anrufen Gottes ist, oder anbeten: Man hat sich daran gewöhnt, daß die »Fans«, Fanatiker, ihre Idole, also die Götzen, »anbeten«, daß einer »Diva«, einer »Göttlichen«, »die Männer zu Füßen liegen« usw.

Das »Bildnis«

15. Und es erhielt die Kraft, das Bild des Tieres zum Leben
zu erwecken,
so daß das Bild des Tieres auch redete:
und es machte, daß jeder getötet wurde,
der das Bild des Tieres nicht anbetete.   *Offenbarung 13,15*

Es ist ein Kennzeichen echter Prophetie, wenn diese Verse zu allen Zeiten in eigener Weise verstanden wurden und zu verantwortungsbewußtem Verhalten aufgerufen haben. Die frühen Christen sahen in dem Götzenbild des Untiers das Standbild des Kaisers, vor dem sie die Knie beugen und opfern mußten, wenn sie nicht zum Tod in der Arena verurteilt werden wollten. Die aufrechten Männer im Mittelalter und der Renaissance, die den Glauben erneuerten, sahen im Kreuz der katholischen Kirche das Bild des Untiers, das anzubeten ihnen ein Greuel war. Der Text des Johannes ruft ganz allgemein zur Entscheidung gegen den Götzendienst auf. Dennoch haben jene früheren Götzen eine Bedingung, die immer wieder von den Propheten gefordert wurde, nämlich daß die Bilder lebendig sind und sprechen können, nie erfüllt. Erst mit den Erfindungen unseres Jahrhunderts, dem Film und Fernsehen, ist die Vorausschau des Johannes Wirklichkeit geworden, damit gleichzeitig die Warnung der Offenbarung wichtiger denn je. Denn wenn auch niemand getötet wird, so ist der Anspruch der Medien auf absolute Gültigkeit doch so überzeugend, daß er fast alle Menschen erreicht. Die Ablehnung des römischen Kaiserkultes oder des christlichen Götzendienstes verlangte zu jeder Zeit Mut und ethische Größe, war aber allen Gläubigen klar. Erst heute besteht Unklarheit hinsichtlich der Propaganda des Untiers. Wer sich dem allmächtigen Informationsrausch nicht unterwirft und die Wundertaten der Technik nicht anbetet, stellt sich soweit außerhalb der Gesellschaft, daß sein Überleben gefährdet ist. Das will Vers 15 besagen.

Das Mal des Widersachers

16. Und es veranlaßt, daß alle,
    die Kleinen und Großen,
    die Reichen und Armen,
    die Freien und Sklaven,

    ein Mal nahmen an ihre rechte Hand
    oder an ihre Stirn,
17. und daß niemand kaufen oder verkaufen kann,
    der das Mal nicht trägt,
    den Namen des Tieres oder die Zahl seines Namens.
18. Hierin liegt Weisheit!
    Wer Verstand hat, bedenke die Zahl des Tieres,
    denn es ist eine Menschenzahl.
    Und seine Zahl ist 666.

Offenbarung 13,16–18

Vers 16 war ursprünglich viel kürzer, er lautete: »Und es veranlaßt alle [Menschen], ein Mal zu nehmen an ihre rechte Hand oder an ihre Stirn.« Die drei eingeschobenen Zeilen, in denen »alle« überflüssigerweise näher bezeichnet werden, stammen vom Herausgeber.

Was ist das für ein Mal, das zum Leben in der Gesellschaft nötig ist? Es steht im Gegensatz zum Stirnsiegel der Knechte Gottes, das Erlösung anzeigt (Kapitel 7). Das Mal des Untiers wird an Stirn und Hand angebracht. Dieses Mal beherrscht das Denken und Handeln, während das nur auf der Stirn erscheinende Siegel der Gläubigen die rein geistige Einstellung anzeigt. Die Gläubigen kämpfen nicht mit Waffen, sondern mit Gebet und Duldsamkeit.

Vers 18 birgt eines der berühmtesten Zeichen oder Geheimnisse der Offenbarung; nach den vier Reitern des sechsten Kapitels und der Himmelskönigin von Kapitel 12 wird dieser Vers am häufigsten zitiert. Die geheimnisvolle Zahl 666 wurde fast gleichbedeutend mit der Apokalypse.

Der Versanfang läßt erkennen, daß hier nicht Johannes spricht, denn alle anderen Zeilen der Offenbarung, die die Formel »hierin liegt« enthalten, gehören zu Sprüchen, die von den ersten beiden Bearbeitern eingeschoben wurden. Während der Zwischenbearbeiter bei seinen beiden mit »hierin liegt« beginnenden Zeilen auf die Erwartung der Heiligen hinweist (13,10; 14,12), stammt die Zeile hier und in Kapitel 17, Vers 9 vom zweiten Verfasser.

Auch die dritte Zeile scheint eine Zufügung zu sein. Ein ähnlicher Ausdruck steht im Text des Herausgebers in Kapitel 21, Vers 17: »nach Menschenmaß«. Außerdem ist dies hier eine der typischen erklärenden Zeilen, die für Johannes undenkbar sind, denn er glaubte, sein Buch in klarer Sprache abgefaßt zu haben, die keinerlei Erklärungen nötig hat.

Der zweite Teil des 13. Kapitels enthielt somit ursprünglich die formvollendete Anzahl von 3^3, also 27 Zeilen.

Die zugefügte dritte Zeile hat allerdings die meisten Ausleger irregeführt, so daß sie immer wieder eine Beziehung zwischen dem Untier und einem Menschen, sei er ein blutdürstiger Herrscher oder ein Ketzer, hergestellt haben. Der Herausgeber hatte das mit seiner Zufügung nicht im Sinn, er wollte nur betonen, daß diese Zahl keinen himmlischen Symbolwert hat, sondern vom menschlichen Verstand erfaßbar ist.

Es ist von der ganzen Art des Offenbarungsbuches her ausgeschlossen, daß mit dem »Widerchrist« eine einzelne Person oder ein Amt bezeichnet sei, auch nicht das des römischen Kaisers oder des katholischen Papstes.

Der letzte dieser Vorschläge taucht immer wieder in der Literatur auf, seit Joachim von Fiores Buch »Ewiges Evangelium« aus dem 13. Jahrhundert. Darum sei hier kurz jene Zahlenspielerei erwähnt: Die Inschrift auf der Tiara des Papstes lautet VICARIVS FILII DEI, zu Deutsch: »Stellvertreter des Sohnes Gottes«. Da die römischen Zahlen gleich Buchstaben sind (I = 1, V = 5, X = 10, L = 50, C = 100, D = 500 und M = 1000), läßt sich diese Inschrift hinsichtlich ihres Zahlenwertes berechnen, indem man diejenigen Buchstaben, die römischen Zahlzeichen gleichen, zusammenzählt, die übrigen fallenläßt. Das ergibt die Zahl 666. Doch das ist nicht mehr als ein scharfer Witz, der dem, der ihn verbreitete, Kerker und Feuertod eintrug.

Auch die anderen Versuche mit römischen Zahlen ergeben keine sinnvolle Lösung des Rätsels. Man hat zum Beispiel angeführt, daß die Reihenfolge aller römischen Zahlen – außer dem M – in fallender Ordnung DCLXVI = 666 ist.

Abgesehen davon, daß es sich grundsätzlich nicht um eine Person handelt, ist dabei auch ganz außer acht gelassen worden, daß der Text der Offenbarung in Griechisch verfaßt ist und die Rätselzahl Χ ξ ζ lautet, also 600, 60, 6.

Die meisten Lösungsversuche gingen davon aus, daß mit dem Mal, ohne das man nicht kaufen oder verkaufen kann, Münzgeld gemeint sei; dann schlossen sie auf den Namen eines Kaisers, der stets auf den römischen Münzen prangt.

Alle diese Überlegungen gehen von einem vorhandenen Namen oder Begriff aus, um ihn durch die Zahl 666 zu bestätigen. Wir müssen umgekehrt vorgehen, also von der Zahl 666 aus zu einem Sinn gelangen.

Betrachten wir die Zahlen Sechs, Sechzig und 600 hinsichtlich ihrer Bewertung. Alle Kommentatoren sind sich darin einig, daß Sechs die Zahl der Unvollkommenheit ist, weil Sieben für das Vollkommene steht. Während die aus dem atlantischen Kulturbereich stammende Hochschätzung der Sieben schon in den Anfängen Israels anzutreffen ist, wurde das jüdische Volk erst im babylonischen Exil mit der Sechs als Grundlage eines anderen Rechensystems vertraut. Das Standbild Nebukadnezars, das alle Einwohner – unter Androhung der Todesstrafe – anbeten mußten, war sechzig Ellen hoch und sechs Ellen breit (Daniel 3), denn im Zweistromland wurde alles mit sechs oder seinem Vielfachen (Dutzend = 12, Schock = 60, Gradeinteilung des Kreises = 360) gemessen. In diesem Sinn stellt 666 oder 600, 60, 6 als dreifache Steigerung den Inbegriff der Denkweise der Babylonier, ihrer magischen Wissenschaft, für die Juden dar. Die Zahl Sechs erhielt zusätzlich zu dem Makel, daß ihr eins bis zur vollkommenen Sieben fehlte, die Bewertung »unrein«, verhaßt, widergöttlich.

Aber inwiefern ist das ein Zeichen, und was bedeutet es für uns heute?

Jene Wissenschaft, die in Babylon vor allen anderen Künsten entwickelt und am höchsten verfeinert worden ist, ist die Zeitmessung, und zwar auf Grund der Sternkunde. Der Drache ist das Sinnbild der Zeit bei allen Völkern; sein gewundener Schwanz verkörpert die wiederkehrenden Rhythmen des Zeitablaufs. Diese Rhythmen wurden bei den Babyloniern in Einheiten von je sechs gemessen.

Wir haben diese Aufteilung bis heute beibehalten, obgleich wir in praktisch allen anderen Bereichen – außer bei der Gradeinteilung, die ebenfalls auf einem Zeitmaß beruht: 360 Tage sind rund ein Jahr – das Dezimalsystem eingeführt haben. Wir rechnen: sechsmal zehn Sekunden ist eine Minute, sechsmal zehn Minuten ist eine Stunde, sechsmal vier Stunden ist ein Tag.

Die Uhr wurde zum universellen Instrument der Zeitmessung. Der arabische Kalif Harun Raschid, Nachfolger der babylonischen Reichtümer und Wissenschaften, ließ Karl dem Großen unter anderen Geschenken eine Uhr überbringen, die ihn und seinen Hof in höchstes Staunen versetzte. Heute bewundert kaum noch jemand dieses Zauberwerk des menschlichen Geistes, denn fast jeder trägt heute eine Uhr am Arm. Sie wurde zu mehr als nur einem nützlichen Instrument der Tageseinteilung: zum Symbol unserer Zeit.

Alle unsere Handlungen und Gedanken werden vom Zeitmaß beherrscht. »Niemand kann kaufen oder verkaufen«, wenn er nicht die genauen Geschäftszeiten kennt und einhält.

Das Untier, sagt Johannes, bringt alle dazu, ein Mal an der rechten Hand oder am Kopf, also in Gedanken, zu tragen, und keiner kann mehr handeln, kaufen oder verkaufen, wenn er dieses Mal nicht trägt, wenn er den Namen des Tieres »Zeit« nicht weiß oder die Zahl seines Namens nicht kennt – also den genauen Zeitpunkt. Und das Kennzeichen dieses Mals ist die Zahl 6–6–6.

Konnte Johannes seine Vision vom Phänomen »Uhr« genauer ausdrücken als in diesen genialen Versen? Eine Deutung dieses Gleichnisses ist erst in unserem zeitgehetzten Jahrhundert möglich.

Dazu paßt Daniel (12,4): »Verbirg diese Worte und versiegele die Schrift bis zur letzten Zeit; dann werden viele darauf kommen und großen Sinn darin finden.«

Die Ernte auf der Erde

Kapitel 14, Vers 1– 5 Das neue Lied
           Vers 6– 7 Der prophezeiende Engel
           Vers   8 Der zornige Engel
           Vers 9–12 Der warnende Engel
           Vers   13 Die Seligpreisung
           Vers 14–20 Die Zeit der Ernte

Das neue Lied

In den ersten fünf Versen beginnt wieder ein himmlischer Gottesdienst; vermutlich ist er das Werk des zweiten Verfassers, denn hier singen die Erlösten das neue Lied vor dem Thron und den Wesen und Ältesten, während beim Herausgeber (5,9) die Throngestalten selbst das neue Lied singen. Der erste Teil von Vers 2 wird Originaltext des Johannes sein, denn die Himmelsstimme gehört zu seinen Visionen. Er steht an richtiger Stelle noch einmal in Kapitel 19, Vers 6.

> 1. Und ich sah, und siehe: das Lamm stand auf dem Berg Zion,
> und mit ihm 144 000,
> die hatten seinen Namen und den Namen seines Vaters
> auf ihre Stirn geschrieben.
>
> 2. Und ich hörte eine Stimme vom Himmel
> wie das Rauschen von vielem Wasser
> und das Grollen von lautem Donner.
>
> Und ich hörte Harfenklänge wie von Harfenspielern,
> die auf ihren Harfen spielen.
> 3. Und sie singen ein neues Lied vor dem Thron
> und vor den vier Tiergestalten und vor den Ältesten.
>
> Und niemand konnte das Lied lernen,
> außer den 144 000,
> die von der Erde hinweg erkauft sind.
> 4. Diese sind es, die sich mit Weibern nicht befleckt haben,
> denn sie sind jungfräulich [rein].
>
> Diese folgen dem Lamm nach, wohin es geht.
> Diese sind aus der Menschheit erkauft
> als Erstlinge für Gott und das Lamm.
>
> 5. Und in ihrem Munde wurde keine Lüge gefunden.
> Sie sind untadelig.

Offenbarung 14,1–5

Ab Vers 4 scheint der Text durch mehrere Einfügungen gestört zu sein, vor allem die ersten beiden Zeilen verlangen eine Erklärung.

Sie stammen sicher vom Herausgeber, weil das »denn« wie in anderen Zeilen des Herausgebers falsch steht; es müßte nämlich umgekehrt lauten: »Diese sind rein, denn sie haben sich mit Weibern nicht befleckt.« Durch die Umstellung will der Herausgeber sagen, daß die Reinheit Ursache, nicht Wirkung ihrer Unbeflecktheit ist; das ist seine theologische Ansicht. Da wir seine Einstellung zur sexuellen Frage schon aus der Botenrede an die Nikolaiten (2,6) kennen, wissen wir, daß hier nicht im wörtlichen Sinn von sexueller Reinheit die Rede ist, sondern – wie an vielen anderen Stellen in der Bibel – von der Reinhaltung des Glaubens: Begriffe wie Hurerei und Befleckung stehen für den Götzendienst. Damit ist nachträglich ein Anschluß ans vorige Kapitel hergestellt: Die Erlösten sind daran zu erkennen, daß sie keine fremden Götter, vor allem nicht das Bild des Untiers, anbeten.

Außer Vers 2 ist auch Vers 5 zum Originaltext zu rechnen, allerdings dürfte dieser Zweizeiler nach den drei »anderen« Engeln gestanden haben.

Der prophezeiende Engel

Die folgenden 15 Verse – außer Vers 12 – gehen auf einen Text des Johannes zurück, doch sind die Verse 8 bis 11 vom Herausgeber umgeschrieben. Die ersten sieben Verse bringen die Verkündung des Gerichtes, die zweiten sieben seinen Vollzug.

6. Und ich sah einen anderen Engel durch die Mitte des
    Himmels fliegen,
  der hatte eine beständige Botschaft
  denen zu verkünden, die auf der Erde sitzen,
  jeder Nation und Stamm und Sprache und Volk.
  Und er ruft mit lauter Stimme:

7. »Fürchtet Gott und gebt ihm die Ehre,
  denn die Stunde seines Gerichts ist gekommen!
  Und betet den an, der [alles] geschaffen hat: Himmel und
    Erde
  und Meer und die Wasserquellen!«

Offenbarung 14,6–7

Der »andere« Engel ist der zweite Engel, also dem zweiten Siegel zuzuordnen. Daß in Vers 8 und 9 auch der nächste und übernächste Engel »anderer« heißt, dürfte durch den Herausgeber, der diese Verse umschrieb, in Angleichung an Vers 6 geschehen sein. Da er ganze Kapitel umgestellt hatte, muße er diese Angleichung vornehmen.

Mit der Wortwahl in Vers 6 und 7 wird auf das zehnte Kapitel Bezug genommen, wo der »andere starke Engel« auftritt. Das »Fliegen« kommt nur dem Adler, der zweiten Throngestalt zu, und die gewaltige Botschaft ist eine letzte Ankündigung des Gerichtstags. Sie klingt wie ein Koranvers. Wieder wird betont, daß sich diese Botschaft an alle Völker und Sprachen wendet – wie der Islam – und daß sie beständig ist wie die Reden des Propheten Mohammed, die im Gegensatz zu anderen prophetischen Aussagen buchstabentreu erhalten blieben. Die Himmelsmitte zeigt den Süden an und weist damit auf Arabien hin.

Es ist außerdem eine Besonderheit, daß dieser Engel »fliegt«, was uns nur darum nicht bewußt wird, weil wir uns die Engel nach heidnischem Vorbild mit Flügeln vorstellen. In der Bibel fliegen die Engel nicht; außer an dieser Stelle fliegt nur noch im hebräischen Text des Buches Daniel (9,21) Gabriel herbei; er ist ja der »zweite« Engel, der dem Adler des Johannes entspricht. Auch bei Johannes fliegen sonst nur Vögel, eben jener Adler (8,13), der die drei Wehe ankündigt.

So haben wir hier wohl wieder eine Parallele zu den drei Wehe-Engeln, eine vergeistigte Anschauung vom zweiten, dritten und vierten Reiter. Der Herausgeber, der die nun folgenden vier Verse umgearbeitet hat, wollte diese Deutung unterdrücken, die der Zwischenbearbeiter gerade erst hervorgekehrt hatte, indem er einzeln auf die drei Wehe hinwies.

Der zornige Engel

Der nun auftretende »andere zweite« Engel ist das zweite Wehe, der dritte Thronengel des ursprünglichen Textes, der durch die Verschiebung der zweiten Gestalt auf den vierten Platz – in Kapitel 4 – tatsächlich zweiter Engel in der heutigen Gestalt des Buches heißt.

8. Und ein anderer zweiter Engel folgte ihm und sprach:
»Sie ist gefallen, gefallen ist Babylon, die große [Stadt],
die mit dem Zorneswein ihrer Unzucht
getränkt hat alle Völker.«

Offenbarung 14,8

Hier sind zwei Zitate (Jesaja 21,9; Jeremias 51,7) miteinander vereinigt, allerdings durch den Herausgeber leicht verändert. Die Erwähnung Babylons, das erst in Kapitel 17 eingeführt wird, ist an dieser Stelle noch unverständlich.

Man ahnt aber im Bild des »zornigen« Engels die Vorschau auf einen Reformatoren, der gegen die Verdorbenheit der Religion antritt, wie schon beim dritten Reiter gesagt.

Der warnende Engel

Spürbar ist auch die Neugestaltung der nun folgenden Rede des »anderen dritten« Engels, der also dem dritten Thronengel der heutigen Buchform entspricht, genauer gesagt dem dritten Wehe. Doch der letzte Hinweis auf dieses Wehe, das ja seit Kapitel 11, Vers 14 immer noch erwartet wird, ist hier durch die Neugestaltung ausgeschieden worden.

9. Und es folgte ihnen noch ein anderer dritter Engel
und sprach mit lauter Stimme:
»Wenn jemand das Tier anbetet und sein Bild
und nimmt das Mal auf seine Stirn
oder auf seine Hand,

10. der wird auch vom Wein des Zornes Gottes trinken,
unverfälscht eingeschenkt im Kelch seines Zornes,
und wird gequält werden mit Feuer und Schwefel
vor den Heiligen, den Engeln und dem Lamm.

11. Und der Rauch ihrer Qual steigt auf für alle Zeit.
Und sie haben keine Ruhe bei Tag und bei Nacht,
die das Tier anbeten und sein Bild,
und wer das Mal seines Namens annimmt.«

12. Hierin liegt die Erwartung der Heiligen,
    die Gottes Gebote halten
    und den Glauben an Jesus.

Offenbarung 14,9–12

Der angehängte zwölfte Vers – ohne die später angefügte letzte Zeile – entspricht der grausamen Gemütsverfassung des Zwischenbearbeiters, auch in der Wortwahl. Er läßt vermuten, daß die unmittelbar vorausgehenden Zeilen anders gelautet haben, wenn auch der Sinn etwa derselbe gewesen sein muß.

Der Text dieser Engelsrede ist durch den Herausgeber erweitert worden. Zu dem Zitat nach Jesajas (51,17) in der ersten Zeile von Vers 10 fügt er ein ähnliches Zitat, das aus Psalm 75,9 genommen ist.

Im Johannestext gehört die Qual mit Feuer und Schwefel zur sechsten Posaune und trifft alle Menschen in unserem jetzigen Zeit-Raum-System als irdische Qual. Hier beschreibt der Herausgeber aber die Strafe, die die Götzendiener nach dem Gericht, im Jenseits, zu erwarten haben. Für Johannes war es undenkbar, daß die bestraften Seelen »ewig« leben – diese Eigenschaft kommt nur Gott und den von ihm belohnten Geistern zu. Als Gegensatz zur Schöpfung, auch der neuen Schöpfung nach dem Jüngsten Tag, steht bei Johannes die Vernichtung, und das kann kein immerwährendes Feuer sein.

Der Ausdruck »sie finden keine Ruhe bei Tag und bei Nacht« steht bei Johannes im ersten Gottesdienst (4,8), wo er eine Eigenschaft der himmlischen Wesen beschreibt: das »ewige« Leben. Die Verwendung dieses Bildes für das Gegenteil zeigt den großen Abstand zwischen Herausgeber und Urheber in theologischer Hinsicht und läßt auch hier wieder die Absicht des Herausgebers offensichtlich werden: Er will die beiden Gegner, Gläubige und Ungläubige, in ihrer äußeren Gestalt bis zum Verwechseln einander angleichen.

Die Prophezeiung, die Heiligen und Engel müßten die Qual der Verdammten mit ansehen (10d), scheint noch nach dem Herausgeber geschrieben zu sein, ebenso das am Ende angefügte Lamm; darum weichen die Handschriften hier voneinander ab, und in einigen Bibelausgaben liest man »heilige Engel«.

Aus den letzten beiden Zeilen von Vers 11, die eine Wiederholung des gerade in Vers 9 Gesagten sind, wird ersichtlich, daß sich der Herausgeber an eine vorliegende feste Form von fünf, vier und vier Zeilen halten mußte, als er diese Verse neu schrieb. Das besagt aber nicht, daß schon Johannes hier eine Rede des letzten Engels hingesetzt hat. Vielleicht stand hier eine Handlung wie in Kapitel 18, wo ebenfalls die ersten beiden Wehe-Engel sprechen, der letzte aber nur eine zu seiner großen Geste passende abschließende Feststellung ausspricht. Da der letzte Engel vom vierten Thronwesen regiert wird, hat er keine prophetische Sendung. Durch sein Auftreten allein verführt er die Menschen, vom Zornwein Gottes zu trinken und ihm in den Abgrund zu folgen.

Die Seligpreisung

Im nun folgenden Vers 13 findet sich ein Anklang an das fünfte Siegel:

> 13. Und ich hörte eine Stimme vom Himmel sprechen:
> »Schreibe! Selig sind die Toten,
> die im Herrn sterben von nun an.
> Ja, der Geist spricht, daß sie von ihrer Mühe ausruhn,
> weil ihnen ihre Taten folgen und mit ihnen sind.«
> *Offenbarung 14,13*

Der neuerliche Befehl zum Schreiben läßt erkennen, daß diese Seligpreisung nicht von Johannes selbst stammt. Sie gilt für die Endzeit nach dem vierten Siegel, wenn die Zeitspanne bis zum Gericht so kurz geworden ist, daß die Gläubigen, »die im Herrn sterben«, nicht mehr wiedergeboren werden, sondern – wie Daniel – ausruhen. Das dürfte zur Naherwartung des Zwischenbearbeiters passen.

Die letzten beiden Zeilen fügte wohl ein später Bearbeiter hinzu, der die für die Offenbarung ungewöhnliche Form des Dialogs wählte, um wieder an das Vergeltungsgesetz zu erinnern, das sich in den Auswirkungen der menschlichen Taten zeigt. Für die Gläubigen wird es eine süße Last sein, die zur Ruhe einlädt, womit er wörtlich an das fünfte Siegel (6,11) anschließt.

Die Zeit der Ernte

14. Und ich sah, und siehe: eine weiße Wolke,
    und auf der Wolke sitzend einen, der aussah wie ein Menschensohn.
    Auf seinem Haupt trägt er einen goldenen Kranz
    und in seiner Hand eine scharfe Sichel.

15. Und ein anderer Engel trat aus dem Tempel
    und rief mit lauter Stimme dem auf der Wolke Sitzenden zu:
    »Sende deine Sichel aus und ernte,
    denn die Stunde zum Ernten ist gekommen,
    da die Ernte der Erde reif geworden ist!«

16. Und es schickte der, der auf der Wolke saß,
    seine Sichel auf die Erde;
    und die Erde wurde geerntet.

17. Und ein anderer Engel trat
    aus dem Tempel im Himmel,
    der hatte auch eine scharfe Sichel.

18. Und ein anderer Engel trat vom Altar hervor
    – er hatte die Macht über das Feuer –
    und rief mit lauter Stimme
    dem zu, der die scharfe Sichel trug, und sprach:

    »Sende deine scharfe Sichel aus
    und schneide die Trauben am Weinstock der Erde,
    weil seine Beeren reif geworden sind.«

19. Und der Engel schickte seine Sichel auf die Erde
    und schnitt die Trauben der Erde
    und warf [sie] in die große Kelter des Zornes Gottes.

20. Und die Kelter wurde draußen vor der Stadt getreten,
    und das Blut aus der Kelter stieg bis an die Zügel der Pferde
    1600 Stadien weit.

Offenbarung 14,14–20

Die ersten drei Verse beschreiben einen abgeschlossenen Erntevorgang, ebenso die zweiten vier Verse. Dennoch handelt es sich nicht um zwei verschiedene Handlungen, sondern nur um zwei parallele Beschreibungen desselben Ereignisses. Beide Male wird ein Engel mit scharfer Sichel vorgestellt, dem ein anderer Engel, der aus dem Tempel oder dem Altar hervortritt, den Befehl zur Ernte gibt.

Mit dem Begriff »Ernte« war seit vielen Jahrhunderten in der Sprache der Propheten die Vernichtung der Menschheit, der Jüngste Tag, gemeint. Das Vorbild dazu steht im Buch des Propheten Joel (4,13), wo der Spruch allerdings schon wie ein Zitat aus einem anderen Buch klingt, das Joel und einigen anderen Propheten seiner Zeit bekannt, aber schon damals verschollen war. »Sendet die Sichel her, denn die Ernte ist reif; kommt herab, denn die Kelter ist voll und die Kufen laufen über, denn ihre Bosheit ist groß!« Der Nachsatz, der das Reifwerden der Ernte und das Überlaufen der Fässer mit der übergroßen Bosheit der Menschen verbindet, wird wohl die persönliche Deutung Joels sein, die ihn veranlaßte, den alten Spruch zu zitieren.

Der Anfang des 63. Kapitels des Jesaja-Buches ist aus derselben Quelle entstanden. Die sechs Verse sind höchst eindrucksvoll, sie geben wohl eine Vision wieder. Die Offenbarung nimmt mehrfach Bezug auf sie: Ein mit herrlichen Kleidern geschmückter Mann von großer Kraft, ein Lehrer der Gerechtigkeit und Meister der Hilfe, tritt die Weintrauben in der Kelter mit seinen Füßen, so daß der rote Traubensaft sein Gewand färbt – und diese Trauben sind die Völker der Erde, der Saft ist ihr Blut, das auf die Erde verschüttet wird, und der zornige Mann, der keinen Helfer hat, spricht: »Ich habe mir einen Tag der Rache vorgenommen; das Jahr, die Meinen zu erlösen, ist gekommen« (Jesaja 63,4).

In beiden Vorbildern ist nur von der Traubenernte die Rede, die »Sichel« bezeichnet auch das Winzermesser. Wegen der Verdoppelung der Beschreibung in der Offenbarung haben die meisten Kommentatoren die erste Ernte als Kornernte und die zweite als Weinernte interpretiert, weil das auf die beiden Abendmahlsartikel Brot und Wein hinweist, von denen Johannes allerdings – nach Meinung derselben Ausleger – noch nichts wissen konnte, da das Abendmahl erst im zweiten Jahrhundert in dieser Form eingeführt wurde.

In unserem Text ist von Getreide nicht die Rede. Geerntet wird in der ersten Beschreibung die Erde als Ganzes, in der zweiten der Weinstock der Erde, womit die Menschheit gemeint ist.

Die Ernte ist der schreckliche Gerichtstag, sie ist eine Aufgabe des Messias in allen jüdischen, christlichen und islamischen Vorstellungen. Darum ist es ganz selbstverständlich, wenn im ersten der auftretenden Ernteengel Christus erkennbar ist, das erste Siegel. Hier sitzt er auf einer weißen Wolke statt auf weißem Pferd, denn »er kommt mit den Wolken«, wie schon der in Kapitel 1, Vers 7 eingeschobene Spruch ankündigt. Sein Überwinderkranz ist golden, und nach dem Vorbild Daniels (7,13) sieht er aus wie »ein Menschensohn«.

Dennoch lehnen moderne Theologen es ab, in diesem ersten Engel Christus zu erkennen. Ihr Christus ist so hoch erhaben über alle Wesen, auch über die Engel, daß er »höchstens von Gott selbst« den Befehl zur Ernte empfangen könnte. Hier aber gehorcht er einem Engel und ist dem anderen Engel (Vers 17) gleichgestellt. Das erscheint ihnen unmöglich, nachdem Jesus zu einer Gottheit wurde, dem Herrn auf dem Thron an Rang gleichgestellt und mit diesem verschmolzen zu einer Einheit.

Für Johannes dagegen mag es schon atemberaubende Erkenntnis gewesen sein, daß sein großer Lehrer Jesus von jenem selben Geistwesen gelenkt wurde, das dereinst die Ernte durchführen wird. Er hat es auch nicht voll ausgesprochen, aber die Möglichkeit zu diesem für ihn noch »unerhörten« Gedanken in der Folge seiner Visionen angeboten. Das eben ist die christliche Botschaft seines Buches.

Im Urtext des Johannes gibt es keine weitere Stelle, an der der Messias als Herr der Ernte auftritt, und da ein solcher Auftritt zu erwarten ist, muß es dieser hier sein. An welcher Stelle könnten wir den siegreichen Christus eher suchen als im 14. Vers des 14. Kapitels – auch wenn diese Anordnung erst durch den Herausgeber geschaffen wurde?

Bemerkenswert ist, daß der letzte Engel die Macht über das Feuer besitzt. Damit nimmt Johannes die allgemeine Weissagung auf, derzufolge die Menschheit durch einen großen Weltbrand umkommen wird, wie zum Beispiel im zweiten Petrusbrief (3,10) gesagt wird: »Am Tag des Herrn... werden die Elemente vor Hitze schmelzen, und die Erde und die Werke darauf werden verbrennen.« Viele heilige Bücher, zum Beispiel die Edda und der Koran, haben dasselbe ausgedrückt. Auch Johannes hat in Kapitel 17, Vers

16 und Kapitel 18 daran angeknüpft. Möglicherweise hat er diese Zeile hier selbst später eingefügt, um sein Buch zusammenhängender wirken zu lassen.

Die Zahl 1600 am Textende ist als Quadratzahl von 40 Ausdruck des Raumes und sichert die Erhaltung des Textes.

Die sieben Schalen des Zorns

Kapitel 15, Vers	1– 4	Die Lobpreisung Gottes
Vers	5– 8	Die Ankündigung der Schalen des Zorns
Kapitel 16, Vers	1– 7	Die ersten drei Schalen
Vers	8– 9	Die vierte Schale
Vers	10–11	Die fünfte Schale
Vers	12	Die sechste Schale
Vers	13–16	Der Aufruf zur Endschlacht
Vers	17–21	Die siebente Schale

Die Lobpreisung Gottes

Die Kapitel 15 und 16 gehören inhaltlich zusammen; in ihnen werden die sieben Schalen beschrieben, die aus der siebenten Posaune entstanden sind – so wie die sieben Posaunen aus dem siebenten Siegel entstanden sind. Von Kapitel 15 gehören Vers 1, 5a, 6a, 7 und 8 zur Schalenvision des Johannes, ferner sieben Zeilen in Vers 3 und 4, die als himmlischer Gottesdienst aber am Schluß der Schalenvision gestanden haben müssen.

> 1. Und ich sah ein zweites Zeichen im Himmel,
> groß und wunderbar
> sieben Engel mit sieben Plagen, die die letzten sind,
> denn in ihnen vollendet sich Gottes Zorn.
> *Offenbarung 15,1*

Ähnlich wie in Kapitel 12, wo das erste himmlische Zeichen beschrieben wird, ist hier zum zweiten Mal ein sagenhaftes Bild dargestellt, das aus verschiedenen uralten Überlieferungen zusammengesetzt ist. Diesmal erhebt der Seher Anspruch auf Vollständigkeit, und das nicht nur, indem er von »sieben« Ereignissen srpicht, sondern ausdrücklich: Das sind die letzten Plagen, die sich abspielen werden; in ihnen erfüllt sich das Leiden, das über die Lebewesen verhängt ist.

An dieser Stelle hat der Herausgeber einige Zeilen eingeschoben, um klarzustellen, daß die Versiegelten von diesen Plagen nicht berührt werden, was sicher nicht im Sinn des Johannes war. Das ergibt den sechsten himmlischen Gottesdienst:

> 2. Und ich sah etwas, das war wie ein gläsernes Meer mit
> Feuer vermischt.
> Diejenigen, die das Tier und sein Bild besiegt hatten
> und die Zahl seines Namens,
> standen auf dem gläsernen Meer
> und hatten Harfen Gottes;
> 3. und sie singen das Lied des Mose, des Knechtes Gottes,
> und das Lied des Lammes, und sprechen:
>
> »Groß und wunderbar sind deine Werke,
> Herr, allmächtiger Gott,

gerecht und wirklich sind deine Wege,
du König der Völker!
4. Wer wird dich nicht fürchten, Herr,
und deinen Namen preisen?
Denn du allein bist heilig!
Denn alle Völker werden kommen
und anbeten vor dir,
denn [die Gerechtigkeit] deiner Gerichte ist offenbar
geworden!«

Offenbarung 15,2–4

Das gläserne Meer kennen wir schon aus Kapitel 4, Vers 6; es befindet sich zwischen Gottes Thron und der Schar der Heiligen, die den Thron umsteht, zeigt also den gewaltigen Abstand zwischen Gott und seinen Geschöpfen.

Vorbild für diesen Ausdruck war der große kupferne Kessel, Meer genannt, der im Jerusalemer Tempel zwischen Altar und Allerheiligstem stand, aber der angehängte Ausdruck »mit Feuer vermischt« ist dort noch undenkbar. Sehr wahrscheinlich sind hier wieder heidnische Sinnbilder eingewoben wie der Feuersee des ägyptischen Totenbuches, der in der Unterwelt brennt und beim Herausgeber das Bild vom feurigen Teich als Strafe der Verdammten auslöste, zu dem er hier vielleicht ein himmlisches Gegenbild schaffen wollte.

Das Lied des Mose kann nicht gut das des Lammes sein, die Zeile 3b wird auf einen Bearbeiter zurückgehen. Johannes, der sich in der Nachfolge des größten Propheten, Moses, sieht, bringt nun sein Lied, in dem Zitate aus Psalmen (111,2; 139,14; 145,17) vorkommen, die zum Harfenspiel geeignet sind.

Die Ankündigung der Schalen des Zorns

Wenn auch die nächsten beiden Verse nicht reiner Text des Johannes sind, sondern um zwei Zeilen erweitert durch den zweiten Verfasser (5b und 6b) und neugeschrieben durch den Herausgeber, so blieb doch der Sinn weitgehend erhalten:

> 5. Und danach sah ich:
> Es öffnete sich der Tempel, das Zelt des Zeugnisses, im Himmel,
> 6. und sieben Engel traten heraus,
> die die sieben Plagen haben, aus dem Tempel,
> gekleidet in reine glänzende Leinwand
> und umgürtet um die Brust mit goldenen Gürteln.
>
> *Offenbarung 15,5–6*

Wie in der siebenten Posaune (11,19) glaubte der zweite Verfasser, hier eine Theophanie vor sich zu haben, so daß sich die Stelle eignete, die Bundeslade, das Zeugniszelt, als sichtbares Zeichen von Gottes Auftreten einzuschieben. Die beiden letzten Zeilen gehen auf eine Vision Daniels (10,5) und diese wiederum wohl auf die berühmte Vision Hesekiels (Kapitel 8–11) zurück, aus der schon mehrere Elemente im Text des Johannes aufgetaucht sind, zum Beispiel die vier Throngestalten und die Versiegelung. Diese beiden Zeilen dürften wohlgemeinte Zufügung des Herausgebers sein. Die folgenden sieben Zeilen klingen wieder wie echter Johannestext, wobei nur die Aussage in der ersten Zeile vom Sinn her fremde Hand ahnen läßt:

> 7. Und eine der vier Throngestalten gab den sieben Engeln
> sieben goldene Schalen voll mit dem Zorn Gottes,
> der lebendig ist für alle Zeit.
> 8. Und der Tempel wurde voller Rauch
> von Gottes Herrlichkeit und seiner Kraft,
> und niemand konnte in den Tempel hineingehen,
> bis die sieben Plagen der sieben Engel vollendet waren.
>
> *Offenbarung 15,7–8*

Ursprünglich wurden die Schalen den Engeln vom Altar anonym übergeben, ein Bearbeiter hat die Throngestalt hier eingeführt. In einigen der ältesten Manuskripte – so im Sinaiticus – fehlt das Wort »eine« noch.

Während der Zeit der sieben Plagen – also während der ganzen Geschichte der Schöpfung – befindet sich Gott in seinem Tempel, dargestellt als Rauch nach alttestamentlichem Vorbild. Während dieser Zeit kann niemand den Tempel betreten, Gott bleibt unnahbar. Das ist selbstverständlich und gehört fest zur jüdisch-christlichen wie islamischen Lehre: Die Eingliederung der Geister der Verstorbenen in den Himmel, also in die Gegenwart Gottes, »ins Paradies«, kann erst nach der Vernichtung dieser Welt, nach dem Jüngsten Tag, stattfinden. Das ist es, worauf die Geister der Erschlagenen unter dem Altar (6,11) warten.

Die ersten drei Schalen

Warum nun hier das 15. Kapitel endet und ein neues beginnt, obgleich inhaltlich kein Grund dazu besteht, läßt sich nur vermuten. Vielleicht wollte der Bearbeiter die Anzahl der Kapitel auf die runde Summe 21 – bzw. später 22 – bringen. Im ersten Teil der Vision ist das zeitlose himmlische Geschehen, im zweiten das historische irdische geschildert. Doch beides läßt sich nicht trennen, auch wenn einige Kommentatoren davon ausgehen, daß die sieben Schalen sieben zeitlich aufeinander folgende Ereignisse in der Zukunft seien. Johannes spricht von zeitlosen und gleichzeitig nebeneinander auftretenden Plagen der Menschheit.

Zunächst werden sechs Plagen beschrieben, wovon je drei parallel auftreten. Bis zum Vers 12 ist der Text des Johannes ziemlich rein erhalten, zugefügt sind nur die Verse 6, 9b–d und 11, ohne daß sie den Sinn maßgeblich stören.

1. Und ich hörte eine laute Stimme aus dem Tempel,
   die sprach zu den sieben Engeln:
   »Geht und gießt die sieben Schalen
   des Zornes Gottes auf die Erde!«

2. Und der erste ging hin
   und goß seine Schale auf die Erde.
   Und es entstand ein böses und schlimmes Geschwür
   an den Menschen, die das Mal des Tieres haben
   und sein Bild anbeten.

3. Und der zweite goß seine Schale ins Meer,
   und es wurde [unrein wie] Blut, wie ein Leichnam,
   und alle lebendigen Seelen im Meer starben.

4. Und der dritte goß seine Schale
auf die Ströme und Quellen,
und es entstand Blut [darin].

5. Und ich hörte den Engel der Gewässer sprechen:
»Gerecht bist du, der du bist und warst, du Heiliger,
daß du solches Urteil vollzogen hast.
6. Denn sie haben das Blut der Heiligen und Propheten vergossen.
Und Blut hast du ihnen zu trinken gegeben. Sie haben es
verdient.«

7. Und ich hörte den Altar sprechen:
»Ja, Herr, allmächtiger Gott,
wirklich und gerecht sind deine Gerichte.«

Offenbarung 16,1–7

Die erste Schale trifft die bewohnte Erde, genauer gesagt: Sie trifft den Menschen. Das böse und schlimme Geschwür ist die Krankheit Krebs, nur sie verdient eine solche Bezeichnung und Hervorhebung als erste der sieben großen Plagen der Menschheit. Diese Krankheit war schon zur Zeit des Johannes bekannt, wie ein Vers im zweiten Brief des Paulus an Timotheus (2,17) bezeugt: »...ungeistlich loses Geschwätz... frißt um sich wie der Krebs.« Archäologische Funde haben nahegelegt, daß der Krebs schon vor vielen Jahrtausenden die Menschheit plagte.

Johannes vertritt die Auffassung, daß dieses Geschwür eine Folge der eigensüchtigen Ziele jener Menschen ist, die an Stelle Gottes das Bild des Götzen anbeten und sein Mal, die Zeitmessung, angenommen haben. Wer sich dem stählernen Griff des Götzen »Zeit« unterwirft, wer in Hetze lebt und den Forderungen des Untieres nachgibt, wird dem Krebs erliegen.

Es gibt Wissenschaftler, die – ohne dies aus dem Text des Johannes herauszulesen – ähnliche Erkenntnisse veröffentlicht haben. Volker Elis Pilgrim schrieb 1978 (Der selbstbefriedigte Mensch, S. 148): »Die Gegenwart hat den einzelnen schon fest im Griff. Sie braucht zur Vernichtung der Menschen nicht mehr epidemische Tötungsprogramme, wie die Pest eines war. Die Übertragung der Zustände funktioniert beim Krebs ohne Ansteckung. Der wissenschaftliche Zeitgeist ist der Zeit so unterworfen, daß er den

Abstand nicht gewinnen kann, die wahren Ursachen des Krebses zu treffen.«

Und diese Ursachen könnten geistiger Art sein, sie entspringen der Einstellung des einzelnen und seinem Lebensstil.

Im gleichen Sinne schreibt Josef Karl in seinem Buch »Therapiekonzepte für Naturheilkunde« 1979: »Mehr und mehr bestätigt sich, daß Krebs nicht von ›dem oder jenem‹ kommt, es auch nicht ›dies oder das‹ dagegen gibt; einzig und allein eine Lebensweise, die den naturgegebenen Gesetzen und ewigen Grundwahrheiten entspricht, ist als Schutz gegen den Krebs wirksam. Lebensgrundgesetze und gültige Wahrheiten sind der wissenschaftlichen Erkenntnis nur bedingt zugänglich, führen vielmehr in die Gesetzmäßigkeit des jedem Menschen eigenen Urwissens und setzen Wissen der Kreatur um seine sinnvolle Einordnung in ein großes Ganzes – von einem Kreator [Schöpfer] geschaffen – voraus.«

Im Weleda-Almanach, der eine anthroposophische Heilkunst nach dem Vorbild von Rudolf Steiner verbreitet, schreibt Dr. med. Friedrich Lorenz über Krebs: »Diese Krankheit ist anders als alle Krankheiten... Die Krebszellen sind nun aber Zellen, die innerhalb des menschlichen Organismus ein Eigenleben führen. Sie haben sich gleichsam abgesondert, aus dem Ganzen herausgelöst und sind autonom geworden. Auch die Krebsgeschwulst wird von den Krebsforschern in dieser Weise beschrieben, daß sie eine eigene Atmung habe, daß sie einen Stoffwechsel habe, daß sie sich nicht nach ihrer Umgebung richte, daß sie wachse wie die Geschwulstzellen außerhalb des Menschen in einem Laboratoriumsversuch...

Die Krebskrankheit ist nicht allein ein Problem der Zellen, sie ist ebenso ein Problem der Kräfte, die die Zellen unterordnen, die sie in die Ganzheit des Organismus einbauen. Auf diese Kräfte wird heute vermehrt die Aufmerksamkeit gerichtet in der Erforschung der Abwehr... Deshalb muß bei einer Behandlung der Krebskrankheit nicht nur die Zellgeschwulst entfernt werden, sondern es muß der ganze Mensch nach Leib, Seele und Geist behandelt werden.«

Klar wird hier der Gegensatz zwischen normalen Zellen, die sich unterordnen in einem hierarchischen System, und den abgesonderten Zellen, die ein Eigenleben führen, herausgestellt. Und mehr: Es wird erkannt, daß diese Krankheit eigentlich keine Organerkrankung ist, sondern von der geistigen Haltung ausgeht und als Zusammenbruch der Ordnung im Menschen anzusehen ist.

Die zweite Schale trifft das Meer. Und die Folge ist: Das Meer wird unrein wie Blut, so daß das Leben darin stirbt.

Heute stehen wir erst am Anfang dieser Entwicklung; ausgelaufenes Öl und unzählige Chemikalien verderben die Meere; Atombomben sind unter Wasser ausprobiert worden, und täglich kommen neue Umweltverschmutzungen hinzu.

Typisch für Johannes ist wieder, daß die Krankheiten und Katastrophen in nur drei Zeilen ohne weitere Erklärungen beschrieben sind – wie schon der Feuerregen in Kapitel 13, Vers 13; während die Auswirkungen auf den Geist, die eine mystische Weltschau erfordern, in ganzen Versgruppen behandelt werden.

Auch die dritte Schale kann man ganz wörtlich auffassen, obgleich sich hier auch ein innerer Sinn ahnen läßt. Die Quellen und Flüsse wurden verunreinigt durch Überdüngung, Abwässer und Abgase, die durch den Regen aus der Luft wieder in den Boden und die Quellen gelangen. Im übertragenen Sinne ist auch wieder an die Trübung des Geistes durch die Medien zu denken.

So hat es wohl der Zwischenbearbeiter aufgefaßt, der Vers 6 hier einschob. Blut symbolisiert hier die Unreinheit; es sei dabei an die Scheu der Juden vor dem Blut erinnert; ein einziger Tropfen Blut auf dem Gewand erforderte eine völlige Waschung des Menschen und seiner Kleidung.

Die vierte Schale

> 8. Und der vierte goß seine Schale in die Sonne
> und bewegte sie, die Menschen mit Feuer zu versengen.
> 9. Und die Menschen wurden versengt von der großen Hitze.
>
> Und sie lästerten den Namen Gottes,
> der die Macht hat über diese Plagen,
> und kehrten nicht um, ihm die Ehre zu geben.
>
> *Offenbarung 16,8–9*

Das sieht zunächst nach einer Naturkatastrophe aus, nach »höherer Gewalt«, während die ersten drei Plagen vom Menschen selbst ausgelöst wurden, durch Unverstand.

Johannes wird aber auch hier geahnt haben, daß die versengende Kraft der Sonne mit dem verständnislosen Handeln der Menschheit zusammenhängt. Das erinnert an Platons Atlantisbericht, in dem die Schuld für den Untergang des Atlantischen Reiches ebenfalls dem Fehlverhalten des Menschen, seiner unmäßigen Bautätigkeit, zugeschrieben wird. Und der Koran, der seine Kenntnisse von der Frühgeschichte ganz offensichtlich aus anderer Quelle bezog, gibt dem Volk der »Ad« selbst die Schuld für den Untergang ihrer großartigen Stadt.

Die von der Sonne ausgesendeten ultravioletten Strahlen fallen durch den von uns selbst zerstörten Ozonschild verstärkt ein und können tatsächlich die menschliche Haut versengen, wie sich schon abzeichnet.

Die letzten drei Zeilen von Vers 9 sind eine theologische Erklärung vom Herausgeber, der damit auf die Lehre von der »Verstockung« hinweisen will, die einige Propheten entworfen haben. Johannes hatte diese Lehre nicht im Sinn. Aber die Zufügung dieser Klage gerade an dieser Stelle, wo der Text den Eindruck erweckt, als handele es sich bei der vierten Schale um eine vom Menschen unabhängige Fügung, zeigt deutlich, daß auch der Herausgeber der Meinung war, eine derartige Plage sei vom Menschen selbst verursacht und hätte auch von ihm verhindert werden können.

Die fünfte Schale

10. Und der fünfte goß seine Schale auf den Thron des Tieres,
    und sein Reich wurde verfinstert,
    und sie zerbissen ihre Zungen vor Schmerzen.

11. Und sie lästerten den Gott des Himmels
    wegen ihrer Schmerzen und Geschwüre
    und kehrten nicht um von ihren Werken.

Offenbarung 16,10–11

Der erste Vers stammt von Johannes, der zweite vom Herausgeber, der hier zum zweiten Mal mit Nachdruck die Verstockungslehre anbringt.

Mit den Schmerzen wird wieder an die erste Schale erinnert, an die schreckliche Krankheit, die keine ist, sondern die Verdunklung allen Geistes, die Verfinsterung der Wissenschaft. Der Thron des Tieres, also das Kernstück der Wissenschaft, muß die Zeitmessung sein. Wenn hinsichtlich der Zeitmessung und Einhaltung Mißbrauch getrieben wird – wenn die Zeit im wahrsten Sinn des Wortes verfinstert wird –, dann bleiben die Plagen nicht aus, die hier genannt werden: Krebs, Verschmutzung und Vernichtung des Lebensraumes. Wenn das Tier »Wissenschaft« einen Wettlauf mit der Zeit beginnt, dann ist die Verirrung total.

Die sechste Schale

> 12. Und der sechste goß seine Schale
> auf den großen Wasserstrom Euphrat.
> Und sein Wasser trocknete aus,
> so daß ein Weg entstand für die Könige
> von Osten her.
> *Offenbarung 16,12*

Schon Jesajas hat geweissagt, daß in der Endzeit der große Euphrat austrocknen wird, doch bei ihm war es ein Freudenzeichen im Zusammenhang mit der Heimführung der zerstreuten Juden aus allen Völkern. »Der Euphrat wird in sieben Bäche zerschlagen, daß man mit Schuhen hindurchgehen kann«, sagt Jesajas (11,15), »damit diejenigen, die von Assyrien übriggeblieben sind, heimgelangen können, wie damals, als Israel aus Ägypten auszog.«

Von einem Freudenzeichen kann in der Offenbarung nicht gesprochen werden, es handelt sich eher um eine weitere Plage, vielleicht die schlimmste von allen vor dem Ende.

Obgleich sich zwischen den ersten vier Posaunen und den ersten vier Schalen keine Ähnlichkeit entdecken läßt, sind die fünfte und sechste Posaune mit der fünften und sechsten Schale in einiger Hinsicht parallel zu sehen. In der fünften Posaune wurde die Verfinsterung des Wissens angesagt, dies entspricht der fünften Schale, wo die Verfinsterung des Reiches der Wissenschaft beschrieben wird. Sogar der eingefügte Vers über die Macht der Medizin, die den Tod fernhält, paßt zur fünften Schale, wo die Schmerzen der hilflos Kranken dargestellt sind.

So entsprechen sich auch die sechste Posaune und die sechste Schale; in beiden wird der Fluß Euphrat genannt, der an keiner weiteren Stelle bei Johannes vorkommt, obgleich sich bei der Nennung Babylons (vgl. 18,21) Gelegenheit dazu böte. Der Euphrat steht für viele Völker, allerdings nicht für die Völker, die heute dort wohnen.

Wenn Johannes einen Eigennamen verwendet, hat er die geographische Bedeutung verloren. Wie ich schon bei der Deutung der sechsten Posaune in Kapitel 9 erklärte, wird hier das Volk der Sumerer als Symbol benutzt; es ist das Volk, das die Wissenschaften, vor allem Medizin, Zeitmessung und Ingenieurstechnik, zur Blüte brachte und sie von der Religion löste. Diese magische Wissenschaft wird auch hier aufgerufen mit den Königen des Ostens, den Magiern oder »Weisen aus dem Morgenland«, wie sie in der Lutherübersetzung (Matthäus 2) heißen. Bei Johannes hat die Kennzeichnung »von Osten her« die gleiche Bedeutung wie bei Daniel, wo der zweigehörnte Widder von Osten kam: Er ist ein Hinweis auf die dualistische Weltanschauung.

Mit dem Bild der von Osten über den Euphrat, den ideellen Grenzfluß des Heiligen Landes, heranrückenden Könige wird ein anderes Endzeitereignis angesprochen, ohne daß Johannes dies vorgehabt hätte. Der Herausgeber brachte hier den zweiten Hinweis auf seine später groß ausgemalte Endschlacht. Die folgenden zwölf Zeilen, zwischen der sechsten und siebenten Schale, werden wohl von ihm eingefügt sein.

Der Aufruf zur Endschlacht

13. Und ich sah aus dem Maul des Drachen
    und aus dem Maul des Untiers
    und aus dem Maul des falschen Propheten
    drei unreine Geister wie Frösche hervorkommen.

14. Es sind teuflische Geister, die Wunder vollbringen.
    Sie gehen zu den Königen der ganzen Welt,
    um sie zusammenzurufen zum Kampf
    an jenem großen Tage Gottes, des Allmächtigen.
15. Siehe, ich komme wie ein Dieb!
    Selig ist, wer wacht und seine Kleider behält,
    daß er nicht nackt gehen muß
    und man seine Schande sieht.
16. Und er versammelte sie an einen Ort,
    der auf hebräisch Harmagedon heißt.

Offenbarung 16,13–16

In Vers 13 wird die Dreiheit der satanischen Gestalten gezeigt: Der Drache, das Urbild des Eigenwillens der irdischen Wesen, das lange vor dem Menschen schon lebte; das Untier aus dem Meer der menschlichen Geschichte, das so alt wie der Mensch selbst ist; und das zweigehörnte Tier vom Land, die letzte Verwirklichung dieser Geistmacht. Wenn dieses letzte Tier hier der »falsche Prophet« genannt wird, dann handelt es sich bereits um eine Deutung, und diese kann nicht von Johannes stammen, denn eine derartige »Übertragung« des eigenen Textes wäre Stilbruch. Die Deutung stimmt auch nicht ganz, denn diese Geistgestalt lenkt keine Person, keinen »falschen« Propheten, sondern eine Weltanschauung, eine Ideologie. So müssen wir diesen Vers einem Bearbeiter zuschreiben, vermutlich dem Herausgeber, der denselben Ausdruck im 19. und 20. Kapitel im Zusammenhang mit der Endschlacht noch verwendet. Auch die Erklärung in der ersten Zeile von Vers 14 und der Spruch mit der Seligpreisung in Vers 15 sind typisch für die Sprache des Herausgebers.

Obgleich das Motiv der Endschlacht mehrfach in den prophetischen Büchern des Alten Testamentes vorkommt, hat Johannes dieses Thema nicht verwendet. Er hatte keine derartige Vision; die Gläubigen sind gar nicht in der Lage, eine Schlacht zu schlagen, denn einerseits sind sie viel zu wenige und andererseits erlaubt es ihr Glaube nicht, der Duldsamkeit und Friedfertigkeit verlangt.

So könnte man auch den rätselhaften 16. Vers einfach als späteren Zusatz übergehen, da schon der Eigenname verrät, daß der Vers nicht von Johannes stammt. Doch da es eines der »Geheimnisse« der Apokalypse ist, über das unendlich viel geschrieben und gestritten wurde, soll er kurz betrachtet werden.

Es wird nirgends gesagt, wer hier wen zu dem Ort führt, man kann nur annehmen, daß Gott die Heere versammelt. Da der Gedanke der drei unreinen Geister hier nicht fortgesetzt wird, ist der Vers wahrscheinlich älter als die drei Zeilen von Vers 14; im Gegensatz zu jenem ist in Vers 16 Gott der Handelnde, und das paßt zum Weltbild des zweiten Verfassers.

Der Eigenname Har-Magedon bedeutet Berg von Megiddo; das ist eigenartig, denn bei der Stadt Megiddo, die 90 Kilometer Luftlinie nördlich von Jerusalem liegt, befindet sich eine weite Ebene, die durch mehrere große Schlachten berühmt geworden ist. Der ägyptische Herrscher Thutmosis III. besiegte hier eine enorme Heeresmacht, die der König von Kadesch befehligte. In der Zeit der Landnahme schlugen die Israeliter auf Deboras Rat in der Ebene zwischen dem Berg Thabor und Megiddo die Kanaaniter (Richter 4,12–16). In dem berühmten Siegeslied von Debora und Barak nach der Schlacht wird das »Wasser Megiddos« genannt (Richter 5,19). Bei Megiddo starben zwei Könige Israels: Josia in der Schlacht des Pharao Necho gegen die Assyrer (2. Könige 23,29–30; 2. Chronik 35) und Saul (1. Samuel 31).

Im übrigen ist diese Ebene nicht nur als Schlachtfeld berühmt, sondern auch als Kreuzungsgebiet vieler Handelsstraßen, denn von hier aus gelangt man leicht über den Karmel. Sogar für die modernen Heere des 20. Jahrhunderts war die Ebene von Megiddo noch günstig als Schlachtfeld: 1918 schlug hier General Allenby die Türken und entriß ihnen Palästina, weshalb er als »Viscount Allenby of Megiddo« geadelt wurde.

Wie kam es, daß aus der berühmten Ebene bei Megiddo ein »Berg« wurde? Das hängt damit zusammen, daß nach den frühen prophetischen Aussprüchen die Endschlacht auf einem Berg, nämlich auf Zion (Jerusalem) stattfinden sollte. Da alle Heere dort versammelt sein würden, sprach man vom Berg der Versammlung, auf hebräisch: Har-Mo'ed. Wenn man nun bei der Übertragung dieses Ausdrucks ins Griechische den hebräischen Buchstaben Ain' als Gamma γ wiedergab, ergab sich – ob gewollt oder erst später zufällig entstanden – Har-Megido der Berg von

Megido (mit einem »d« im Gegensatz zur Stadt Megiddo). Diese Erklärung stammt von Heinrich Kraft. Sie ist nicht weiter verwunderlich, denn die Geschichte der Theologie ist voll von derartigen Neuschöpfungen auf Grund falscher Übersetzungen oder Umschreibungen.

Der Spruch von Vers 15: »Siehe, ich komme wie ein Dieb!« ist zur Zeit des Herausgebers bekannt gewesen, so daß er ihn als ein Wort Jesu hier zitieren konnte.

Im zweiten Petrusbrief (3,10) hat er noch seine ursprüngliche Form und leitet eine Weissagung über das Weltende ein, die als allgemeinste Endzeiterwartung anzusehen ist: »Der Tag des Herrn wird kommen wie ein Dieb in der Nacht, da werden die Himmel zergehen mit großem Krachen; die Elemente werden vor Hitze schmelzen, und die Erde und die Werke, die darauf sind, werden verbrennen.«

Eine ähnliche Voraussage auf den Weltbrand ist schon in der Ankündigung von Moses Tod (5. Mose 32,22) gemacht. Johannes hat diese allgemeine Erwartung nicht übernommen, was als Kennzeichen seiner Ehrlichkeit zu werten ist; er hat nur beschrieben, was er »im Geiste« sah.

Die siebente Schale

17. Und der siebente goß seine Schale in die Luft.
    Und vom Thron im Tempel her erklang eine laute Stimme,
    die sprach: »Es ist geschehen!«

18. Und es ereigneten sich Blitze, Stimmen und Donner,
    und es ereignete sich ein großes Erdbeben,
    wie keins je gewesen ist, seit es Menschen auf Erden gibt,
    solch ein Erdbeben, so groß!

19. Und die große Stadt zerbrach in drei Teile,
    und die Städte der Heiden stürzten ein.
    Und Babylon, der großen, wurde vor Gott gedacht,
    ihr den Kelch mit dem Wein von Gottes Zorn zu geben.

20. Und die Inseln verschwanden, und Berge wurden nicht mehr
    gefunden.

21. Und Hagel groß wie Zentnerstücke
fiel vom Himmel auf die Menschen;
und die Menschen lästerten Gott wegen der Hagelplage,
denn jene Plage war sehr schlimm.

Offenbarung 16,17–21

Die siebente Schale bringt die letzte Katastrophe, in der alles irdische Leben vernichtet wird. Der Ausspruch vom Thron »Es ist vollbracht!« ist gleichbedeutend mit dem hebräischen Wort »Amen«, das zum Beinamen des Gesalbten wurde.

Wiederum wird ein kosmisches Unglück angedeutet, bei dem die Erde insgesamt erschüttert wird; es ist die größte Katastrophe seit Menschengedenken, sie übersteigt also weit jene, die in den ersten vier Schalen beschrieben wurden. Blitze und Donner sind Naturerscheinungen, aber wenn Stimmen dabei erklingen, dann sind geistige Gewalten im Spiel.

Da der »Herr des Gewitters« eine der ältesten bildlichen Vorstellungen der Juden von Gott ist, wird dieser Vers von den meisten Kommentatoren als Sichtbarwerdung Gottes, als Theophanie, aufgefaßt. Wenn hier von einem Vulkanausbruch oder Feuerbrand die Rede wäre, hätten sie das in gleicher Weise mit einem Hinweis auf den Vulkangott vom Sinai deuten können. Ich glaube nicht, daß Johannes die siebente Schale so gemeint hat; auch die beiden Bearbeiter haben es nicht so gesehen, denn sie haben einige Zeilen hinzugefügt, die auf die nächsten Kapitel hinweisen und besagen, daß noch einiges geschieht, bis Gott sichtbar wird.

Nur die ersten beiden Zeilen von Vers 21 könnten im Sinn einer Theophanie aufgefaßt werden. Wie in der siebenten Posaune hat hier der zweite Verfasser den Hagel als Machtwort Gottes eingesetzt und dadurch die letzte Schale der letzten Posaune parallel gestellt. Doch durch die letzten beiden Zeilen, in denen der Herausgeber zum dritten Mal die Verstockung der Menschen beklagt – diesmal ohne eine Möglichkeit zur Umkehr zu erwähnen –, wird der Hagel zu einer der vielen Plagen abgeschwächt.

An Vers 18 hat der Herausgeber die letzte Zeile angehängt, wohl aus Gründen der Symmetrie oder Melodie.

Etwas unvermittelt wirken die beiden letzten Zeilen von Vers 19, denn »die große Babylon« tritt eigentlich erst in der Vision des nächsten Kapitels auf. Der Zwischenbearbeiter hat die beiden Zeilen geschrieben, um seinen Rachegedanken zu einem durchgehenden Motiv zu gestalten.

Viele Theologen haben in der »großen Stadt« – im Anschluß an die sehr späte Zufügung von Kapitel 11, Vers 8c: »wo auch ihr Herr gekreuzigt wurde« – Jerusalem erkannt, obgleich es dann statt »große« eher »werte« Stadt hätte heißen müssen. Sie deuteten die drei Teile als Ober-, Unter- und Neustadt von Jerusalem. Aber eine Zerstörung Jerusalems durch ein Erdbeben paßt nicht zum Bild der erdvernichtenden Katastrophe, die in der siebenten Schale dargestellt wird; außerdem wird in den Endzeitmythen der Juden die Zerstörung der Hauptstadt Jerusalem stets durch ein feindliches Heer verursacht. Johannes meint mit dem Ausdruck »große Stadt« die gesamte Zivilisation der Städte, und das Zerbrechen in drei Teile bedeutet »vollständige Vernichtung«.

Im ursprünglichen Text war die siebente Schale in dreimal drei Zeilen beschrieben und brachte nur die Zerstörung der irdischen Atmosphäre, das Gewitter der Engel und das große Erdbeben, das alle Werke der Menschen zunichte macht. Daß die Städte der Heiden gleichzeitig mit der großen Stadt einstürzen, ist typisch für den parallelen Textaufbau des Johannes, ebenso wie die in Vers 20 parallel auftretenden Bilder: Inseln sind Berge im Meer, und auf ihnen errichteten die Heiden mit Vorliebe ihre Städte.

Ein recht archaisches Vorbild für die Schalenvision kann man im 3. Buch Mose, Kapitel 26 ab Vers 14 finden, wo fünf Strafen aufgezählt werden, die schon auf die frühchristlichen Apokalypsen hinweisen.

Das Gleichnis

Kapitel 17, Vers 1– 6 Das Weib auf dem Untier
           Vers 7– 8 Das Geheimnis des Weibes
           Vers 9–13 Die sieben Könige
           Vers 14   Der Sieg des Lammes über die Könige
           Vers 15–17 Das Schicksal des Weibes
           Vers 18   Die große Stadt
                      Zur Datierung des 17. Kapitels

Das Weib auf dem Untier

1. Und es kam einer von den sieben Engeln,
   die die sieben Schalen haben,
   redete mit mir und sprach:
   »Komm, ich will dir das Gericht über die große Hure zeigen,
2. die an vielen Flüssen sitzt,
   mit der die Könige der Erde sich vergangen haben!
   Und die Bewohner der Erde wurden betrunken
   vom Wein ihrer Unzucht.«
3. Und er versetzte mich im Geist in die Wüste.
   Da sah ich ein Weib auf einem scharlachroten Tier reiten,
   das war voll mit lästernden Namen
   und [hatte] sieben Köpfe und zehn Hörner.
4. Und das Weib war bekleidet mit Purpur und Scharlach
   und übergoldet mit Gold, mit Edelsteinen und Perlen [besetzt],
   und hielt einen goldenen Becher in der Hand,
   der war voll mit Greuel und Unflat ihrer Unzucht.
5. Und auf ihrer Stirn stand ein Name geschrieben, ein Gleichnis:
   Babylon, die Mutter der Unzüchtigen
   und aller Greuel der Erde.
6. Und ich sah, daß das Weib betrunken war vom Blut der Heiligen
   und vom Blut der Zeugen Jesu.

Offenbarung 17,1–6

Dies ist eine Vision von außergewöhnlicher Bedeutung. Alle Kommentatoren sind sich darin einig, daß sie besser im Anschluß an das 13. Kapitel stehen würde, weil sie die Beschreibung des Untiers vom Meer fortsetzt, verbunden mit der Gestalt des Weibes aus Kapitel 12.

Der Herausgeber hat jedoch die Visionen der Ernte und der sieben Schalen platzmäßig miteinander vertauscht, so daß er nun einen neuen Anschluß schaffen muß. Dies tut er im ersten Vers durch die Einführung »eines der sieben Schalenengel«, was ihm so gelungen schien, daß er dasselbe Mittel in Kapitel 21, Vers 9 noch einmal anwendet. Vermutlich war der erste Vers vorher dreizeilig, und der Engel war nicht näher bezeichnet. Statt des Ausdrucks »große Hure«, der eine Deutung vorwegnimmt, hieß es bei Johan-

Albrecht Dürer, *Die babylonische Hure*

nes wohl »Weib«, wie in den folgenden Versen. Der neugefaßte erste Vers ist allerdings so harmonisch dem zweiten Vers nachgebildet, daß sich die meisten Textkritiker dadurch täuschen ließen.

Wie schon im vorigen Kapitel hängt der Zwischenbearbeiter auch hier einen Zweizeiler – Vers 6 – an, um seine Lehre von der Vergeltung und der Schuld des Weibes auszudrücken. Dies tut er wiederum mit sehr kräftigen Ausdrücken, die seine persönliche Betroffenheit von den Verfolgungen widerspiegeln. Ferner geht daraus hervor, daß er – wie der zweite Verfasser – das Weib als Symbol der Kaisermacht Rom auffaßt. Damit hat er sich von der Bedeutung des Johannesgleichnisses weit entfernt.

Außer dem veränderten ersten Vers und dem angehängten sechsten Vers stammen alle Zeilen von Johannes.

Um jeden Zweifel aufzuheben, daß es sich bei dem Weib, das auf dem Untier reitet, und dem Weib, das vor dem Drachen in die Wüste floh, um dieselbe Gestalt handelt, sagt Johannes in Vers 3, daß er in die Wüste versetzt wurde, um die Gestalt zu sehen. Mit allen Kräften sträuben sich die kirchlichen Interpreten gegen ein solches Verständnis des Textes.

Das Weib, das Johannes in der Wüste sieht, reitet auf einem drachenähnlichen Tier, das sieben Köpfe und zehn Hörner hat und scharlachrot ist; dadurch ist es als die Verkörperung des Drachen, dem Untier vom Meer, gekennzeichnet. Das Weib reitet auf diesem Tier wie eine heidnische Göttin auf ihrem Gefährt; vermutlich gab es in Kleinasien, wo Johannes schrieb, mehrere Vorbilder für dieses Bild – für die prophetischen Bücher ist es völlig neu.

Da das Weib in Kapitel 12 noch Träger des göttlichen Wortes, des Inbegriffs der heiligen Lehre gewesen ist, ist es nun verwunderlich, daß es hier wie ein antikes Götzenbild ausgestattet ist, das sich aus dem himmlischen Weib entwickelt hat. Daher fährt Johannes in Vers 6 fort: »Und ich wunderte mich sehr, als ich das Weib sah.«

Die Rede des Engels am Anfang soll Mißverständnisse ausräumen. Das Weib sitzt an vielen Flüssen, steht da, das heißt, es gehört vielen Völkern, ist also nicht Eigentum des auserwählten jüdischen Volkes. Darum kann es auch nicht »rein« sein. Die Könige, die mit ihm verkehren, sind die geistigen Herren dieser Welt, die höchsten Priester der Hochreligionen. Von dem Wein, den das Weib ausschenkt, werden die Menschen betrunken; sie berauschen sich an den süßen Reden, die die Kirchen der Welt spenden.

Der überreiche Schmuck des Weibes ist in vielen Kirchen augenfällig, ihr Prunk ist abstoßend. Durch unzählige Heiligenbilder wird die wahre Lehre verfälscht, wird der Gottesdienst zum Götzendienst verkehrt.

Es kommt einem Wunder gleich, wenn die Lehre Jesu, die an den einzelnen gerichtet war und zur Abkehr von Vater und Mutter aufrief, von denen, die von ihr vernichtet werden sollten, weitergereicht wird durch die Jahrhunderte. Dazu ist mehr nötig als ein großes Theater. Dies kann nur ein Weib vollbringen, das Macht besitzt, wie das Weib, das den Knaben geboren hat.

Dieses Weib hat gehurt; ob aus Freude an der Unzucht oder aus Gier nach Reichtum und Macht, ob aus Dummheit und Unverstand hinsichtlich ihrer Aufgabe oder aus Überheblichkeit wie der Satan, das bleibt ungesagt. Doch daß das Weib für seine Taten gerichtet wird, kündigt der Engel schon im ersten Vers an.

Mit den ersten beiden Zeilen von Vers 6 hat der Zwischenbearbeiter einen Gedanken angefügt, der nicht zum Bild des Johannes gehörte: Die Ermordung der Heiligen und Propheten wird dem Weib angelastet. Die weltlichen Herrscher hatten kein oder nur ein geringes Interesse daran, religiöse Verkünder umzubringen. Das gehörte zur Aufgabe der Kirchen. Aber die meisten kirchlichen Interpreten werten diese beiden Zeilen als Beweis dafür, daß das Weib die römische Kaisermacht symbolisiert, »weil Johannes nur von der Unterdrückung und Hinrichtung der ersten christlichen Märtyrer berichten konnte«. Das ist unrichtig, denn zu seiner Zeit gab es noch keine staatlich befohlene Christenverfolgung.

Ben-Ezra, der weise Theologe des 18. Jahrhunderts, wußte es besser. Er zitiert die traditionelle Deutung, die schon der Kirchenvater Augustin vorschlug, der Rom das zweite, das westliche Babylon nannte (»Vom Gottesstaat«, Kapitel 15): Rom ist das Weib. Doch die Übereinstimmung, die auf der Gleichsetzung der Cäsarenmacht mit dem Weib beruhte und die Johannes nicht im Sinn hatte, wurde erst im Laufe der Jahrhunderte nach Augustin wahr. Erst als sich die Kirche auf den Thron der Cäsaren setzte und vom Vatikan aus die Christenheit lenkte, wurde sie zum Weib, von dem Johannes spricht.

Der Fehler der üblichen Auslegung beruht darin, die »Tiere« und andere Geistgestalten – bei den Propheten wie auch bei Johannes – stets als politische Reiche oder Personen aufzufassen. Die Propheten kümmerten sich um nichts weniger als um politische Macht, ihnen ging es vielmehr um die geistigen Strömungen und Kräfte. Wen es wundert, daß gerade die »geistlichen Herren« in den Fehler verfallen waren, die Gestalten der prophetischen Sprache auf politische Vorgänge zu beziehen, der erinnere sich daran, daß die Würdenträger der Kirche zu allen Zeiten beträchtliche weltliche Macht ausgeübt haben. Darum ist es nicht ungewöhnlich, daß auch die modernsten evangelischen Theologen das »Weib« als Vertreter der Kaisermacht ansehen und für eine ganz andere Gestalt halten als jenes Weib, das von der katholischen Kirche (nach Kapitel 12) in den Himmel erhoben wurde.

Ben-Ezra schrieb dazu: »Im übrigen sind die Ehrfurcht und Verehrung, die stets diesem Weib zugekommen waren, der Grund dafür, daß es seine Kinder für unglaublich halten, dasselbe könnte solcher Schandtaten bezichtigt werden, daß ein derartiges Strafgericht auf es wartet.«

Das Geheimnis des Weibes

Und ich wunderte mich sehr, als ich das Weib sah.
7. Und der Engel sprach zu mir: »Warum wunderst du dich?
Ich will dir das Gleichnis des Weibes deuten
und des Tieres, das es trägt,
das die sieben Köpfe und zehn Hörner hat.

8. Das Tier, das du siehst, das war und ist nicht
und wird wieder emporsteigen aus dem Abgrund;
und es wird in die Verdammnis fahren.

Und die Bewohner der Erde werden sich wundern,
deren Name nicht im Buch des Lebens geschrieben steht
seit der Erschaffung der Welt,
wenn sie das Tier sehen,
das war und nicht ist und wieder sein wird.

Offenbarung 17,7–8

Das Untier vom Meer durchlebt zwei verschiedene Phasen im Zeitablauf: Es war und ist nicht, wird wieder sein und dann endgültig nicht mehr sein (in die Verdammnis fahren). Aus Kapitel 13 wissen wir, daß mit dem Untier die Summe aller Weltanschauungen in ihrer zeitlichen Abfolge dargestellt ist. Dort war einer seiner Köpfe beschrieben – todwund geschlagen und doch wieder geheilt – als Sinnbild der heidnischen Antike. Im gleichen Sinn wird nun hier das ganze Tier aufgefaßt: gewesen, verworfen, wiederkehrend und endgültig vernichtet. Es ist das Symbol materialistischer Denkart.

Aus der vierteiligen Charakterisierung des Tiers, die der Engel dem Johannes erklärt, macht der Herausgeber eine dreiteilige Form – in den letzten beiden Zeilen von Vers 8 –, die als gegensätzliche Kennzeichnung zur Wesensform Gottes stehen soll, wie der Herausgeber sie durch seine Ergänzung von Kapitel 4, Vers 8 geschaffen hat.

Der zweite Teil von Vers 8 entspricht dem achten Vers von Kapitel 13, darum könnte es statt »sie werden sich wundern« auch »sie werden bewundern« heißen; dies sind die Worte des Johannes.

Der zweite Verfasser hat zwei Zeilen eingeschoben, in denen das Buch des Lebens vorkommt. Es ist verschieden vom Buch der sieben Siegel in Kapitel 5, verschieden auch vom offenen Buch des Propheten, das die sieben Donner enthält (Kapitel 10) und verschieden vom Buch der Taten, das wie ein Archiv die Geschichte jedes einzelnen festhält und ihm am Tag des Gerichts vorgelegt wird. Es ist das Lebensbuch, in dem seit Erschaffung der Welt alle Personen verzeichnet sind, die gerettet werden. Johannes kannte es noch nicht.

Alle übrigen Zeilen stammen von Johannes und bilden den ersten Abschnitt einer dreiteiligen Rede, in der der Engel das Bild erklärt.

Die sieben Könige

9. Hier ist der Sinn, der Weisheit enthält:
   Die sieben Köpfe sind sieben Berge,
   auf denen das Weib sitzt.

10. Und es sind sieben Könige;
    die [ersten] fünf sind gefallen,
    einer ist [jetzt],
    der andere ist noch nicht gekommen;
    und wenn er kommt, muß er kurze Zeit bleiben.

11. Und das Tier, das war und nicht ist,
    das ist der achte
    und ist einer von den sieben
    und wird in die Verdammnis fahren.

12. Und die zehn Hörner, die du siehst, sind zehn Könige,
    die ihre Macht noch nicht empfangen haben.
    Aber wie Könige werden sie Macht erhalten für eine Stunde,
    [gemeinsam] mit dem Tier.

13. Diese sind [alle] gleicher Gesinnung
    und geben ihre Kraft und Macht dem Tier.

Offenbarung 17,9–13

Den ersten Vers schrieb der zweite Verfasser, um Rom als Sitz des Weibes an den Anfang zu stellen. Der Text des Johannes wird etwa so begonnen haben: »Die sieben Köpfe sind sieben Könige.« Die nachträgliche Gleichsetzung der sieben Köpfe des Untiers mit den sieben Bergen Roms bedeutet eine Verengung des Blickfeldes, die jede weitere Deutung des Bildes einschränkt auf Rom und die römische Kirche. Johannes hatte aber eine sehr viel größere Geschichtsvision vor Augen, und diese ist durch den eingefügten Vers 9 verschüttet worden.

Die letzte Zeile von Vers 13 hat der Herausgeber dazugesetzt, sie wiederholt nur Vers 17c. Formal bilden die übrigen 14 Zeilen den Mittelteil der Rede des Engels, der Johannes die Vision erklärt. Hier wird der Zeitbegriff, der zum Untier gehört, dargelegt. Aus diesem Grund wurde es von den Kommentatoren zur Auffindung des Antichristen, sei er ein Kaiser oder Papst, benutzt.

Die sieben Könige, die den Köpfen gleichgesetzt werden, sind jedoch keine Personen, sondern Geisterfürsten; jeder verkörpert ein geistiges Reich, eine Blüte menschlicher Kultur, einen Höhepunkt. Sie stehen aber nicht für die historischen Reiche der Ägypter, Assyrer, Babylonier, Perser, Griechen, Römer und Amerikaner, wie viele moderne Theologen annehmen. Das wäre nur eine weitere Verengung des Blickfeldes.

Es wäre auch kurzsichtig zu denken, daß Johannes einen so begrenzten Blick hatte wie die Scholastiker des späten Mittelalters, die mit einer Menschheitsentwicklung von maximal 6000 Jahren rechneten. Die Drachenköpfe des Johannes umfassen größere Zeiträume in einer Weise, die erst heute zu ahnen ist. Die in Kapitel 8 beschriebenen Posaunen stehen für Katastrophen, in denen vermutlich ganze Kulturkreise untergingen. Es liegt nahe, diese Epochen mit den Köpfen des roten Tieres gleichzusetzen.

Nach der Zeit des sechsten Kopfes, der das Weltbild des Johannes und seiner Zeitgenossen prägte, soll noch ein Kopf regieren, der siebente, wenn auch für kurze Zeit nur. Ich sehe hierin die Zeit der christlichen, islamischen und buddhistischen Hochreligionen, die für etwa zwei Jahrtausende die Geschicke der Menschen gelenkt haben und nun – zumindest hat es den Anschein – im Sterben liegen.

Danach kommt der achte Kopf, der einer der sieben Köpfe ist; es ist das Tier, das schon einmal war, das zur Zeit des Johannes nicht war und nun wiederkommen wird. Sicher handelt es sich um das Abbild des Untiers.

Das achte Wesen gleicht Atlantis wieder sehr auffällig: Die zehn Könige, die gemeinsam regieren, kommen als antikes Vorbild nur im Atlantisbericht Platons vor. Die Zeitdauer des achten Wesens ist begrenzt: eine Stunde, das ist kurz, wenn wir auch wissen, daß dies nicht wörtlich gemeint ist, denn der Begriff »Stunde« gehört zur Endzeit.

Dieser achte Kopf, der nur kurze Zeit bleiben wird, ist das Reittier des Weibes. Es wird in die Verdammnis fahren und das Schicksal der atlantischen Welt teilen, die für ihre Überheblichkeit in den Abgrund mußte und am Ende der Zeit für immer versenkt wird. Gestaltet wie ein siebenköpfiger roter Drache ist es das Abbild jener Hybris, die Johannes – und die anderen Propheten – am meisten fürchteten. Denn aus Selbstherrlichkeit hatten die Atlanter die Natur zerstört und damit den Zorn der Götter – oder eines Gottes – heraufbeschworen, der sie vernichtete. Ihre Wissenschaft, eigentlich »Magie«, ist auch die Denkweise der Herrschenden im 20. Jahrhundert. Daß sie zur Vernichtung ihrer selbst führt, ist heute schon vielen Menschen offensichtlich geworden.

Die Deutung der zehn Könige, die gemeinsam mit dem Untier herrschen werden, ist noch nicht möglich, denn wir erleben heute erst die Geburt des achten Kopfes. Für falsch halte ich die moderne Auslegung, die hierin die gewählten Präsidenten, also den Typ der modernen Regierungsform, sieht. Ich denke, daß hier wiederum ein geistiges System, ein Weltbild, gemeint ist; zum Beispiel das Dezimalsystem, ohne das unsere Wissenschaft nicht vorstellbar wäre.

An keiner Stelle in der Offenbarung hat sich Johannes für den Staat als geistiges Modell interessiert, nicht einmal in verachtender Weise beschäftigt er sich mit der »Staatsmacht«.

Dennoch war schon im 2. Jahrhundert eine Gleichsetzung der sieben Drachenköpfe mit sieben Kaisern der Zeit des Johannes aufgekommen, wobei der wiederkehrende meist als Nero und der letzte als Trajan angesehen wird. Selbst moderne Theologen, die in aufgeklärter Manier vom »Wettergott Jehova« und der »unerfüllten Parusie Jesu« sprechen, halten daran fest (siehe H. Kraft). Doch so ist die Offenbarung von den frühen Christen nicht verstanden worden, denn sie hätten sich damit dem Spott aller denkenden Heiden ausgesetzt, wenn ihr prophetisches Buch das Weltende für die Regierungszeit des Domitian oder eines seiner Nachfolger angesetzt hätte. Spätestens nach dem Tode Trajans 117 n. Chr. wäre die Apokalypse Gegenstand der Lächerlichkeit geworden, und es hätte sich keine ernsthafte Diskussion mehr darüber entwickeln können, ob dieses Buch – als einziges der zahlreichen prophetischen Bücher der jungen Kirche – in den Kanon der Heiligen Schrift aufgenommen werden könnte. Die positive Entscheidung fiel erst zwei Jahrhunderte später, als eindeutig feststand, daß kein Kaiser mit diesen Drachenköpfen gemeint gewesen sein kann.

Dennoch lohnt es sich, die Theorie der sieben Kaiser zu erwähnen, weil sie eine sichere Datierung des Textstücks ermöglicht.

Zur Datierung des 17. Kapitels

Mit sieben Königen beginnt die sagenhafte frühgeschichtliche Zeit der Stadt Rom, sieben Könige, die von der Gründung durch Romulus und Remus im Jahre 753 v. Chr. bis zur Ausrufung der Republik im Jahre 510 »tyrannisch« herrschten, und sieben Könige mußten es dann wohl sein, die nach dem Untergang der Republik bis zum Ende des Reiches wie Tyrannen herrschen würden, wenn es so etwas wie geschichtliche Symmetrie gäbe. Diese tyrannischen Herrscher, nach Cäsar trugen sie den Titel Kaiser, begannen ihre Reihe mit dem »goldenen« oder gar »göttlichen« Augustus im Jahre 27 v. Chr., doch wurde die Reihe unterbrochen nach dem fünften Kaiser, Nero, von dem – obgleich ermordet – das Volk annahm, er sei ins benachbarte Partherreich geflohen und werde wiederkehren. Ein Jahr lang herrschte Ungewißheit, so daß nacheinander drei Usurpatoren den Thron einnehmen konnten, erst dann kehrte Ordnung ins Staatswesen zurück mit der Herrschaft der drei Flavierkaiser.

Das sind aber insgesamt acht Kaiser, weshalb man den letzten – auch wegen gewisser Ähnlichkeit, besonders der fast tierischen Grausamkeit – als den wiedergekehrten Nero auffaßte. Die römischen Schriftsteller jener Zeit, Juvenal, Tertullian und Plinius, bezeugen es mehr oder weniger offen. Mit den acht Kaisern war Rom aber noch immer nicht zerstört, sondern erlangte nur immer mehr Macht, bis es unter Trajan, dem zehnten in der Reihe, seine größte Ausdehnung und politische Gewalt erreichte. Erst nach seiner rund zwanzigjährigen Regierung begann der – allmähliche – Niedergang dieses ungewöhnlichen Reiches und seiner Hauptstadt.

Aus dem folgenden Überblick über die Kaiser des ersten Jahrhunderts wird ersichtlich, wie einfach es war, das von Johannes gegebene Schema darüberzustülpen. Da außerdem der Name des fünften Kaisers, der zugleich als der achte angesehen wurde, in hebräischen Buchstaben denWert 616 (wenn man von der lateinischen Form NERO KESAR ausgeht) oder auch 666 (wenn man die griechisierte Form NERON KESAR nimmt) ergibt, brauchte man nur die Aussagen des 13. mit dem 17. Kapitel zu verbinden, um einen Beweis zu erhalten. Einige Schönheitsfehler, zum Beispiel, daß das Partherreich, in das Nero geflohen sein sollte, nicht gut der Abgrund im Text des Johannes sein konnte, mußte man übergehen.

Die tyrannischen Kaiser Roms

1.	Augustus Caesar	27 v. Chr.–14 n. Chr.
2.	Tiberius	14–37
3.	Caligula	37–41
4.	Claudius	41–54
5.	Nero	54–68
	Galba }	
	Othon }	68–69
	Vitellius }	
6.	Vespasian Flavius	69–79
7.	Titus Flavius	79–81
8.	Domitian Flavius	81–96
9.	Nerva	96–98
10.	Trajan	98–117

Über die wahre Deutung, die Johannes vor Augen hatte, sagt dieses Schema nichts; es sagt jedoch etwas über den Zeitpunkt der Abfassung des 17. Kapitels aus: Wenn jemand die hier angedeutete geschichtliche Auslegung im Sinn hatte, mußte er der Meinung sein, daß die Weissagung in der Regierungszeit des Vespasian geschrieben wurde (was auch aus vielen anderen Gründen anzunehmen ist):

Die fünf gefallenen Könige sind die Tyrannen von Augustus bis Nero, der gerade Regierende ist Vespasian und der noch erwartete, der eine kurze Zeit nur regieren wird, ist Titus, der im Jahre 70 Jerusalem zerstört hat. Darauf wird der achte als einer von den fünfen folgen, nämlich Domitian als wiedergekehrter Nero.

Und das besagt, daß derjenige, der diese Auslegung für richtig hielt und die Beziehung zu Rom (Vers 9) herstellte, während Domitians Regierungszeit lebte und damit höchste Berechtigung für eine neue Herausgabe dieses klugen Buches des Johannes in der Tatsache sah, daß ein Teil der Weissagung schon in Erfüllung gegangen war. Es ist der Mann, den ich den zweiten Verfasser genannt habe.

In seiner Zeit fand man einen weiteren »Beweis«, indem man das Mal des Untieres vom Land, die Zahl 666, als Dreieckszahl auffaßte, was damals in religiösen Schriften durchaus üblich war. Die Basis von 666 ist 36, und die Basis von 36 ist 8, was auf den achten

Kopf des Tieres hinweist als Träger des Males 666, und dieser konnte nur der wiedergekehrte Nero, der Kaiser Domitian, sein.

Der Sieg des Lammes über die Könige

14. Diese werden gegen das Lamm kämpfen,
    und das Lamm wird sie besiegen,
    denn es ist der Herr aller Herren und König aller Könige,
    und seine Gefolgsleute sind Berufene, Auserwählte, Treue.«
Offenbarung 17,14

Diesen Vers hat der Herausgeber geschrieben, um das Lamm und seine Gefolgschaft darzustellen. Beim zweiten Verfasser kämpft nicht das Lamm in der Endschlacht, sondern der weiße Reiter.

Der Sinn ist bei beiden ein anderer als der, den Johannes in den folgenden drei Versen, besonders im mittleren, bringt.

Das Schicksal des Weibes

15. Und er sprach zu mir:
    »Die Flüsse, die du siehst,
    an denen die Hure sitzt,
    sind Völker, Volksmassen, Nationen und Sprachen.
16. Und die zehn Hörner, die du siehst, und das Tier,
    die hassen die Hure und machen sie einsam und nackt
    und fressen ihr Fleisch
    und werden sie mit Feuer verbrennen.
17. Denn Gott hat es ihnen als Entschluß in ihr Herz gegeben,
    seinen Entschluß auszuführen
    und ihre Macht dem Tier zu geben,
    bis Gottes Worte vollendet sind.
Offenbarung 17,15–17

Die Flüsse symbolisieren Völkerscharen und Kulturgruppen. Das Untier mit seinen mächtigen Hörnern wird die Religionen ausrotten, denn als Ausbund aller magischen Wissenschaften ist es erklärter Gegner der Religionen.

Die Darstellung ist in einer Weise abgefaßt, daß der Leser Mitleid mit dem Weib haben muß, und das ist von Johannes beabsichtigt, denn ursprünglich war dieses Weib gut, sie war die Mutter der Gläubigen; in den Versen 15 und 16 stand bei Johannes wohl noch »Weib« statt »Hure«. Dennoch ist die Vernichtung der Religionen gottgewollt, wie am Schluß unterstrichen wird. Das Untier ist nur Ausführender des Planes Gottes wie alle anderen Geistwesen und Engel auch. Da die Religionen Mittel zur Verführung der Menschen waren, müssen sie am Ende verschwinden, vernichtet von dem, der sie in der Endzeit getragen hat.

Damit wird übergeleitet zum nächsten Kapitel, das vom Fall und Untergang der Religion, der Erzeugerin und Verführerin der Gläubigen, spricht.

Die große Stadt

18. Und das Weib, das du siehst, ist die große Stadt,
die die Herrschaft über die Könige der Erde ausübt.«
Offenbarung 17, 18

Obgleich die meisten kritischen Kommentatoren diese zwei Zeilen als typische Anfügung ansehen, rechne ich sie doch zum Text des Johannes, vor allem deshalb, weil sie dem zweiten Verfasser als Vorbild für die auf Rom bezogene Deutung in Vers 9 dienten.

Das Weib, das Johannes hier am Schluß noch gedeutet bekommt – der Engel hat es ihm zu Anfang versprochen, und so ist eine solche Deutung auch in seinem Text zu erwarten –, ist unvergleichlich größer als die Herrschaft Roms, es herrscht gleichermaßen über Rom wie es vorher über Babylon und danach über die anderen Staaten des Drachen herrschen muß, denn es ist Symbol der Religion, wie das 12. Kapitel deutlich gemacht hat.

Babylons Sturz

Kapitel 18, Vers	1– 3	Die Anklage
Vers	4– 8	Das Urteil
Vers	9–19	Drei Klagen
Vers	20–21	Die Hinrichtung
Vers	22–24	Ein Nachruf

Die Anklage

Zu Anfang des 17. Kapitels hatte der erste Engel versprochen, dem Seher das Gericht über das Weib zu zeigen; in diesem Kapitel treten drei weitere Engel auf, die den Sturz des Weibes in drei Gesten verwirklichen: als Anklage, Verurteilung und Hinrichtung. Die vier Engel entsprechen wieder den vier Siegeln und den vier Throngestalten. Der erste, dem Überwinder Jesus zugeordnet, war durch den zweiten Verfasser zum Schalenengel umgeändert worden, wie Kapitel 17, Vers 1 zeigt. Hier tritt nun der zweite Engel auf:

> 1. Und danach sah ich einen zweiten Engel
> vom Himmel herniederkommen,
> der hatte große Macht,
> und die Erde wurde von seinem Glanz erhellt.
>
> 2. Und er schrie mit lauter Stimme und sprach:
> »Sie ist gefallen, gefallen, Babylon, die Große,
> und zur Behausung geworden für die Teufel
> und zur Wohnung aller unreinen Geister
> und zum Nistplatz aller unreinen und verhaßten Vögel.
>
> 3. Denn vom Zorneswein ihrer Unzucht
> haben alle Völker getrunken,
> und die Könige der Erde haben sich mit ihr vergangen,
> und die Kaufleute der Erde sind reich geworden durch ihre Üppigkeit.«

Offenbarung 18,1–3

Diese 13 Zeilen sind reiner Text des Johannes, sie schließen in Form und Inhalt an das vorige Kapitel an. Hier ist vom Weib nicht mehr wörtlich die Rede, sondern die Beziehung, die in Vers 5 des 17. Kapitels erklärt worden war – das Weib ist Babylon – wird nun gebraucht als Bild der Großstadt, die Wohnung und Ort der Verbrechen ist. Darum hatte die zweite Erinnerung an die Gleichsetzung im vorigen Vers 18 ihren formalen Sinn.

Der zweite Engel ist ein Verkünder vom Typ der Propheten; er hat großes Ansehen und ist voller Glanz, seine Stimme ist sehr laut. Das erinnert deutlich an den Propheten aus Kapitel 10, und da er als »zweiter Engel« vom Himmel herniederkommt und von der Adlergestalt regiert wird, können wir hier wiederum den Propheten

Arabiens, Mohammed, und seine zornigen Reden gegen die Götzendiener erkennen.

Die letzten drei Zeilen von Vers 2 sagen dasselbe aus, denn die verhaßten Vögel sind Sinnbild für unreine Geister, und Teufel bedeutet wieder das gleiche.

Das Urteil

4. Und ich hörte eine andere Stimme aus dem Himmel sprechen:
»Zieht heraus aus ihr, mein Volk,
damit ihr nicht teilhabt an ihren Sünden
und nicht ihre Plagen erleiden müßt!

5. Denn ihre Sünden stinken zum Himmel,
und Gott sieht ihre Verbrechen.

6. Zahlt ihr heim mit gleicher Münze
und vergeltet ihr doppelt ihre Schandtaten!
Und mischt ihr doppelt in den Kelch, mit dem sie ausgeschenkt hat.

7. Wie sie sich verherrlicht hat und übermütig war,
so gebt ihr Qual und Leid [zu spüren]!

    Denn sie sagt sich in ihrem Herzen:
    Ich sitze da wie eine Königin,
    nicht wie eine Witwe,
    und Leid werde ich nicht sehen.

8. Darum werden ihre Plagen in *einem* Tage kommen,
Tod, Leid und Hunger,
und sie wird mit Feuer verbrannt werden.
Denn stark ist Gott, der Herr, der sie richtet.«

Offenbarung 18,4–8

Dies ist die Rede des dritten Engels, der seltsamerweise – doch in Übereinstimmung mit der Verschwommenheit der dritten Throngestalt an anderen Stellen – nicht sichtbar wird. Dieser dritte Engel mit seinem Aufruf zum Auszug aus der Kirche ist unschwer als »Reformator« zu erkennen, sei er nun Hus, Luther, Hutten oder Calvin. Es ist hier von allen Reformatoren insgesamt die Rede.

Johannes dachte sicher auch ganz zeitnah an seine Glaubensbrüder, an die Christengemeinde, die aus Jerusalem weg ans jenseitige Jordanufer ziehen sollte.

Der Auszug kann in verschiedener Weise erfolgen: als Flucht einer Glaubensgemeinschaft aus dem Land der Unterdrücker, wie Israel aus Ägypten oder später aus Babylon heimzog. Oder als Rückzug nach innen, wie die Aufforderung des Paulus im 2. Korintherbrief (6,17), die einen Aufruf des Jesajas wiederholt. Moderne Beispiele dafür sind das Startschestwo der russischen Mönche oder die Bekennende Kirche der Evangelischen im 3. Reich. Der große Theologe Nikolaus von Kues bestärkte die Hoffnung in dieser Richtung, indem er schrieb, daß außer der üblicherweise geglaubten Kirche eine unsichtbare Gemeinschaft, eine versteckte Kirche existierte, zusammengesetzt aus Menschen aller Religionen, die in gutem Glauben die Wahrheit Gottes in der Welt gefühlt haben.

Der Engel richtet seinen Aufruf an das Glaubensvolk, und tatsächlich bewirkt dessen Auszug die Strafe des Weibes. Tod, Leid und Hunger sind natürlich nur dann wirkliche Strafen, wenn sie im übertragenen Sinn – wie bei Johannes üblich – aufgefaßt werden; sonst wäre nicht nur die Reihenfolge falsch. Der Tod bezeichnet den geistigen Tod zu Lebzeiten, eine schreckliche Strafe für das Weib, das als Herrin über der Geistlichkeit thront. Der Auszug der Gläubigen verursacht das Leid, die Ferne von Gott den Hunger nach seiner Liebe. Das Untier, das bisher dem Weib als Reittier diente, verbrennt am Ende – das nicht das völlige Ende ist – dieses Weib.

In Vers 6 sind zwei Zeilen, in denen von der Verdoppelung die Rede ist, durch den Zwischenbearbeiter eingefügt. Wie in Kapitel 16, Vers 6 und Kapitel 17, Vers 6 wird auch hier in Vers 6 an die Verbrechen des Weibes erinnert, an das »Mischen des Weines«, für das die Gläubigen doppelte Vergeltung üben sollen. Die Ausdrucksweise wie auch der Rachegedanke passen nicht zu Johannes, der im ersten Teil von Vers 7 nur sagt: »Soviel, wie sie sich selbst verherrlicht hat, gebt ihr zu spüren an Leid und Qual.«

Der zweite Teil von Vers 7 geht fast wörtlich auf Jesaja 47, Vers 7 und 8 zurück und dürfte ein Zusatz des Herausgebers sein, der solche kurzen Zeilen zur Ausmalung bevorzugte.

Drei Klagen

An dieser Stelle, eingeschoben zwischen dem dritten und vierten Engel, stehen drei »Klagelieder« über die Vernichtung des Weibes. Dabei fällt auf, daß das Urteil schon vollstreckt ist, denn die Stadt brennt schon, und der Rauch steigt auf.

In der Zeitlosigkeit der Darstellung des Johannes ist das gut vorstellbar, dennoch wäre es sinnvoller, wenn der vierte Engel sein Urteil zuerst vollstreckt hätte und dann die Klagelieder ertönen würden. Es ist anzunehmen, daß hier der Herausgeber, vielleicht schon der zweite Verfasser, eine Neuordnung der Verse des Johannes vorgenommen hat. In den folgenden Kapiteln wird dies noch deutlicher, ohne daß ein erkennbarer Grund dafür vorhanden wäre, so daß die Annahme nahe liegt, daß das Ende der Buchrolle, die dem Bearbeiter vorlag, schon recht abgenutzt oder zerrissen war, so daß er nach Gutdünken die Bruchstücke zusammensetzen mußte. Auch das ist ein Hinweis auf den großen Zeitabstand zwischen Johannes und seinen Bearbeitern, der gut eine Generation betragen könnte.

Die drei Klagen über den Untergang der großen Stadt wirken eher wie ein Hohngelächter, in dem die Schandtaten des Weibes in dreifacher Weise aufgezählt werden. In den ersten sieben Zeilen klagen die Herrschenden über den Untergang der Religion, die sie in ihr Machtspiel eingespannt hatten:

> 9. Und es werden sie beweinen und beklagen die Könige der Erde,
>   die mit ihr gehurt und gepraßt haben,
>   wenn sie den Rauch von ihrem Brand sehen;
> 10. und sie werden fern stehen aus Furcht vor ihrer Qual
>
>   und sprechen: »Wehe, wehe, große Stadt,
>   Babylon, starke Stadt,
>   in einer Stunde ist dein Gericht gekommen!«
>
> *Offenbarung 18,9–10*

Auf die Klage der Könige folgt die der Händler, wiederum in sieben Zeilen ausgedrückt. Allerdings hat der Herausgeber 16 Zeilen davorgeschaltet, und als Vers 14 wurden drei Zeilen hineingeschoben, die erst zur Versgruppe 22 und 23 gehören. Nur Vers 15–17 stammen von Johannes.

11. Und es beweinen und beklagen sie die Kaufleute der Erde,
    weil niemand mehr ihre Waren kauft,
12. die Waren aus Gold und Silber
    und Edelstein und Perlen
    und Leinwand und Purpur
    und Seide und Scharlach;
    die Kästchen aus Lebensbaumholz und Elfenbein,
    die Gefäße aus kostbarem Holz,
    aus Kupfer und Eisen und Marmor;
13. und Zimt und Ingwer und Weihrauch
    und Myrrhe und Harz
    und Wein und Öl
    und Mehl und Grieß
    und Rinder und Schafe
    und Pferde und Wagen
    und Sklaven und Menschenseelen.
14. Und die Sommersüße, an der deine Seele sich labte,
    und alles Fette und Glänzende ist dahin,
    und nie mehr wird man es finden.
15. Und die Händler dieser Waren, die an ihr reich geworden sind,
    werden fern stehen aus Furcht vor ihrer Qual,
    werden weinen und klagen und sprechen:
16. »Wehe, wehe große Stadt,
    gekleidet in Leinen, Purpur und Scharlach,
    vergoldet mit Gold, besetzt mit Edelstein und Perlen,
17. in *einer* Stunde wurde dieser Reichtum zerstört!«

Offenbarung 18,11–17

Hier prangert Johannes die Gier nach Luxus an, der die Religionen erlegen sind, wobei er mit Vers 16 Bezug nimmt auf Vers 4 des vorigen Kapitels, indem er dieselben Wörter wiederholt; vielleicht ist diese wörtliche Wiederholung aber auch die Arbeit des zweiten Verfassers, der den verlorengegangenen Text des Johannes möglichst getreu wiederherstellen wollte.

Die dritte Klage erinnert am stärksten an Hesekiels Wehgeschrei (Kapitel 27 und 28) über den Untergang von Tyros, der reichen

Hafenstadt am Mittelmeer. Auch dort hieß die Stadt zunächst »ein reinliches Siegel, voller Weisheit und über die Maßen schön« (28,12), doch dann wurde sie wegen ihrer Überheblichkeit ganz plötzlich vernichtet.

Wahrscheinlich bestand auch die zweite Klage nur aus sieben Zeilen, zugefügt ist die Dreiergruppe in der Mitte und die dritte Zeile der letzten Vierergruppe durch den Herausgeber, der vor allem durch den Ausruf: »Wer gleicht dieser großen Stadt?« an entsprechende Anbetungsformeln anknüpft, wodurch die Verwechslung zwischen der »Religion« und Gott besonders kraß hervortritt.

     Und alle Kapitäne und Steuerleute
     und die Seefahrer und Matrosen
18. standen fern und schrieen,
     als sie den Rauch von ihrem Brand sahen, und sprachen:

     »Wer gleicht dieser großen Stadt?«
19. Und sie bedeckten ihre Köpfe mit Staub,
     schrieen, weinten und klagten und sprachen:

     »Wehe, wehe große Stadt,
     an der alle reich geworden sind,
     die Schiffe auf dem Meer hatten, an ihrem Luxus;
     in *einer* Stunde wurde sie vernichtet!
                              Offenbarung 18,17–19

Mit der Vernichtung endet die dritte Klage.

Diese sehr streng konstruierten drei Klagen stehen in gewisser Weise parallel zu drei Reitern, dem zweiten, dritten und vierten. Daß bei dem letzten an Stelle von Soldaten Seeleute klagen, ist auf die eben zitierte Stelle aus dem Buch Hesekiel zurückzuführen. Vielleicht ist aber auch dies eine eigenwillige Aussage des zweiten Verfassers, der den verlorenen oder bruchstückhaften Text möglicherweise wiederherstellen mußte.

Die Hinrichtung

Der folgende »Jubelruf« stammt vom zweiten Verfasser, er stellt hier die drei wichtigsten Stände der jungen Kirche als ebenbürtig hin; inhaltlich nahm er Kapitel 12, Vers 12 zum Vorbild.

> 20. Freue dich über sie, Himmel,
> und ihr Heiligen, Apostel und Propheten,
> denn Gott hat sie für euch gerichtet!«

Nun folgt in der Handlung des vierten Engels mit zwingender Gewalt – wie bei einem Zauberer, der Magie ausübt – die Hinrichtung des Weibes:

> 21. Und ein starker Engel hob
> einen Stein auf, so groß wie ein Mühlstein,
> und warf ihn ins Meer und sprach:
> »So wird mit einem Schwung Babylon, die große Stadt,
> verworfen
> und nicht mehr wiedergefunden.«

Offenbarung 18,20–21

Nach Vers 16 des 17. Kapitels, nach der Aussage des vorigen Engels und nach der doppelten Klage über den »Rauch von ihrem Brand« wäre ein gewaltiges Feuer zu erwarten gewesen, in dem das Weib vernichtet wird. Aber die Handlung des Engels, der dem vierten Thronengel gleichzusetzen ist, kann als ein »Zeichen« aufgefaßt werden, in dem die völlige Vernichtung nur zum Ausdruck kommen soll.

Dennoch kann man fragen, ob hier nicht der Text des Johannes gekürzt wurde. Die Stücke, in denen die beiden anderen Engel auftraten, waren je 13 Zeilen lang, so daß man annehmen könnte, daß hier zwei Vierzeiler verlorengingen. Ursprünglich wird die Darstellung der Vernichtung direkt nach der Anklage und der Urteilsverkündung gestanden haben, danach erst haben die drei Klagen ihren Sinn. Bei der Umstellung des Textes ging vielleicht ein Teil verloren.

Es stellt sich die Frage, warum gerade ein Mühlstein als Sinnbild Babylons gewählt wurde. Aus derben Witzen im Orient erfuhr ich die Lösung: Da der Mühlstein ein Loch hat, gilt er als weiblich und kann als Deckbezeichnung für »Hure« stehen. Daß der Engel ihn ins Meer wirft und nicht in den Euphrat, wie es in Anlehnung an das prophetische Vorbild geschehen könnte, zeigt die Freiheit des Sehers, der den Namen Babylon nicht als Ortsnamen auffaßt.

Ein Nachruf

22. Und die Musik der Harfenspieler und Sänger
und Pfeifer und Posauner
wird nicht mehr in dir gehört,
und kein Meister irgendeines Handwerks
wird mehr in dir gefunden,
und der Klang der Mühle
wird nicht mehr in dir gehört.

23. Und das Licht der Lampe
scheint nicht mehr in dir,
und die Stimme von Bräutigam und Braut
wird nicht mehr in dir gehört.

Denn deine Kaufleute waren die Mächtigen der Erde.
Denn durch deine Giftmischerei wurden alle Völker verführt.
24. Und es wurde das Blut der Propheten und Heiligen in ihr gefunden,
und aller jener, die auf Erden geopfert wurden.

Offenbarung 18,22–24

Diesen Nachruf schrieb der Herausgeber in der ihm eigentümlichen Art der Aufzählung, wobei er inhaltlich an die kostbaren Waren der Händler in den Versen 12 und 13 und an den umgestellten Vers 14 anschließt.

Die Begründung für das strenge Urteil in der letzten Vierergruppe ist uneinheitlich, denn zuerst wird Babylon die Verführung der »irdischen« Menschen zur Last gelegt, was an sich nicht schwer wiegt, dann wird in den beiden angehängten Teilen von Vers 24 ein anderer Vorwurf erhoben, der sachlich und auch formal zur Einführung in Kapitel 11, Vers 8 und in Kapitel 16, Vers 6 gehört; damit taucht eine theologische Schärfe auf, die einen Gedanken des

Johannes über das fünfte Siegel (6,11) fortsetzt. Ich sehe dies wieder als Anfügung des Zwischenbearbeiters an, der nach dem zweiten Verfasser und vor der Herausgabe des Buches einige kleinere Zusätze einschob, die das Martyrium hervorheben.

Das Weltgericht

Kapitel 19, Vers	1– 8	Der Dankgottesdienst
Vers	9–10	Der Fußfall
Vers	11–16	Der weiße Reiter Christus
Vers	17–21	Die Endschlacht
Kapitel 20, Vers	1– 3	Der Sturz des Drachen
Vers	4– 6	Das Gericht
Vers	7–10	Die Verführung im letzten Kampf: Gog und Magog
Vers	11–15	Das Buch des Lebens und das Weltgericht

Der Dankgottesdienst

In acht Versen wird nun der sogenannte »Dankgottesdienst im Himmel« beschrieben, der auf dem Text des Johannes aufbaut, von dem die ersten vier Zeilen übernommen sind.

1. Danach hörte ich die laute Stimme einer großen Volksmenge im Himmel,
    die etwa folgendes sagte:
    »Halleluja! Heil, Herrlichkeit und Kraft sind von unserm Gott,
2. denn wahrhaftig und gerecht sind seine Gerichte!
    Denn er hat die große Hure gerichtet,
    die mit ihrer Unzucht die Erde verdorben hat;
    und er hat das Blut seiner Knechte von ihrer Hand gefordert.«
3. Und wiederum sprachen sie: »Halleluja!«
    Und ihr Rauch steigt auf für alle Zeit.
4. Und die 24 Ältesten fielen nieder,
    und die vier Thronwesen,
    und beteten Gott an, der auf dem Thron sitzt, und sprachen:
    »Amen! Halleluja!«
5. Und vom Thron erklang eine Stimme:

    Preist unsern Gott,
    alle seine Knechte,
    die ihn fürchten,
    die Kleinen und die Großen.

6. Und ich hörte etwas, wie die Stimme einer großen Schar
    und wie das Rauschen von vielem Wasser
    und wie den Klang von starkem Donner, sagend:

    »Halleluja!
    Denn der Herr, unser Gott, der Allmächtige, ist König geworden.
7. Wir wollen uns freuen und fröhlich sein
    und ihm die Ehre geben!«

    Denn die Hochzeit des Lammes ist gekommen,
    und seine Braut hat sich bereit gemacht,
8. und es wurde ihr gestattet, das glänzend reine Leinenkleid anzulegen;
    denn das schöne Leinenkleid sind die gerechten Taten der Heiligen.

Offenbarung 19,1–8

Anschließend an die vier Zeilen des Johannes, die sachlich und formal noch als Siegeslied zum vorigen Kapitel gehören und wohl sieben Zeilen in einem einzigen Vers verbanden, haben die Bearbeiter durch Wiederholung und unter Benutzung passender Zeilen aus Kapitel 4, dem ehemaligen Buchanfang, diesen Schlußgottesdienst gestaltet.

Die Urheberschaft der einzelnen Zeilen ist ungewöhnlich verschachtelt.

Die beiden Zeilen von der Hure und ihrer Unzucht in Vers 2 sind typisch für den Herausgeber, die darauf folgende Zeile »er hat das Blut seiner Knechte gerächt« kennzeichnet ebenso deutlich den Zwischenbearbeiter, der sie wohl an die Gerichte angehängt hatte; diese Zeile bereicherte der Herausgeber um den Ausdruck »von ihrer Hand«.

In Vers 3 stammt die erste Zeile vom zweiten Verfasser, die andere vom Herausgeber, denn die in ihr enthaltene Aussage kann von keinem anderen geschrieben sein.

Vers 4 ist Werk des zweiten Verfassers nach genauem Vorbild des Johannes, doch für letzteren bestand kein Grund, die erste seiner Visionen hier zu wiederholen.

In Vers 5 ist nur die zweite Zeile von Johannes, sonst spricht der Herausgeber, wie an dem Ausdruck von den »Kleinen und Großen« erkennbar ist, der in seiner Fassung fünfmal vorkommt (11,18; 13,16; 19,5; 19,18; 20,12) – vielleicht ein Zitat nach Psalm 115,13. An dieser Stelle hat man einen Sinn hineinlegen können: Die »Kleinen« sollen die Geretteten in unvorstellbar großer Zahl sein, aus allen Völkern und Zeiten; die »Großen« aber sind die Heiligen und Märtyrer des christlichen Glaubens. Da diese Deutung aber an anderen Stellen nicht paßt – in 13,16 sind sogar die Ungläubigen mit diesem Ausdruck gemeint –, müssen wir auf diese Erklärung verzichten.

Wie in Kapitel 14, Vers 2 schrieb der zweite Verfasser hier Vers 6, wobei ich vermute, daß er die zweite Zeile weggelassen hat und daß diese erst vom Herausgeber nachgetragen wurde. Es folgt das vierte »Halleluja!« – auch diese Auffüllung auf die Zahl Vier kennzeichnet den zweiten Verfasser. Das Wort bedeutet etwa dasselbe wie die Johanneszeile in Vers 5: »Preist unsern Gott!« Wahrscheinlich gehörte dieser Ausruf damals schon zum Bestandteil der christlichen Gottesdienste; er kommt sonst im Neuen Testament nirgends vor.

Die anschließende Zeile ist wieder typisch für den Herausgeber, der mehrmals sagt, daß Gott König geworden sei.

Die ersten beiden Zeilen von Vers 7 schrieb Johannes, die übrigen beiden der zweite Verfasser, der hier wieder einen wichtigen Mosaikstein ins christliche Sagenbild einfügt, der in fast allen heidnischen Endzeitmythen einen Höhepunkt darstellt: die himmlische Hochzeit des Helden, ohne die kein Märchen enden kann. Ungewöhnlich ist, daß das Lamm heiratet, aber zum weißen Reiter hätte dieses Bild noch weniger gepaßt. Außerdem ist denkbar, daß der zweite Verfasser nur ein schon geprägtes Bild benutzte, denn in den Evangelien wird die Hochzeit des Gesalbten mit seiner Gemeinde mehrfach entworfen.

Der Herausgeber hat aber die Ordnung gestört mit der ersten Zeile von Vers 8: Wenn das glänzende Leinenkleid Inbegriff für die Reinheit der Gläubigen ist, dann tragen sie dieses Kleid immer und legen es nicht erst jetzt an. Die anschließende erklärende Zeile dürfte ein später Nachtrag sein, denn sie läßt die Unstimmigkeit des Bildes vom Ehrenkleid nur noch deutlicher hervortreten.

Der Fußfall

Eigenartigerweise folgt nun schon der ehemalige Schlußvers des Johannes, der im letzten Kapitel (22,8–9) fast wörtlich wiederholt wird. Ihm vorangestellt ist die Wiederholung des Schreibbefehls, der am Anfang des Buches und in der Mitte (14,13) vorkommt, sodann eine seltsame Seligpreisung, beide wohl vom zweiten Verfasser, und eine Beteuerung, die ebenfalls nicht von Johannes stammen kann.

9. Und er sprach zu mir: »Schreibe!«
   Selig sind die, die zum Gastmahl des Lammes geladen sind!
   Und er sprach zu mir: »Dies sind wahrhaftige Worte Gottes!«
10. Und ich fiel ihm zu Füßen, um ihn anzubeten.
    Und er sprach zu mir: »Vorsicht, tu's nicht!
    Ich bin dein Mitknecht
    und der deiner Brüder,

die das Zeugnis Jesu haben.
Bete Gott an!«
Denn das Zeugnis Jesu ist der Geist der Weissagung.

Offenbarung 19,9–10

Johannes erhielt seinen Befehl zum Schreiben von einer himmlischen Stimme; hier jedoch scheint ein Engel den Befehl auszusprechen, die Himmelsstimme sang das Danklied. Die Seligpreisung gibt wohl einen damals umlaufenden Spruch wieder; einige Texte haben hier »Hochzeitsmahl«. Der zweite Verfasser ist sich allerdings nicht klar darüber, daß er einmal die Gemeinde als Braut, beim anderen Mal als Gästeschar darstellt.

Auch in den Gleichnissen, die im Lukas- und Matthäusevangelium erzählt werden, stehen die Gäste für die zum Glauben Aufgerufenen. Die Erwähnung der Mahlzeit durch den Herausgeber in einer Botenrede (3,20) erhielt ihre Bedeutung wohl von dieser Seligpreisung hier.

Und nun Vers 10 mit dem berühmten Fußfall des Johannes. Die beiden Zeilen, die das »Zeugnis Jesu« enthalten, sind vom Schlußbearbeiter hinzugefügt, sie kommen in der Wiederholung des Verses im letzten Kapitel nicht vor.

Man hat sich gewundert, daß Johannes, der doch an Visionen und Engel gewöhnt war, den Fehler beging, dem Engel zu Füßen zu fallen, um ihn anzubeten. Dies könnte höchstens in der ersten Vision vorgekommen sein, hätte also am Buchanfang stehen müssen, meinen einige Kommentatoren. Andere denken, daß der Vorfall von Johannes erfunden sei, um auf diese Weise die Gleichsetzung von Propheten und Engeln drastisch darzustellen, also eine weitere Hebung des Prophetenstandes, die deutlich im Text des Johannes herauszuspüren ist. Durch die inneren Streitigkeiten der jungen Kirche, bei denen die Propheten heftig kritisiert wurden, kam diesem Vers dann besondere Wichtigkeit zu, so daß er in Kapitel 22, Vers 8–9, fast wörtlich wird.

Der weiße Reiter Christus

11. Und ich sah den Himmel geöffnet,
    und siehe: ein weißes Pferd,
    und der Reiter darauf heißt Treu und Wahrhaftig,
    und er richtet und kämpft mit Gerechtigkeit.

12. Seine Augen sind eine Feuerflamme,
    und auf seinem Haupt [trägt er] viele Kronen
    und einen Namen darauf geschrieben,
    den niemand kennt außer ihm.
13. Und er ist bekleidet mit einem blutbesudelten Mantel,
    und sein Name lautet: Das Wort Gottes.

14. Und die Heere im Himmel
    folgten ihm auf weißen Pferden,
    bekleidet mit reinen weißen Leinengewändern.

15. Und aus seinem Munde fährt ein scharfes Schwert hervor,
    daß er damit die Völker schlüge;
    und er wird sie weiden mit eisernem Stab.

    Und er tritt die Kelter
    des Zornweines Gottes, des Allmächtigen.
16. Und auf seinem Mantel und auf seinem Schenkel
    trägt er einen Namen geschrieben:
    König der Könige und Herr der Herren.

Offenbarung 19,11–16

Dieses überaus prachtvolle Bild vom ersten Reiter auf dem weißen Pferd – Christus, wie aus allen Kennzeichen ablesbar ist – dürfte vom zweiten Verfasser entworfen sein. Es bestand wohl zuerst aus 14 Zeilen, zu denen der Zwischenbearbeiter den zweizeiligen Vers 13 hinzufügte; Blut war auch für den zweiten Verfasser noch zu unrein, um auf dem Mantel Jesu zu prangen, es kann nur dem Zwischenbearbeiter zuzuschreiben sein, der es in Anlehnung an den im zweiten Teil vom Vers 15 zitierten Jesajatext 63,3 schrieb. Der Herausgeber hat weitere fünf Zeilen dazugegeben: jeweils die dritte Zeile in Vers 14 und 15 und den ganzen Vers 16.

Obgleich es heißt, daß niemand den Namen des Reiters kennt, der auf seinem Haupt geschrieben ist (das als Gegenbild zu den sieben oder zehn Kronen der Drachentiere viele Kronen trägt), wird gleich zu Anfang schon der Name verraten: Treu und Wahrhaftig läßt sich ins Hebräische zurückübersetzen als »Amen«, ein Zuname Christi in der Liturgie. Auch der Zwischenbearbeiter verrät einen Namen des Gesalbten: das Wort Gottes (wie im 4. Evangelium), und der Herausgeber wiederholt den Christustitel von Kapitel 17, Vers 14 in umgekehrter Reihenfolge.

Der unvoreingenommene Leser wird fragen, was denn der weiße Reiter, der doch als Siegelöffner seine Aufgabe erfüllt hatte, hier soll. Auch die von den Christen erwartete Wiederkehr des Gesalbten auf der Wolke ist schon im 14. Kapitel großartig geschildert. Es geht darum, eine andere jüdische Endzeiterwartung, die Endschlacht und den Sieg des Gesalbten, in den christlichen Rahmen einzufügen.

Die Endschlacht

17. Und ich sah einen Engel in der Sonne stehen.
    Und er rief mit lauter Stimme
    und sprach zu allen Vögeln, die unter dem Himmel fliegen:
    »Herbei! Sammelt euch zum großen Mahle Gottes!

18. Daß ihr Fleisch freßt von Königen
    und Fleisch von Mächtigen
    und Fleisch von Starken
    und Fleisch von Rossen und Reitern
    und Fleisch von allen Freien und Knechten
    und von Kleinen und Großen!«

19. Und ich sah das Tier
    und die Könige der Erde und ihre Heere
    versammelt, um Krieg zu führen
    mit dem, der auf dem Pferd sitzt,
    und mit seinem Heer.

20. Und das Tier wurde gefangen
    und mit ihm der falsche Prophet,
    der vor ihm die Wunderzeichen tat,
    durch die er jene verführte,
    die das Mal des Tiers annahmen
    und die sein Bild anbeteten.

Diese beiden wurden lebendig in den feurigen Teich geworfen,
der mit Schwefel brennt.

21. Und die übrigen wurden mit dem Schwert erschlagen
von dem, der auf dem Pferde sitzt,
das aus seinem Mund hervorgeht.
Und alle Vögel wurden satt von ihrem Fleisch.

Offenbarung 19,17–21

Die Begriffe »Endschlacht« und »Sieg des Gesalbten« waren ursprünglich nicht miteinander verknüpft gewesen, gehörten aber beide zu den Endzeitbildern der Propheten und waren schon vor dem Auftreten Jesu in der jüdischen Erwartung verschmolzen zu einem monumentalen Schlußakt der menschlichen Geschichte. Dieses Kolossalgemälde fehlt bei Johannes, denn er hat es nicht als seine Aufgabe angesehen, die auf die Endzeit bezogenen Weissagungen gesammelt vorzustellen, sondern seine eigenen Visionen niederzuschreiben.

Für den zweiten Verfasser lag der Fall ganz anders. Er glaubte, in dem Manuskript des Johannes ein kostbares und fast vollständiges Werk über das Ende der Zeit vor sich zu haben; darum hat er überall dort, wo es ihm nötig schien, das »Fehlende« nachgetragen.

So fügte er hier die Endschlacht ein. Sie ist nach Hesekiels Weissagung geformt, vor allem im Bild der Vögel, die aufgerufen werden, die Leichen der Erschlagenen wie Aasgeier zu vertilgen. Darin liegt kein innerer Sinn, außer daß dieser Leichenschmaus als Gegenstück zu dem gerade vorhin eingeführten Hochzeitsmahl des Lammes gelten kann. Als Endzeitereignis ist das Bild zu schwach, weil es in keinem Verhältnis zu den groß angelegten Erdkatastrophen des Johannes steht. Auch die Schlacht selbst ist bedeutungslos, wohl durch das Jesajawort erzwungen, das besagt, daß Gott – oder der Gesalbte – die große Erlösungstat ganz allein, »ohne Helfer« vollbringt. Da die Menschheit nach den früheren Visionen schon durch Verschmutzung des Trinkwassers, durch Krankheiten, Krebs und Verschmutzung der Meere, durch Erdbeben und Sternenhagel fast vernichtet ist, wirkt die hier beschriebene Tötung durch das Schwert kaum noch.

Zu den 13 Zeilen des zweiten Verfassers hat der Herausgeber die Verse 18 und 20 hinzugeschrieben, einerseits um die Vision dieser so wichtigen Endschlacht aufzufüllen, wobei er in Vers 18 die Kastenaufzählung des Johannes (6,15) nachahmt, andererseits um das Ende der beiden Untiere vom Meer und vom Land zu schildern, die – da sie Geistwesen sind wie der Drache – nicht getötet werden können, sondern lebendig ihre Strafe abbüßen müssen. Zu diesem Zweck führt er den feurigen Teich ein, möglicherweise als Gegenstück zum Himmelsozean, den er ebenfalls durch Zusatz mit Feuer versehen hatte (15,2), der aber mit dem Abgrund des Johannes, der gleich anschließend kommt, nicht gleichzusetzen ist.

Daß die Unterwelt ein großes Feuer sei, schreibt schon Markus (9,43) und ebenso Matthäus (5,22), wenn auch beim Markustext der Eindruck entsteht, daß das Feuer dort nachträglich angefügt sein könnte. Aber der Gedanke selbst ist uralt, er gehört zu vielen heidnischen Mythen. Hier war die Vorlage wohl wieder das ägyptische Totenbuch, wo der Feuersee als Totenbestrafung oder Schreckensbild beschrieben ist (Kapitel 17 und 110).

Die Einführung des Feuerteiches in die Offenbarung fiel dem Herausgeber leicht, weil er auf ein anschauliches Bild zurückgreifen konnte: Vor den unteren Mauern Jerusalems befand sich ein Graben, Ga-Hinnom genannt, in den Aas und Leichen von Verbrechern geworfen wurden; von Zeit zu Zeit schüttete man Schwefel darüber und zündete alles an. In den Evangelien wird dieser Ortsname, den Luther mit »Hölle« übersetzt, was von Helle, Feuerstelle kommt, als Sinnbild der Vernichtung der Verdammten eingeführt.

Wenn es auch augenfällig scheint, aus der Abfallverbrennungsstelle der Heiligen Stadt ein Schreckensbild für die Verbrennung der von Gott abgefallenen Menschen zu gestalten, so ist es doch eine widersprüchliche Neuerung, ganz gleich, ob man es mystisch auf die in immerwährender Selbstpeinigung brennenden Seelen der Übeltäter bezieht oder eschatologisch auf eine für alle Zeit fortbrennende Erde, die nach der großen Feuerkatastrophe – oder Atombombenexplosion, um ein Bild des 20. Jahrhunderts zu wählen – wie strahlende Materie weiterglüht. Es ist widersprüchlich, weil damit der Begriff der Vernichtung entwertet wird. Es würde nämlich bedeuten, daß ein Teil der Schöpfung fortwährend gepeinigt wird, daß deren Geist also weiterlebt. Der Gegensatz zum »ewigen Leben« der Erlösten ist aber das Nichtweiterleben der Verworfenen. Wenn es einen Schöpfungsakt »ex nihilo« gibt, das heißt, wenn Gott die Materie durch sein Wort allein entstehen läßt – und das bezweifeln die Theologen nicht –, dann muß es auch möglich sein, diese Materie durch ein Wort, das »Schwert«, wieder im Nichts vergehen zu lassen. Doch das schien dem Herausgeber undenkbar, weshalb er den feurigen Teich und den zweiten Tod einführte.

Die Vorstellung vom Fegefeuer, das zur Läuterung der Seelen brennt, hat hiermit noch nichts zu tun, sie wurde erst im 12. Jahrhundert in die christliche Religion einbezogen.

Wiederum gilt Daniel (7,11) als Vorbild für die Vernichtung des Drachentieres durch das Feuer, aber dort wird nur der Leib des Tieres vom Feuer verzehrt, nachdem es getötet ist, während hier die Untiere lebendig ins Feuer geworfen werden, in dem sie – wie Kapitel 20, Vers 10 noch deutlich ausmalt – für alle Zeit Foltern erleiden.

Von diesen Phantasien klar getrennt ist die Anschauung des Johannes, der nur einen Abgrund kennt (9,2), in dem wie in Umkehrung des Schöpfungsvorganges der Drache geworfen wird.

Der Sturz des Drachen

1. Und ich sah einen Engel vom Himmel herabkommen,
   der hatte den Schlüssel zum Abgrund
   und eine große Kette in seiner Hand.

2. Und er überwand den Drachen,
   die alte Schlange,
   – das ist der Teufel und Satan –
   und band ihn für tausend Jahre
3. und warf ihn in den Abgrund
   und schloß [ihn] zu und versiegelte ihn obenauf,

   damit er nicht mehr die Völker verführe,
   bis tausend Jahre vergangen sind.
   Danach muß er für kurze Zeit los werden.

   Offenbarung 20,1–3

Das Urbild der schrecklichen Untiere, der Drache, der aus dem Himmel auf die Erde geworfen war durch Michael und seine Engel,

Albrecht Dürer, Der Engel mit dem Schlüssel zum Abgrund

wie in Kapitel 12 erzählt wurde, wird nun von einem Engel besiegt und in den Abgrund, in die Vernichtung, geworfen. Schon in Kapitel 12, Vers 12 wird gesagt, »daß er wenig Zeit hat«, und in Kapitel 17, Vers 9 heißt es: »er fährt in die Verdammnis«.

Johannes sagt: »Ich sah« – es handelt sich also wieder um eine Vision, und darum ist auch nur von einem Engel die Rede, ohne daß sein Name genannt wird. Wäre hier ein altes Sagenbild aufbereitet worden, dann hieße der Engel mit der Schlüsselgewalt sicher Michael. Mit der Wiederholung der Begriffe aus Kapitel 12, »alte Schlange, Teufel und Satan«, soll aber deutlich an das dort geschilderte Sagenbild angeknüpft werden. Man kann annehmen, daß Johannes zu Anfang des zweiten Buchteiles, also im heutigen 12. Kapitel, die Sagenbilder vorstellte, um seine eigenen Visionen verständlicher zu machen.

Die Begrenzung der Gefangenschaft des Drachen auf tausend Jahre (20,2 d und 3 d–e) hat der Herausgeber eingefügt, um weitere Bilder von Endschlachten und den Begriff der »Tausendjahrherrschaft« unterzubringen. Das Bild des Johannes war in klassischer Weise in dreimal drei Zeilen dargestellt. In seiner sachlich strengen Sprache zeigt er die Fesselung der Weltmacht »Überheblichkeit«, und dies ist ein Ereignis von unvorstellbarer Auswirkung. Denn der Drache ist das Sinnbild der Zeit, und erst durch sein Auftreten als Verführer des Menschen ist ihm die Zeit bewußt geworden. Mit der Fesselung des Drachen endet das, was in unserer Vorstellung den Zeitablauf ausmacht: Das Ende der Zeit ist erreicht.

Das Gericht

Jetzt kommt der Augenblick, in dem das Gericht stattfindet. Gott übergibt seine Gerichtsmacht an die himmlischen Wesen oder an die Menschen, die sich unter dem Altar im Himmel befinden und nach Rache geschrien haben, wie es das fünfte Siegel beschrieb. An dieser Stelle ist zu erwarten, daß Johannes wieder einen Blick in den geöffneten Himmel tut, doch diese Zeile hat der zweite Verfasser bei seiner Beschreibung der Vision des weißen Reiters verarbeitet (19,11). So beginnt Vers 4 unvermittelt:

4. Und ich sah Throne,
    und sie setzten sich darauf,
    und ihnen wurde Gerichtsvollmacht gegeben. *Offenbarung 20,4*

Selbst wenn dem Leser völlig klar wäre, wer sich auf diese Throne setzt und richtet, so müßte doch aus grammatischen Gründen zuerst gesagt werden, auf wen sich das Subjekt »sie« bezieht. Die Bezugspersonen werden erst im zweiten Versteil genannt, so daß man annehmen muß, daß er ursprünglich – natürlich ohne die zweite Zeile – vorher stand:

Und die Seelen, hingerichtet
um des Zeugnisses Jesu willen
und um des Wortes Gottes willen, *Offenbarung 20,4*

Die Umstellung der beiden Versteile hat der Herausgeber vorgenommen, um in seinem typischen Wiederholungsstil weitere vier Zeilen anzufügen, die den Gegensatz der Erlösten zu den Übeltätern hervorheben:

und diejenigen, die das Tier nicht angebetet hatten
noch sein Bild,
und nicht das Mal auf ihre Stirn genommen hatten
noch an ihre Hand.
Und diese lebten und herrschten mit Christus tausend Jahre.
Offenbarung 20,4

Sprachlich fällt die letzte Zeile aus dem Rahmen, vermutlich hat sie ein Nachbearbeiter angehängt, um die Tausendjahrherrschaft mit dem Namen Christi zu verbinden.

5. Die anderen Gestorbenen lebten nicht,
    bis die tausend Jahre abgelaufen sind.
    Diese ist die erste Auferstehung.
6. Selig und heilig ist, wer an der ersten Auferstehung teilhat.
    Über sie hat der zweite Tod keine Macht,
    sondern sie werden Priester Gottes und Christi sein
    und mit ihm herrschen tausend Jahre.
    Offenbarung 20,5–6

Die Belehrung über den ersten und zweiten Tod stammt vom Herausgeber, und sie schien ihm nötig, um das Totengericht für logisch denkende Hellenen annehmbar zu machen. Seine Begriffe – der erste und zweite Tod – sind nach griechischen Mysterienkulten und diese wieder nach ägyptischen Totenbuchversen (zum Beispiel Kapitel 42 und die Rubrik zu Kapitel 130) geformt. Die ersten beiden Zeilen von Vers 6 klingen wie ein griechischer Einweihungsspruch. Daran hat der Nachbearbeiter mit zwei Zeilen wieder die Tausendjahrherrschaft Christi angefügt. Die ersten beiden Zeilen von Vers 5 sind ein noch späterer Nachtrag, sie passen nicht in diesen Zusammenhang, sondern gehören zur jüdischen Vorstellung.

Die Verführung im letzten Kampf: Gog und Magog

7. Und wenn die tausend Jahre um sind,
   wird der Satan aus seinem Gefängnis frei werden
8. und ausziehen, die Völker zu verführen
   von den vier Enden der Erde,
   den Gog und Magog,
   um sie zum Krieg zusammenzurufen.
   Ihre Zahl ist wie der Sand am Meer.
9. Und sie zogen herauf auf die Ebene
   und umschlossen das Heerlager der Heiligen
   und die geliebte Stadt.
   Und Feuer fiel vom Himmel und verzehrte sie [alle].
10. Und der Teufel, der sie verführt hatte,
    wurde in den Teich aus Feuer und Schwefel geworfen,
    wo schon das Tier und der falsche Prophet waren,
    und sie werden gequält werden Tag und Nacht
    für alle Zeiten.

Offenbarung 20,7–10

Anknüpfend an Hesekiel 38 und 39 wird hier vom Herausgeber ein Thema besprochen, das weit verbreitet ist im ganzen Orient. Noch heute kennt jeder Moslem die Weissagungen, die mit den beiden Namen Gog und Magog verknüpft sind.

In der Völkertafel der Bibel (1. Mose 10) wird Magog als Sohn von Japhet bezeichnet, das heißt, daß dieses »Volk« nicht zur großen Kultur- und Sprachgruppe der Semiten und Hamiten gehört. Bei Hesekiel (38,2) heißt es, daß Gog der oberste Fürst in Mesech und Thubal war. Man kann dies auf Mitteleuropa im 2. Jahrtausend v. Chr. beziehen. Damit verbunden ist die Vorstellung von einer großen Heeresmacht, die mit damals neuen Kriegswaffen aus Bronze und mit Streitwagen zahlreiche Völker überfiel. Daraus entstand im Orient und später im Volk Israel ein Feindbild, vor dem man jahrhundertelang zitterte. Schließlich wurde der Begriff Gog und Magog zur Metapher für »Feinde des auserwählten Volkes« auch im religiösen Sinne.

Die uralte Weissagung einer Endzeitschlacht zwischen dem verhaßten Heer Magogs und den Bewohnern des Heiligen Landes wurde vom Herausgeber – und den allermeisten Kommentatoren – ganz wörtlich aufgefaßt. Dennoch dürfen wir auch an dieser Stelle wieder den vergeistigten Sinn als den eigentlichen Kern sehen, denn ein »letzter Weltkrieg zur Eroberung Jerusalems«, wie man diese Prophezeiung meist auffaßt, ist nicht gemeint. Die realistische Deutung würde nämlich implizieren, daß *alle* Soldaten Magogs Feinde Gottes und alle Bewohner Jerusalems oder Israels Heilige sind.

Übrigens ist die letzte Zeile von Vers 9 nicht eindeutig zu übersetzen. Man kann herauslesen, daß alle streitenden Menschen durch das Feuer vom Himmel verzehrt werden. Diese Lesart wirft ein Licht auf die eigentliche Aussage: Wer sich zum Krieg verführen läßt, wird vernichtet, und die Bestimmung des großen Verführers ist das Feuer. Nicht die Entscheidung für eins der beiden streitenden Heere, sondern der Widerstand gegen die Verführung zum Krieg wird von den Gläubigen gefordert. Der Kampf spielt sich nicht als Schlacht in der Endzeit ab, sondern als Entscheidung in jedem einzelnen selbst.

Der Begriff der Tausendjahrherrschaft hat sich verselbständigt und auch außerhalb der Offenbarung Bedeutung gewonnen. Gewiß hätte der Herausgeber seine Schlacht und den Untergang von Gog und Magog auch vorher schon bringen können. Daß er es nicht tat, hängt damit zusammen, daß er vor der Endschlacht und dem Ende noch eine weitere Spanne einfügen wollte, die 1000 Jahre lang sein soll. Daß damit der Naherwartungsbegriff entwertet wird, sei am Rand erwähnt.

Sicher ist, daß die 1000 Jahre nicht wörtlich gemeint waren, sondern in Anlehnung an Psalm 90,4 – also wie im zweiten Petrusbrief (3,8) – Ausdruck für einen Tag Gottes sind. Da die Schöpfung Gottes in sechs Tagen erfolgte, muß der Ruhetag Gottes in der Endzeit liegen. Dieser Gedanke wurde auch im Barnabasbrief (15), der etwa gleichzeitig mit der Herausgabe der Offenbarung einzuordnen ist, ausgedrückt und im Hirten von Hermas und anderen Schriften dieser Zeit weiterentwickelt, bis er schließlich bei Papias, dem Bischof von Hierapolis, und Irenäus, dem Bischof von Lyon, zum festen Bestandteil der Glaubenslehre gehört. Augustin griff den Gedanken auf, daß die Tausendjahrherrschaft mit Jesus schon angebrochen sei, so daß man eine Zeitlang die in die Offenbarung eingebauten Voraussagen beiseite schob.

Erst um das Jahr 1000 n. Chr. wird der Begriff erneut wichtig und versetzt weite Kreise der Christenheit in Angst und Erwartung. Obgleich sich mit der Wende des ersten Jahrtausends christlicher Zeitrechnung nichts Nennenswertes ereignete, haben Sekten und Reformatoren immer wieder diese Lehre aufgegriffen und die Spannung geschürt. Selbst wenn dies unbegreiflich scheinen mag: Es gibt auch heute viele Millionen Menschen, die eine »Tausendjahrherrschaft Jesu auf Erden« erwarten – sogar als kurz bevorstehend, vor allem in Amerika, zum Beispiel die Irvingianer, Mormonen, Zeugen Jehovas u. a.

Seit der Renaissance setzt sich folgende Berechnung durch: Die ersten 2000 Jahre der Menschheit vergingen von Adam bis Abraham, nach der Bibel sind es 1946 Jahre, die zweiten 2000 Jahre von Abraham bis Jesus, man nimmt 1950 Jahre als Mittel, so daß die letzten 2000 Jahre, die die sechs Tage der Schöpfung oder 6000jährige Geschichte abschließen, von Jesus bis zu seiner Wiederkunft verlaufen. Als Jahreszahl für das Ende wird oft die Zahl 2031 angegeben – 2000 Jahre plus das Alter Jesu von 31 Jahren –, und dabei beruft man sich auf Kirchenväter wie Augustin (Vom Gottesstaat, 20,7), Hieronymus (Brief an Ciprianus, geschrieben 418), Irenäus, Origenes und andere.

Das Buch des Lebens und das Weltgericht

11. Und ich sah einen großen weißen Thron
    und den, der darauf sitzt.
    Und vor seinem Angesicht flohen die Erde und der Himmel,
    und sie fanden keinen Halt mehr.
12. und ich sah die Gestorbenen,
    die Großen und die Kleinen,
    sie standen vor dem Thron;
    und Bücher wurden aufgeschlagen.

    Und ein anderes Buch wurde [auch] aufgeschlagen,
    das ist das Buch des Lebens.
    Und die Gestorbenen wurden gerichtet
    entsprechend dem, was in den Büchern geschrieben steht
    von ihren Taten.
13. Und das Meer gab die Gestorbenen her,
    die in ihm lagen,
    und der Tod und die Unterwelt gaben die Gestorbenen her,
    die in ihnen waren,
    und sie wurden gerichtet,
    jeder nach seinen Taten.
14. Und der Tod und die Unterwelt wurden in den feurigen Teich geworfen.
    Das ist der zweite Tod: der feurige Teich.
15. Und der, dessen Eintragung nicht in der Buchrolle des Lebens zu finden war,
    wurde in den feurigen Teich geworfen.

    Offenbarung 20,11–15

Zuvor sah Johannes die Throne der himmlischen Wesen, die die Gerichtsvollmacht ausüben, nun sieht er den Thron des obersten Richters und diesen selbst. Der Thron ist »weiß« wie das Pferd des ersten Reiters oder wie seine Wolke.

Das Sichtbarwerden Gottes in der Gestalt des obersten Richters bewirkt gleichzeitig die Vernichtung von Erde und Himmel, das heißt der gesamten materiellen Schöpfung. Übrig bleibt nur die geistige Welt, und sie wird nun gerichtet durch die Wesen auf den Thronen, die Johannes in Vers 4 erwähnt.

Gerichtet wird anhand von Büchern; hier ist von zwei verschiedenen Arten von Büchern die Rede, so daß anzunehmen ist, die zweite Buchart sei nachträglich zugefügt. Johannes dachte bei den Büchern an die Aufzeichnungen der Taten jeder einzelnen Person, an jene Bücher also, in denen zu Lebzeiten eines Menschen alle seine Gedanken, Worte und Handlungen verzeichnet werden, eine Art Informationsspeicher seines Geistes. Diese Bücher werden nun aufgeschlagen, und jeder kann darin sein eigenes Urteil erblicken, das Urteil, das er sich selbst schrieb.

Die zweite Zeile von Vers 12, »die Großen und Kleinen«, ist eine übliche Einschiebung seitens des Herausgebers.

Die ersten beiden Zeilen der zweiten Hälfte von Vers 12 sprechen von jenem anderen Buch, dem »Lebensbuch«, das der zweite Verfasser einführte. In Kapitel 13, Vers 8 und Kapitel 17, Vers 8 gehört dazu jeweils noch der Ausdruck »seit Erschaffung der Welt«. Er will damit sagen, daß in diesem Buch die Namen aller Erlösten von Anfang an festgelegt sind. So bedeutet hier »Leben« nicht mehr die Gesamtheit aller in der materiellen Welt durchlaufenen Stationen einer Person, sondern das Überleben, die Erlösung, das »ewige Leben«. Für den zweiten Verfasser gibt es keine Entscheidung des einzelnen.

Die restlichen drei Zeilen des Verses 12 stammen von Johannes und beziehen sich wieder auf die »Datenspeicher« der Personen. Auch Vers 13 c–f, nimmt diesen Gedanken auf und sagt, daß jeder einzelne nach seinen Taten gerichtet wird. Wäre dies nicht der Fall, sondern würden die Gestorbenen entsprechend der Namensliste im Lebensbuch sortiert, wie der zweite Verfasser es sich denkt, dann wäre das Richten überflüssig.

Zu Anfang in Vers 13 heißt es, daß das Meer seine Gestorbenen hergibt; diese Zeile entspricht dem poetischen Bedürfnis des Herausgebers, der gerne parallele Glieder aufbaut. Sinnvoll ist nur, daß der Tod und die Unterwelt – dies sind zwei parallele Begriffe, die Johannes schon in der Reitervision (6,8) bringt – die in ihnen bewahrten Gestorbenen hergeben.

Die Verse 14 und 15 als Kapitelschluß sind Anfügungen im Sinn des Herausgebers (vgl. 19,20), müssen aber nicht von ihm selbst geschrieben, sondern können später hinzugefügt worden sein.

Die neue Schöpfung

Kapitel 21, Vers 1– 8 Die Theophanie
           Vers 9–12 Die Vision der Himmelsstadt
           Vers 13–21 Die Größe der neuen Stadt
           Vers 22–23 Die Allmacht Gottes
           Vers 24–27 Die Stadt der Herrlichkeit
Kapitel 22, Vers 1– 5 Ein neues Paradies
           Vers 6–10 Der Fußfall
           Vers 11–21 Der Buchschluß

Die Theophanie

Mit dem Gericht und der Vernichtung der irdischen Welt endet das Buch noch nicht. Johannes sah auch noch die neue Schöpfung, die als Wohnort der Erlösten geschaffen wird. Damit beschreibt er eine Theophanie, das heißt ein Sichtbarwerden der Gottheit, denn dies ist das Wesen jedes Schöpfungsaktes: Gestaltwerdung, »Äußerung« des göttlichen Willens.

Vermutlich war diese neue Vision wieder auffällig eingeleitet, etwa in der Weise wie Vers 9, also durch einen Engel; dort ist die Einführung des Schalenengels aber eine unpassende Veränderung des Herausgebers. Wir dürfen hier einige Zeilen dieses Verses – vermutlich drei – als Visionseinleitung erwarten, bevor der nun folgende Dreizeiler des Johannes kam, der an Vers 13 des vorigen Kapitels anschließt.

> 1. Und ich sah einen neuen Himmel und eine neue Erde,
>   denn der erste Himmel und die erste Erde sind vergangen,
>   und das Meer ist nicht mehr da.
>
> *Offenbarung 21,1*

Das Weitere ist eine Darstellung des Herausgebers, der für den zweiten Vers den Gedanken des Johannes (vgl. Vers 10) sowie Zitate des Propheten Jesajas, verwendet, wodurch er seine Gedankenwelt alttestamentlich untermauert.

> 2. Und ich sah die heilige Stadt, das neue Jerusalem,
>   herabfahren aus dem Himmel von Gott,
>   bereitet und geschmückt wie eine Braut für ihren Mann.
>
> 3. Und ich hörte eine laute Stimme vom Thron, die sprach:
>   »Siehe, Gottes Wohnung bei den Menschen!
>   Und er wird bei ihnen wohnen,
>   und sie werden sein Volk sein,
>   und Gott selbst wird bei ihnen sein.
>
> 4. Und er wird alle Tränen aus ihren Augen abwischen.
>   Und der Tod wird nicht mehr sein,
>   weder Leid noch Geschrei noch Schmerz wird mehr sein,
>   denn die erste [Schöpfung] ist vergangen.
>
> *Offenbarung 21,2–4*

Daß es sich um die erste Schöpfung Gottes handeln könnte, ist eine gewagte Vermutung, die dem Geist des Johannes widerspricht, auch dem Buch Hiob, demzufolge die Engel aus einer früheren Schöpfung stammen.

> 5. Und der auf dem Thron saß, sprach:
> »Siehe, ich mache alles neu!«
> Und er sprach: »Schreibe!
> Denn diese Worte sind wahrhaftig und gewiß!«
> 6. Und er sprach zu mir: »Sie sind geschehen.
>
> Ich bin A und O, der Anfang und das Ende.
> Ich werde dem Durstigen schenken
> vom Brunnen des Lebenswassers.
>
> 7. Wer überwindet, wird es [alles] erben,
> und ich werde sein Gott sein,
> und er wird mein Sohn sein.
>
> 8. Den feigen Lügnern und den Ungläubigen und Übeltätern,
> den Mördern und Unzüchtigen,
> den Giftmischern und Götzendienern
> und allen Lügnern
> wird ihr Teil zukommen: der Teich,
> der mit Feuer und Schwefel brennt.
> Das ist der zweite Tod.«
>
> *Offenbarung 21,5–8*

Die ersten beiden Zeilen sind wieder einer jener Sprüche, die zitiert werden, wenn vom Weltende und der erneuerten Welt danach gesprochen wird. Es ist ein Jesajawort (43,19), das von den frühen Christen hierauf bezogen wurde. Wer es hier eingefügt hat, ist nicht mit Sicherheit anzugeben, aber es deutet manches darauf hin, daß es schon vor dem Herausgeber geschah und daß es wie die beiden folgenden Zeilen vom Zwischenbearbeiter stammt.

Diese nämlich, der erneute Befehl zum Schreiben und die Beteuerung der Wahrhaftigkeit dieses Buches, bilden einen typischen Buchschluß, der – vom Aufbau her zu urteilen – nur der Schluß jener Version sein kann, die der Zwischenbearbeiter fertigstellte. Daran ist dann noch eine Zeile (6a) angehängt worden, die in griechischen Worten das hebräische »Amen!« wiedergibt.

Der Schlußvers des Zwischenbearbeiters muß noch in der Fassung des Herausgebers am Ende des 21. Kapitels gestanden haben, denn letzterer hängte den Dreizeiler an 6a an und führte den Gedanken vom Quell des Lebenswassers in Kapitel 22 fort. Die Umstellung der Verse hat wohl der Schlußbearbeiter vorgenommen und damit für einige Verwirrung gesorgt, wie aus den Kommentaren zur Zeile »Siehe ich mache alles neu« hervorgeht.

Vers 7 dürfte vom Schlußbearbeiter selbst stammen, der damit die Gottessohnschaft auf alle Gläubigen ausdehnt. Vers 8 gehört zum Text des Herausgebers im 20. Kapitel.

Die Vision der Himmelsstadt

9. Und es kam [zu mir] einer der sieben Engel,
   die die sieben Schalen haben,
   voll mit den letzten sieben Plagen,
   und redete mir mir und sprach:
   »Komm, ich will dir die Braut zeigen, das Weib des Lammes!«

10. Und er brachte mich im Geist
    auf einen großen und hohen Berg
    und zeigte mir die heilige Stadt, Jerusalem,
    niederfahren aus dem Himmel von Gott.

Offenbarung 21,9–10

Wie ich schon ausführte, ist Vers 9 völlig umgearbeitet, aber er könnte auf ähnliche Zeilen des Urtextes zurückgehen. Wir befinden uns mitten in der Vision, und derselbe Engel, der schon Anfang des 17. Kapitels auftrat, könnte noch anwesend sein. An den Urtext hat schon der zweite Verfasser das »Weib des Lammes« angehängt, bevor der Herausgeber den Anfang neugestaltete, indem er auf den Schalenengel zurückgriff.

Vers 10 ist reiner Text des Johannes bis auf das angehängte Jerusalem, durch das der Herausgeber die Vision des Johannes mit der allgemeinen jüdischen und frühchristlichen Endzeiterwartung verknüpft. Dies gibt ihm die Möglichkeit, die Himmelsstadt im folgenden Vers 11 herrlich auszuschmücken, denn bei Johannes war auch diese Vision in knapper Weise beschrieben; nur die Verse 22 und 23 stammen von ihm.

11. [Und sie hatte] den Glanz Gottes.
Ihr Lichtschein ist wie vom edelsten Stein,
vom kristallklaren Jaspis.

12. Und sie hat eine große und hohe Mauer
und hat zwölf Tore
und auf den Toren zwölf Engel
und Namen darauf geschrieben,
die Namen der zwölf Stämme der Kinder Israel.

Offenbarung 21,11–12

In Vers 12, der vom zweiten Verfasser stammt, ist noch einmal von den zwölf Stämmen Israels die Rede. Da diese Vorstellung eine sehr lange Tradition hat und auch auf das mittelalterliche Christentum einwirkte, sei einiges dazu angemerkt.

Mancher Leser mag kritisieren, daß die Himmelsstadt – nach der Vernichtung aller gottfeindlichen Mächte – Mauern und Tore hat: ohne Feinde sind sie überflüssig. Doch als Bestandteile des Begriffs »Stadt«, bezeichnen sie den Eingang der Gläubigen. Und dieser Eingang, so sagt der zweite Verfasser mit Nachdruck, gilt nur für die zwölf Stämme Israels, deren Namen auf den Toren stehen.

Im Laufe der viele Jahrhunderte dauernden Zerstreuung des Volkes Israel in alle Welt haben sich immer wieder Gläubige gefragt, welche Absicht oder welchen Zweck diese Zerstreuung haben mag. Eine der Antworten jüdischer Mystiker lautet: Die jüdische Kultur und Religion soll in alle Völker und Kulturen eingehen und dadurch die Erleuchtung aller ermöglichen, sei es durch Einsicht oder durch Wiedergeburt. Dann ist die von den Propheten Jesajas, Hesekiel, Joel, Zephanjas u. a. geweissagte Rückführung der Juden nach Palästina bedeutungslos; denn wer durch eines der Tore zu Gott eingegangen ist, kann auf das irdische Jerusalem verzichten.

Für die christlichen Interpreten der Offenbarung war nur eine rein allegorische Deutung dieses Verses möglich, und diese wurde sehr ernst genommen. Manuel Lacunza, der ganz vom Geist der Offenbarung durchdrungen war, hatte sich einen jüdischen Namen zugelegt, Ben-Ezra, obgleich – oder weil – er sich ganz als Christ fühlte.

Die Größe der neuen Stadt

Nach dem Vorbild Hesekiels (42,16) bringt nun der Herausgeber eine Aufteilung der Eingangstore nach den Himmelsrichtungen:

> 13. Von Osten drei Tore,
> von Norden drei Tore,
> von Süden drei Tore,
> von Westen drei Tore.
>
> *Offenbarung 21,13*

Einige Handschriften, allen voran der Codex Alexandrinus, haben die letzten beiden Zeilen von Vers 13 vertauscht, so daß die Reihenfolge im Kreis herumführt. Dies ist eine der Stellen, an der sich die Tendenz der alexandrinischen Handschrift, unlogische Textstellen zu berichtigen, deutlich nachweisen läßt.

Es folgt ein Vers, der offensichtlich weiter vorne in der Offenbarung gestanden hat und vom Herausgeber hierher versetzt wurde:

> 14. Und die Mauer der Stadt hat zwölf Grundsteine,
> und auf ihnen stehen die zwölf Namen,
> die die der zwölf Apostel des Lammes sind.
>
> *Offenbarung 21,14*

Wie Vers 20 des 18. Kapitels stammt auch dieser Dreizeiler, der die wichtigen Apostel erwähnt, vom zweiten Verfasser; in der von mir erschlossenen zweiten Textgestalt stand auch jener Vers an 14. Stelle. Es war eine allgemeine frühchristliche Anschauung, die Apostel als Grundsteine zu bezeichnen, wie sie besonders aus den Paulusbriefen (zum Beispiel an die Epheser 2,20) herausklingt.

Bemerkenswert ist, daß der Begriff »Säule« in der Beschreibung der Himmelsstadt nicht mehr vorkommt, obgleich er als Teil des Tempels, der für das Gottesvolk steht, zur Ausdrucksweise in den Paulusbriefen gehört (Galater 2,9; 2. Timotheus 3,15); und auch in der Offenbarung kam ein »Pfeiler« in einer Botenrede des Herausgebers vor (3,12).

Der Text, in dem in Kapitel 11, Vers 1 und 2 die Messung des Tempels geschildert werden sollte, ist dort unvermittelt abgebrochen; erst hier tauchen die fehlenden Zeilen wieder auf. Die Verstümmelung habe ich als Werk des Herausgebers angesehen, der die von Johannes mitgeteilten Maße für die Beschreibung der Himmelsstadt verwenden wollte. Die beiden Bilder »himmlischer Tempel« und »Himmelsstadt« sind jedoch nicht deckungsgleich, das erste ist mystisch, das zweite eschatologisch, darum mußte der Herausgeber einige Änderungen vornehmen.

> 15. Und der, der mit mir redete, hatte als Maß ein goldenes Rohr
> zum Messen der Stadt und ihrer Tore
> und ihrer Mauer.
> 16. Und die Stadt ist quadratisch angelegt,
> ihre Länge und Breite sind gleich.
>
> Und er maß die Stadt mit dem Rohr:
> zwölftausend Stadien,
> ihre Länge, Breite und Höhe sind gleich.
> 17. Und er maß ihre Mauer:
> 144 Ellen
> nach Menschenmaß, das der Engel benützte.
>
> *Offenbarung 21,15–17*

Befremdlich ist, daß gesagt wird, der Engel rede das mit dem Seher. Der hier anwesende Engel redet gar nicht, er zeigt nur die Himmelsstadt. Wenn die Zeilen aber in Anschluß an Kapitel 11, Vers 1 und 2 stehen, behalten sie ihren Sinn. Das Rohr ist golden nach den Worten des Herausgebers, womit er sagen will: Es ist ein unvergängliches Maß. Während Johannes den Meßstab vom Engel erhielt, um die mystische Gemeinde der Anbetenden zu messen – eine vergeistigte Handlung, die aber dennoch im jetzigen Raum- und Zeitbegriff vollziehbar ist –, mißt nun der Engel die zukünftige Himmelsstadt, denn dies kann der Seher nicht tun. Der Herausgeber hat also den Text sinnvoll, wenn auch unvollständig, neugefaßt.

In den letzten beiden Zeilen von Vers 16 und in Vers 17 stehen Textreste der Tempelmessung des Johannes. Anders als in Vers 16a wird die Stadt hier als Würfel beschrieben, ähnlich dem »Adyton«, einem Würfel von zehn Meter Kantenlänge im Jerusalemer Tempel. Der Würfel ist ein Symbol der Vollkommenheit, der noch heute meistverehrte Würfel ist die Kaaba, ein kubisches Gebäude, in

Mekka, dem Mittelpunkt des Islam. Es ist möglich, daß Johannes dies voraussah.

Die Beschreibung der quadratischen Himmelsstadt durch den Herausgeber wird von den Kommentatoren als Gegenbild zu Herodots Beschreibung von Babylon bezeichnet, wo ebenfalls die quadratischen Ausmaße in Stadien und die Mauer in Ellen angegeben werden. Die Zahlen selbst jedoch stammen von Johannes: 12 000 ist die symbolische Zahl der auserwählten Gläubigen, und 144 ist die Zahl der Versiegelten, der Märtyrer. Diese Maßzahlen sind mystisch, nicht eschatologisch.

In den folgenden 21 Zeilen malt der Herausgeber das Bild der Himmelsstadt:

> 18. Und ihre Mauer war aus Jaspis,
> und die Stadt aus reinem Gold,
> wie durchsichtiges Glas.
>
> 19. Und die Grundsteine der Stadtmauer
> waren geschmückt mit verschiedenen Edelsteinen:
> Der erste Grundstein war ein Jaspis,
> der zweite ein Saphir,
> der dritte ein Chalcedon,
> der vierte ein Smaragd,
>
> 20. der fünfte ein Sardonyx,
> der sechste ein Sardis,
> der siebte ein Chrysolith,
> der achte ein Beryll,
> der neunte ein Topas,
> der zehnte ein Chrysopras,
> der elfte ein Hyazinth,
> der zwölfte ein Amethyst.
>
> 21. Und die zwölf Tore waren zwölf Korallen,
> jedes Tor aus einer Koralle gebildet.
> Und die breite Straße der Stadt war reines Gold,
> durchsichtig wie Glas.
>
> *Offenbarung 21,18–21*

Die Aufzählung der kostbaren Steine und Baustoffe der Himmelsstadt ist vom Herausgeber nach antiken Vorbildern und doch in eigener Weise geschrieben. Sie dürfte einen mystischen Sinn gehabt haben, aber wir können ihn heute nicht mehr nachvollziehen, denn das dazu notwendige griechische Einweihungswissen ist verlorengegangen. Außerdem haben die Bezeichnungen für die Edelsteine sich seit der griechischen Zeit geändert, so daß wir nicht mehr wissen, welchen Stein die Griechen mit Sardis oder Hyazinth bezeichneten. Darum ist es auch unwichtig, ob in Vers 21 von Perlen oder Korallen die Rede ist, ein Streitpunkt mancher Kommentatoren.

Nicht zu übersehen ist die große Bedeutung für das mittelalterliche Weltbild, die diese Beschreibung der Himmelsstadt ausgelöst hat. Der Haupteindruck war natürlich die Unvergänglichkeit der Edelsteine, das Blitzen und Glänzen in tausend Farben, das von ihnen ausging. Insofern gibt es recht gut den Eindruck einer Vision wieder.

Die Allmacht Gottes

22. Und einen Tempel sah ich nicht darin,
   denn der Herr, der allmächtige Gott, ist ihr Tempel,
   und das Lamm.

23. Und die Stadt braucht weder eine Sonne noch einen Mond,
   ihr zu scheinen,
   denn die Herrlichkeit des Herrn erleuchtet sie;
   und ihre Lampe ist das Lamm.

Offenbarung 21,22–23

Dies sind die letzten beiden Verse vom Text des Johannes, vermutlich zweizeilig und erst vom Herausgeber (23b und d) und dem Schlußbearbeiter (22c) erweitert.

Man hat die Aussage, daß die zukünftige Stadt keinen Tempel enthält, auf die Tempelfeindlichkeit der frühen Christen zurückgeführt, die schon durch die Propheten des Alten Testamentes – besonders Jesajas – vorbereitet worden war. Für Johannes trifft das nicht zu. Für ihn bedeutet das Wort Tempel die Gemeinde der Gläubigen (11,1–2), den erwählten Teil der Menschheit. Und das ist eine der wesentlichen Erkenntnisse, die Johannes aus seiner Vision schöpft: Menschen sah er nicht in der Himmelsstadt.

Durch den darumgestellten Text wird dieses Erlebnis verdeckt; die späteren theologischen Erklärungen haben diesen Gesichtspunkt völlig übergangen. Die Kirchen und viele christliche Sekten glauben sogar, daß der Mensch in Fleisch und Blut wieder aufleben werde nach der großen Vernichtung von Erde und Himmel. Mit der Auferstehung des Fleisches war aber ursprünglich nur die Wiedergeburt im jetzigen Raum- und Zeitrahmen gemeint, ein biologisches Gesetz ohne eschatologischen Inhalt.

Den Grundstein für die Erwartung einer Wiederherstellung des menschlichen Körpers nach der Vernichtung der Welt legte schon der Herausgeber mit seiner sorglosen Ausmalung des von ihm als Allegorie aufgefaßten Bildes von der Himmelsstadt, wobei er auf Jesajas (Kapitel 60) fußte.

Johannes glaubt nichts in dieser Weise, seine Vision zeigt ihm eine völlig andere Welt. Darin gab es nicht einmal mehr die für das Leben auf der Erde so wichtigen Gestirne Sonne und Mond.

Was versteht Johannes unter dieser Stadt, die wie eine Braut geschmückt ist? In Kapitel 17 und 18 steht der Begriff »Stadt« für die Versammlung der Menschen im geistigen Sinn. Anstelle der hingerichteten Stadt Babylon, die Ausdruck der verdorbenen Menschheit war – allerdings nur ihrer Geister, nicht ihrer Körper –, entsteht die neue Stadt im Himmel, gebildet aus jenen, die geistig aus der ersten Stadt ausgezogen waren. Diese neue Stadt braucht keinen Tempel mehr, das heißt, diese Personen brauchen keinen menschlichen Körper, um darin Gott anzubeten. Gott selbst ist ihr Tempel.

Das behauptet auch der Herausgeber in Kapitel 21, Vers 3 mit seiner Aussage, daß Gott bei den Erlösten wohnen wird. Dies ist die Folgerung aus den Versen des Johannes.

Die Stadt der Herrlichkeit

Die folgenden Zeilen verlassen wieder den Stil der Vision und kehren zur Dichtung zurück. Sie stammen vom Herausgeber, bis auf die beiden Zeilen 27a und c, die der zweite Verfasser als Schluß seiner Fassung schrieb.

24. Und die Völker werden wandeln in ihrem Licht;
und die Könige der Erde werden ihren Glanz in sie bringen.
25. Und ihre Tore werden am Tage nicht mehr geschlossen,
denn dort wird keine Nacht sein.
26. Und sie werden Pracht und Glanz der Völker in sie bringen.
27. Und nichts Unreines wird in sie hineingehen,
und niemand, der Greuel tut oder lügt,
sondern nur die, die im Lebensbuch des Lammes genannt sind.

Offenbarung 21,24–27

In den Schlußversen von Kapitel 18 wird die Klage über den Untergang des Weibes mit ähnlichen Worten ausgedrückt wie hier die Freude über den Einzug in die Himmelsstadt. Die Gegenüberstellung der beiden Motive ist wieder Absicht des Herausgebers. Sinnlos wie die Mauern der Stadt sind auch die Tore, die nicht mehr geschlossen werden. Unpassend sind die Völker und Könige der Erde, denn nach der Auffassung des Johannes sind gerade sie es, die nicht in die Himmelsstadt einziehen werden. Ihre Eigenschaften »Pracht und Glanz« stehen nur Gott zu.

Ein neues Paradies

1. Und er zeigte mir einen Fluß lebendigen Wassers,
kristallklar,
ausgehend vom Thron Gottes und des Lammes.

2. Mitten auf dem Wege auf beiden Seiten des Flusses
[stand] ein Baum des Lebens, der zwölfmal Früchte trägt,
jeden Monat trägt er Früchte,
und die Blätter des Baumes dienen der Heilung der Völker.

3. Und nichts wird mehr verflucht sein [als Speise].
Und der Thron Gottes und des Lammes wird dort sein,
und seine Knechte werden ihm dienen;
4. und sie werden sein Angesicht sehen,
und sein Name wird auf ihren Stirnen stehen.

5. Und es wird nie mehr Nacht sein,
und sie brauchen weder Lampen- noch Sonnenlicht,

denn Gott, der Herr, wird sie bescheinen,
und sie werden herrschen für alle Zeit.

Offenbarung 22,1–5

Unmittelbar vor dieser Versgruppe stand der »Schlußvers« des Zwischenbearbeiters (21,5 – erweitert durch Vers 6). Darum ist derjenige, der hier »zeigt«, der Herr auf dem Thron.

Dieses neue Paradies ist eine Ausmalung nach dem uralten Vorbild des Gartens Eden. In der Wortwahl erinnern die Verse deutlich an den Herausgeber, wie er sich in den Botenreden (2 und 3) vorstellt. Wiederum spricht er von einem Baum des Lebens, wobei er die Unvorstellbarkeit der Bilder des Johannes, die die Überwirklichkeit bewußt machen, nachahmt: Ein Baum steht zugleich an beiden Ufern des Flusses. Die Früchte, die er trägt, sind auserlesen, darum wachsen und reifen sie im Rhythmus der Auserwähltheit, zwölfmal. Der Schlußbearbeiter, der das nicht verstand, fügte die Zeile vom allmonatlichen Reifwerden der Früchte hinzu, obgleich das inhaltlos ist, wenn weder Sonne noch Mond die Zeit einteilen.

Da die Speiseverbote der Juden für alle Rechtgläubigen eine schwere Last und Anlaß zu Streit und Trennung zwischen judenchristlichen und heidenchristlichen Gemeinden waren, wünscht sich der Herausgeber, daß sie nicht mehr gelten mögen. Und was als völlig unvorstellbar galt, soll dann möglich sein: Die Erlösten werden Gottes Angesicht sehen.

Vers 5 ist eine erweiterte Wiederholung von Kapitel 21, Vers 23.

Der Fußfall

6. Und er sprach zu mir:
»Diese Worte sind sicher und wahrhaftig.
Und der Herr, der Gott der Geister der Propheten,
hat seinen Engel geschickt,
um seinen Knechten zu zeigen,
was bald geschehen muß.

7. Siehe, ich komme bald!
Selig ist, wer die Worte der Weissagung dieses Buches einhält.«

8. Und ich, Johannes, bin es, der das gehört und gesehen hat.
Und als ich es hörte und sah, fiel ich nieder

zu Füßen des Engels, um den anzubeten,
der mir das zeigte.

9. Doch er sprach zu mir: »Vorsicht! Tu's nicht!
Ich bin dein Mitknecht
und der deiner Brüder, der Propheten,
und derer, die die Worte dieses Buches einhalten.
Bete Gott an!«

10. Und er sprach zu mir:
»Versiegele die Worte der Weissagung dieses Buches nicht,
denn die Zeit [der Erfüllung] ist nahe!«

Offenbarung 22,6–10

Wie schon am Anfang des Buches und im Schlußvers des Zwischenbearbeiters wird hier – nun durch den Herausgeber – bekräftigt, daß es sich bei diesen Weissagungen um Gottes Wort handelt. Nach den ersten beiden Zeilen kommt ein anderer Bearbeiter zu Wort, der dem Buch den Rahmen gab und vor allem diesen Schlußteil schuf, weshalb ich ihn den Schlußbearbeiter nenne. Ihm kam es sicher unpassend vor, daß der Schlußvers des Johannes so weit vor dem Buchende steht (19,10), darum wiederholte er ihn hier, wobei er noch die Zeile einfügte: »derer, die die Worte dieses Buches einhalten«. Dadurch werden die Gläubigen den Propheten gleichgestellt.

Nur hieraus erklärt sich die Weissagung von Vers 7. Sie paßt in Wortwahl und Sinn zur ersten Seligpreisung (1,3), so daß auch diese beiden Verse einen symmetrischen Rahmen bilden. In Vers 8 wird der Name des Johannes genannt, was als Gruß zur antiken Briefformel gehört, die in Kapitel 1, Vers 4, begonnen wurde.

Der Buchschluß

11. Wer übel tut, tue weiterhin übel,
und wer sich verunreinigt, bleibe unrein,
[aber] wer richtig lebt, lebe weiterhin richtig,
und wer heilig ist, bleibe heilig!

12. Siehe, ich komme bald
und die Belohnung mit mir,

die [ich] jedem gebe
   entsprechend seiner Taten!

13. Ich bin A und O,
    der Erste und der Letzte,
    der Anfang und das Ende.

14. Selig sind die, die ihre Gewänder waschen,
    so daß sie ihr Teil bekommen vom Baum des Lebens
    und durch die Tore in die Stadt hineingehen.

15. Draußen bleiben die Hunde
    und die Giftmischer und Unzüchtigen
    und die Mörder und Götzendiener
    und alle, die die Lüge lieben oder ausüben.

Offenbarung 22,11–15

Als Nachträge kommen zunächst drei Sprüche, die zwar in der Sprache des Herausgebers abgefaßt sind, aber wohl nicht von ihm geschrieben wurden, sondern vom Schlußbearbeiter, der aus ästhetischen Gründen dieses 22. Kapitel gestaltete. In Vers 11 bekundet er eine vom Herausgeber verschiedene Auffassung, die sich der des Zwischenbearbeiters annähert; der Streit zwischen Vorherbestimmung und Entscheidungsfreiheit war noch lange nicht abgeschlossen für die junge Kirche.

Vers 13 ist eine Wiederholung der schon in Kapitel 1, Vers 8 und Kapitel 21, Vers 6b–d ausgedrückten Zeichensprache. Für Vers 14 konstruierte er eine Seligpreisung, indem er Kapitel 7, Vers 14; 22,2 und 21,12 miteinander verband. Insgesamt schrieb der Schlußbearbeiter vier Seligpreisungen, und brachte damit ihre Anzahl auf das heilige Maß Sieben.

Vers 15 ist aus den Versen 8 und 27 des 21. Kapitels zusammengesetzt.

16. Ich, Jesus, habe meinen Engel geschickt,
    um euch das zu bezeugen für die Gemeinden.
    Ich bin die Wurzel und der Stamm Davids,
    der leuchtende Morgenstern.

17. Und der Geist und die Braut sprechen: »Komm!«
    Und wer es hört, sage: »Komm!«

Und wer Durst hat, komme!
Und wer will, nehme das Wasser des Lebens geschenkt!

18. Ich bezeuge allen, die es hören, die Worte der Weissagung dieses Buches.

    Wenn jemand etwas hinzufügt, wird Gott ihm zufügen die Plagen,
19. die in diesem Buch geschrieben sind. Und wenn jemand etwas wegnimmt von den Worten des Buches dieser Weissagung, wird Gott ihm nehmen seinen Anteil am Lebensbaum
    und an der heiligen Stadt, die in diesem Buch beschrieben sind.

20. Derjenige, der das bezeugt, spricht:
    »Ja, ich komme bald.«
    Amen, ja komm, Herr Jesus!

21. Die Gnade des Herrn Jesus sei mit [euch] allen!

Offenbarung 22,16–21

Die Verse 16 und 17 klingen wie Liedstrophen, man kann sich gut vorstellen, daß sie choralartig gesungen wurden. Die Absicherung des Buchtextes durch den Schwur in Vers 18 und einen Fluch in Vers 19 gehört zu den häufig gebrauchten Formeln, mit denen damals ein Buch abgeschlossen wurde. Die letzten beiden Verse sind nach Art der Rede und Gegenrede zwischen Priester und Gemeinde abgefaßt, wie sie noch heute im Gottesdienst üblich ist.

Die Textstufen der Offenbarung

Der Textaufbau

Der Urtext des Johannes ist in höchstem Maß nach mathematischen Gesichtspunkten gestaltet, und diese strenge Ordnung hatte zuerst nichts damit zu tun, daß das Buch gesungen wurde. Die Melodien sind erst später hinzugekommen und mußten sich dem fertigen Text anpassen. Danach war eine Umgestaltung der Strophen fast unmöglich geworden, denn die Liedform bildete von nun an einen strengen Rahmen.

Da die mathematischen Grundregeln des Urtextes auch durch die vielfachen Veränderungen noch hindurchstrahlen, fiel es leicht, die Urform wiederherzustellen.

Die ersten beiden Verse sind aus den wenigen Worten geformt, die vom Johannestext im ersten Kapitel noch erhalten blieben. Sein eigentlicher Text beginnt erst mit Kapitel 4.

Da die Zählung der Verse sich durch die Bearbeitungen mehrfach geändert hatte, mußte ich eine eigene Verszählung herstellen, wobei ich jede Zeilengruppe als Vers nahm. Von einigen Ausnahmen abgesehen, konnte die ursprüngliche Anordnung der Zeilen beibehalten werden. Auch der Wortlaut der Offenbarung bleibt in fast allen Punkten der gleiche.

Der so wiederhergestellte Urtext ist – außer am Anfang und Ende – gut erhalten. Neuordnungen oder Ergänzungen beschränken sich auf wenige Stellen; alle diese Rekonstruktionen sind bereits in der Textinterpretation erörtert und begründet, wie zum Beispiel die Umstellung des vierten Thronengels an die zweite Stelle (Kapitel 4).

Die wichtigsten Gestaltungsmerkmale des Johannestextes lassen sich so zusammenfassen:

1. Das ursprüngliche Buch bestand aus 14 Kapiteln mit je 14 Versen.

2. Die Kapitel sind stets vierteilig. In vielen Fällen kann man die ersten beiden Viertel zur ersten Hälfte, die übrigen beiden Viertel zur zweiten Hälfte zusammenfassen. Die Länge der Teile ist jedoch unterschiedlich, selten symmetrisch.

3. Sowohl die Zusammenfassung der Zeilen zu Versen als auch die der Verse zu Kapitelteilen erfolgte nach immer wiederkehrenden mathematischen Formen, die besonders hinsichtlich der Zeilenanordnung symmetrisch waren.

4. Die Verse bestehen aus mindestens drei und höchstens sieben Zeilen.

In der ersten Hälfte der Offenbarung kommt es einige Male vor, daß zwei Zeilen als Vers gelten, doch scheint mir dies nur dort original zu sein, wo gleichzeitig drei Verse als Vierzeiler auftreten.

Da Johannes stets auf die heilige Zahl 14 abzielte, mußte er zu den dreimal vier Zeilen einen Vers mit zwei Zeilen bilden. Dieser Aufbau – also zum Beispiel vier, vier, zwei, vier – kommt als Versanordnung in Kapitel 1 und 6 vor, und dort erscheint auch die erwähnte Zeilenfolge. Wo jedoch zwei Zeilen als Vers mit einem Drei- oder Fünfzeiler zusammenstehen, nehme ich an, daß der zweite Verfasser die beiden Zeilen von einer vorgefundenen Fünfer- oder Siebenergruppe abgespalten hat, um den Vortrag zu erleichtern.

Ebenso scheint es, daß er einige aus sechs Zeilen bestehende Verse, die für die Vorlesung etwas schwerfällig wirken, in zwei Verse mit je drei Zeilen aufgebrochen hat; dies mag er vor allem dort getan haben, wo er bei der neuen Verszählung, die seine Einfügungen erzwangen, »günstige« – symmetrische oder symbolische – Zahlen erzielen konnte. An einigen Stellen, wo dies deutlich erkennbar ist (zum Beispiel Kapitel 5), habe ich den Vorgang rückgängig gemacht.

5. Zur Absicherung seines Textes hat Johannes selbst – nach einer in heiligen Texten bewährten Art – Zahlen in den Wortlaut eingefügt, die zwar den Sinn nicht stören, aber doch keinen Sinn ergeben, so daß sie als Stilmittel auffällig sind. Das beste Beispiel ist der fünfte Vers seines fünften Kapitels, der zur Beschreibung der fünften Posaune gehört: Er ist aus fünf Zeilen aufgebaut und steht asymmetrisch nach zweimal neun Zeilen (vier, fünf, drei, sechs). In diesem Vers heißt es, daß die Qual fünf Monate lang dauern soll, was sich in keiner Weise erklären läßt, auch gar nicht erklärt werden soll. Die Erwähnung der Fünf an dieser Stelle ist als Hinweis auf den Aufbau des Buches anzusehen.

6. Der Beginn des ursprünglich achten – heute zwölften – Kapitels »Und es erschien ein großes Zeichen am Himmel...« hat auf viele

Interpreten wie ein neuer Buchanfang gewirkt. Tatsächlich ist zwischen den ersten sieben und den zweiten sieben Kapiteln des Urtextes ein Bruch erkennbar. Am Schluß des siebenten Kapitels stand die siebente und letzte Posaune, die den Dankgottesdienst für das machtvolle Erscheinen Gottes darstellt, und damit konnte das Buch enden. Das siebenzeilige Ruhmeslied, das meiner Vermutung nach an dieser Stelle als Abschluß stand und im heutigen Text in Kapitel 5, Vers 13 steht, verstärkt noch den Eindruck, daß das Buch der sieben Siegel zunächst nur aus sieben Kapiteln bestand.

In diesem »ersten Buch« hatte das erste Kapitel sieben mal sieben, also 49 Zeilen, die weiteren Kapitel hatten zwischen 54 und 59 Zeilen. Als Johannes später die zweiten sieben Kapitel anfügte, hat er streng auf Symmetrie geachtet: Wie das erste Kapitel mußte auch das letzte aus 49 Zeilen bestehen, und die übrigen durften den Rahmen von 54 bis 59 Zeilen nicht überschreiten. Während im ersten Teil die Kapitel jeweils verschiedene Längen haben, also die Zeilenzahlen 54, 55, 56 usw. je einmal vorkommen, haben sie im zweiten Teil 59, 54, 57 Zeilen, und dann in umgekehrter Reihenfolge: 57, 54, 59 Zeilen. So sind beide Hälften des Buches gleich lang (bis auf eine Zeile), und die Gesamtzahl der Zeilen des Buches beträgt 777, was wohl als Inbegriff der Harmonie galt.

In der von mir erschlossenen Gestalt der ersten Hälfte des Urtextes fehlten zunächst acht Zeilen, das sechste Kapitel hatte nur 49 Zeilen; dort wirkt die Tempelmessung wie abgeschnitten, und die fehlenden beiden Verse sind vermutlich im Text des Herausgebers in Kapitel 21 verborgen. Überträgt man diese an ihre ursprünglich Stelle, dann ist die symmetrische Form vollkommen.

Die zweite Hälfte des Buches beginnt mit den Worten: »Und es erschien ein großes Zeichen im Himmel«; darum muß Kapitel 15, das sehr ähnlich beginnt: »Und ich sah ein anderes [= zweites] Zeichen im Himmel«, daran anschließen. Es ist offensichtlich, daß der Herausgeber dieses Kapitel zusammen mit dem 16. – die beide ursprünglich das neunte Kapitel des Johannes bildeten – mit dem 13. Kapitel vertauscht hat. Ich habe dies rückgängig gemacht. Nun wird klar, warum in Kapitel 14, Vers 6 und den folgenden stets von einem »anderen« Engel die Rede ist: Die sieben Schalenengel sind ja gerade vorher aufgetreten! Und weiter wird verständlich, warum der Herausgeber in Kapitel 17, Vers 1 so kunstvoll einen neuen Kapitelanfang schreiben mußte.

7. Je stärker eine Vision inhaltlich als Erlebnis des Johannes erkennbar ist, desto eigenwilliger – und damit asymmetrischer – ist ihre formale

Gestaltung. Das läßt sich an der Reitervision im zweiten Kapitel gut zeigen, auch am zehnten und elften Kapitel, die beide aus zwei Hälften statt vier Vierteln bestehen. Wahrscheinlich ließ sich die Vision nicht anders ausdrücken, ohne die Aussage selbst zu stören. Möglicherweise waren sie schon vor der Niederschrift des zweiten Buchteiles fertig, und darum erscheint ihre Einordnung in dem Text unverbunden. Vielleicht fiel es dem Herausgeber auch deshalb leicht, das neunte mit dem elften Urtextkapitel zu vertauschen.

Das Buch des Johannes ist ein während vieler Jahre gewachsenes Kunstwerk, das den Erlebnischarakter der einzelnen Visionen bewahrt hat. Darum kann man keineswegs alle asymmetrischen oder nicht in das mathematische Schema passenden Zeilen den Bearbeitern zur Last legen. Sie haben mit Sorgfalt die Symmetrie gepflegt und kunstvoll Parallelen geschaffen.

Im Text des Johannes lassen sich einige Widersprüche feststellen, die ihm möglicherweise nicht bewußt gewesen sind oder die er nicht verwischen wollte – auch für ihn war es ja ein Dokument.

Da gibt es zum Beispiel einen Unterschied der Bewertung der Himmelsrichtungen im ersten und zweiten Teil des Urtextes. Zuerst folgte Johannes der frühchristlichen Sinngebung, derzufolge Jesus und Osten zusammengehören: Der erste Reiter (6,2) und der Siegel-Engel (7,2) sind mit dem Osten verbunden, ebenso der Morgenstern und die weiße Farbe der Frühe. Im zweiten Buchteil (13,11) übernimmt Johannes die Sinngebung Daniels, dessen zweigehörnter Widder von Osten kam – wie die dualistische Weltanschauung. Bei Johannes kommt das Tier, das wie ein Lamm aussieht, vom Lande. Wenn man an der Westküste Kleinasiens lebt und ein Tier vom Lande kommend beschreibt, dann kommt es von Osten. Und die Könige, die als das feindliche Heer der Endschlacht angesehen wurden – zumindest vom zweiten Verfasser –, kommen bei Johannes (16,12) ebenfalls von Osten, über den Euphrat.

Die Rätselzahl

Nach der Rekonstruktion des Urtextes ergab sich für die Rätselzahl eine neue – völlig unerwartete – Lösung.

Die Beachtung der Zahlen und ihre Beziehung zu Wörtern muß damals, als die Schreiber noch Buchstaben benützten, um Zahlenwerte auszudrücken, viel größer gewesen sein als heute. Die Kunst der Gematrie, Wörter in Zahlenwerte zu überführen und daraus in umgekehrter Weise wieder Wörter zu bilden, so daß sich Verwandtschaften zwischen den Begriffen aufstellen lassen, war hoch entwickelt und wird in den semitischen Sprachen auch heute noch gepflegt. Auch in der Bibel gibt es einige Zahlenspielereien, obgleich sie auf den ersten Blick nicht als solche erkennbar sind. Es heißt zum Beispiel, daß das hohe Alter der Patriarchen, die zwischen Adam und Noah lebten, nur diesen Sinn habe: daß also das Alter Methusalehs, das mit 969 Jahren angegeben wird, nichts anderes als der in Zahlen errechnete Buchstabenwert des Namens Methusaleh sei oder daß das Alter Lamechs, 777 Jahre, des Vaters Noahs und des letzten, der vor der Sintflut starb, nur Ausdruck der höchsten Vollkommenheit sei. Wenn den Patriarchen ihr »Alter« in derartig unglaubwürdigen Zahlen angehängt wurde, dann wohl nur, um den Text gegen Veränderungen abzusichern. Das geschah in mystischen Texten häufig.

Ein anderes Mittel zur Absicherung eines Textes gegen Fälschungen oder Abschreibefehler ist die Zählung der Zeilen, Stychometrie genannt. Sie ist schon aus der klassischen Zeit der Griechen bekannt, und seit dem dritten Jahrhundert v. Chr. hat sie sich in den Bibliotheken – vor allem in Alexandrien in Ägypten – als Hilfsmittel bei der Katalogisierung der Texte durchgesetzt. Im Rom der Kaiserzeit berechnete man den Lohn der Buchschreiber nach Zeilen, so daß die Angabe der Zeilenzahl auch in wirtschaftlicher Hinsicht wichtig war.

In poetischen Werken jener Zeit war es üblich, mit Sorgfalt die Zeilenanzahl zu bestimmen, um eine Symmetrie aufzubauen und den inhaltlichen Höhepunkt auf den goldenen Schnitt zu legen; ein gelungenes Beispiel ist die »Georgica« Vergils, die wie ein heiliges Buch geschätzt wurde.

Um die Bedeutung der rätselhaften Zahl zu erklären, müssen die Zusätze des zweiten Verfassers zusammenhängend betrachtet werden. Dabei ergibt sich, daß dieser erste Bearbeiter den Text des Johannes nur an wenigen Stellen, sparsam und abzählend, erweitert und verändert hat. Ihm ging es nur darum, einige neue christliche Lehren möglichst unauffällig einzuarbeiten. Darum ahmte er das Schema des Urtextes genau nach und verwendete sogar dessen Verse noch einmal, so daß nun Wiederholungen vorkommen.

Als wichtigstes neues Bild führte er das Lamm Gottes ein, das sich neben dem Löwen als Sinnbild des Gesalbten jetzt im christlichen Glauben bereits durchgesetzt hatte; ohne diesen Ausdruck wäre die Offenbarung des Johannes wahrscheinlich von der Kirche nicht in die Bibel aufgenommen worden. Ferner lag dem zweiten Verfasser daran, die Wiederkehr Jesu – als weißer Reiter –, auf die die junge Kirche immer noch wartete, in einem eigenen Bild festzuhalten, sowie eine Endschlacht nach Art der jüdischen Erwartung einzufügen und die Vision vom himmlischen Jerusalem um den Begriff der himmlischen Hochzeit zu erweitern. Außerdem fügte er den Gedanken vom Lebensbuch hinzu, den Hagel als Endzeitereignis und die Bundeslade im Himmelstempel, die für Johannes nur ein Zeichen des Götzendienstes sein konnte, in der entstehenden Kirche aber als Sinnbild des Alten Bundes Bedeutung erlangte.

Um diese christliche Offenbarung stärker von den zahlreichen anderen Offenbarungen – den gnostischen, jüdischen und heidnischen – abzugrenzen, führte er auch Eigennamen mit Schlüsselbedeutung ein: Zweimal nannte er den Messias – griechisch: Christus –, dann den Berg Zion von Jerusalem und als Gegensatz das Schlachtfeld Harmagedon.

Und schließlich schuf er einige schöne liturgische Stücke wie den Dankgottesdienst in Kapitel 14, die das Buch für den Gottesdienst in den Gemeinden geeigneter machten. Einige unhandlich große Verse von sechs bis sieben Zeilen zerlegte er in kleinere, so daß sie besser zu den Melodien paßten. Die Verszählung änderte sich dadurch.

Die Zufügungen erfolgten hauptsächlich an zwölf Stellen, und zwar siebenmal vor der Rätselzahl und fünfmal danach; auch die Verteilung des Wortes »Lamm« hat er so angeordnet: siebenmal vorher und fünfmal danach.

In den Handschriften ist außer der Zahl 666 für das Mal des Untiers auch die Zahl 616 überliefert, und zwar durch einige sehr verläßliche Manuskripte wie den Codex C (Ephraemi) aus dem fünften Jahrhundert, den lateinischen Codex Laudianus, der DCXVI, also 616 angibt, und durch den Bischof Irenäus von Lyon, der um 200 für den Text des Tychonius (Gegen die Ketzer, 5,30,1) die Zahl 616 überliefert, wobei er allerdings anmerkt, daß es sich um einen Abschreibefehler handeln könnte. Genausogut kann man jedoch annehmen, daß die »glatte« Zahl 666 eine spätere Berichtigung sei, denn der Codex A (Alexandrinus), der als Hauptgrundlage für die Zahl 666 gilt, enthält mehrere wohlgemeinte Berichtigungen.

Faßt man die Rätselzahl einfach als stychometrische Textabsicherung auf, dann ergibt sich eine Lösung, die durch ihre Logik überzeugt und für beide Zahlen, 616 und 666 gültig ist. In dem rekonstruierten Urtext des Johannes steht die Zeile mit der Rätselzahl an 616. Stelle; ergänzt man zu 616 die »umgekehrte« Zahl 161, dann erhält man die Gesamtzahl der Zeilen des Buches: 777. Dieses Zahlenspiel läßt sich im ganzen Buch für drei Zahlen, also an sechs Stellen, vornehmen: 161, 252, 343, 434, 525, und 616. Während am Anfang des Buches diese Art der Textabsicherung weniger sinnvoll war, wird sie am Schluß wichtig.

Die Zufügungen des zweiten Verfassers vor der Rätselzahl betragen 50 Zeilen, danach 61. Das ist eine stark asymmetrische Verteilung im Buch, doch sie hat einen Grund: 616 + 50 = 666. Ich vermute, daß der zweite Verfasser seine Einfügungen so aufgeteilt hat, um 666 Zeilen zu bekommen und damit eine Rätselzahl zu erhalten, die ihm geeigneter schien, die Widergöttlichkeit des Zeitmessens auszudrücken.

Erstaunlich ist, daß nach der Änderung durch den zweiten Verfasser dennoch mehrere Texte die alte Zahl 616 weiter angeben. Das läßt darauf schließen, daß der Urtext des Johannes doch eine gewisse Verbreitung erlangt hatte, bevor er für den Gemeindegebrauch umgeformt wurde. Nur so ist zu erklären, daß einige Abschreiber des erweiterten Textes die Zahl 666 in 616 zurückverbesserten, weil sie diese Zahl noch vom Hören im Kopf hatten und darum die glatte Zahl 666 für einen Schreibfehler halten mußten. Dabei muß berücksichtigt werden, daß das Auswendiglernen heiliger Texte in einer Zeit, in der Buchabschriften noch eine Kostbarkeit waren, weit verbreitet war und neben den Abschriften stets eine wichtige Form der Überlieferung darstellte.

Die Interpretation der Zahl 666 als Ausdruck der Zeit und Sinnbild der Uhr wird durch diese Erklärung nicht völlig entwertet, denn es ist anzunehmen, daß Johannes in seiner Vision nur zwei Einheiten als Sechsen sah, die Minuten und Sekunden, während die dritte als Zehnerzahl ausgedrückt war.

In gleicher Weise läßt sich auch erklären, warum der zweite Verfasser nach der Rätselzahl 61 Zeilen hinzufügte: Die Gesamtzahl der Zeilen des Buches wurde dadurch auf 888 erweitert. Das aber ist die Namenszahl Jesu, eine Zahl, die als »Jenseits«-Zahl aufgefaßt wurde, nämlich 111 mehr als 777, das Maß des Absoluten, wie die 666 eine Diesseits-Zahl – eine »Menschenzahl« (13,18) – ist. In dieser Anordnung lag der Jubelruf-Vers 18,20 in der Zeile 777, und das Buch des zweiten Verfassers endete mit dem Ausdruck »Lebensbuch des Lammes« in der 888. Zeile.

Eine verwirrende Textkorrektur des zweiten Verfassers ist die Versetzung des adlergestaltigen Thronwesens auf den zweiten Platz. Die Gründe dafür habe ich schon erklärt. Durch das ganze Buch hindurch zeigt sich an verschiedenen Stellen, daß eine rückwärtige Berichtigung seiner Umstellung sinnvoll ist, besonders auch in Kapitel 14, wo die drei Wehe wiederum den drei Throngestalten entsprechen – allerdings ohne die erste, die ja als siegreicher Messias kein »Wehe«, sondern ein frohes Ereignis auslöst.

Einem Bearbeiter ist bei der Nennung des dritten Siegels (6,6) aufgefallen, daß die Reihenfolge der Thronwesen nicht zur Reihenfolge der von ihnen aufgerufenen Reiter paßt, weshalb er beim dritten Reiter eine anonyme Stimme sprechen läßt. Diese Korrektur kann spätestens der Herausgeber vorgenommen haben, denn nach ihm konnte niemand mehr so stark in den Kerntext eingreifen. Demnach muß die Umstellung der Thronwesen auf den zweiten Verfasser zurückgehen. Das ergibt einen Sinn, da er es war, der die Endschlacht mit den Aasgeiern in die Offenbarung eingeführt hat.

Die Zusätze des zweiten Verfassers
Übersicht

		Zeilen
1. Preislied zur Einführung des Lammes	5,6a–c, 8a–c 11a–b, 12,14	14
hierher versetzt Urtext	7,13–14	
Lamm	5,13	
Änderung von Löwe in Lamm	6,1	
2. Umgestaltung der siebenten Posaune als Theophanie mit Hagel und Bundeslade	11,19	4
3. Siegeslied mit dem Gesalbten und Satan als Ankläger der Gläubigen	12,10	7
4. Gottesdienst auf dem Berge Zion	14,1–3	14
5. Theophanie mit Bundeslade	15,5	2
6. Hinweis auf die Endschlacht in Harmagedon	16,16	2
Wiederholung des Hagels in der siebenten Schale	16,21	2
7. Lebensbuch des geschlachteten Lammes	13,8	4
»Hierin liegt« und Zahländerung	13,18a	1
		50
8. Lebensbuch seit Erschaffung der Welt	17,8d–h	5
Das Weib sitzt auf sieben Bergen (»Hierin liegt«)	17,9b	2
9. Dankgottesdienst mit zweimaliger Erwähnung des Lammes	18,20 19,3a–4,6a, c,d,7,9a–b	3 14
10. Der weiße Reiter (Jesu)	19,11–12, 14a–b, 15a,b,d,e	14
11. Die Endschlacht	19,17+19+21	13
12. Die Himmelsstadt mit dem Lebensbuch des Lammes	21,12+14 21,27	8 2
		111

Ohne Zeilenänderung:
| Einführung des Gesalbten | 11,15 und
12,10 |
| Das Weib des Lammes | 21,9 |

Die Einfügungen des Zwischenbearbeiters

In Kapitel 8, Vers 13b spricht Johannes von drei »Wehen«, die kommen sollen. Er meint damit die drei Siegel, die nach dem ersten – Jesus –, das zu Lebzeiten des Johannes aufbrach, noch zu erwarten waren. Auf Grund dieser Ankündigung hat ein Bearbeiter, der zwischen dem zweiten Verfasser und dem Herausgeber Hand an das Buch legte, in Kapitel 9, Vers 12 und Kapitel 11, Vers 14 jeweils mit einem zweizeiligen Vers auf das »Wehe« hingewiesen. Das dritte Wehe fehlt jedoch, vielleicht hat es der Herausgeber wieder entfernt, weil er es in Kapitel 12, Vers 12 schon erfüllt sah.

Das Wehegeschrei ist kennzeichnend für die psychische Verfassung des Zwischenbearbeiters, der offensichtlich unter der Verfolgung durch den römischen Staat litt, vermutlich unter Kaiser Domitian, der wegen seiner Grausamkeit bei römischen Schriftstellern wie Juvenal, Tertullian und Plinius den Ruf eines zweiten Nero hatte. Domitian war so verrufen, daß die Christen die lateinische Zahl 616, also DCXVI, auf D(omitianus) C(aesar) bezogen und die Ziffer XVI auf das 16. Tribunenjahr dieses Kaisers, das Jahr, in dem er ermordet wurde.

Der an Kapitel 11, Vers 3 als Erklärung angehängte vierte Vers aus zwei Zeilen und die aus Symmetriegründen an den folgenden fünften Vers angehängten beiden Zeilen widersprechen den späteren Texten des Herausgebers (1,12; 20; 4,5), wo statt der zwei Leuchter sieben vor Gottes Thron stehen.

Diese Zufügungen sind leicht als Werk des Zwischenbearbeiters auszumachen. Wiederum weist die Zahl Zwei auf die Zeugen hin, das Hauptanliegen dieses dem Märtyrertum zugewandten Mannes. Auch die vier an das zwölfte Kapitel angehängten Zeilen (Vers 17) fallen als Verklärung der opferbereiten frühen Christen auf. Der darin vorkommende Ausdruck »die Gottes Gebote halten« taucht in der Einfügung in Kapitel 14, Vers 12 wieder auf, die ihm auch aus anderen Gründen zuzuweisen ist.

Die beiden an die Seligpreisung des Johannes angehängten Zeilen, die den Gedanken noch einmal hervorheben – Rache sei in diesem Leben überflüssig, da Gott eine bessere Rache durch das Gesetz ausübe und daß dem Menschen seine Taten nachfolgen –, sind typisch für diesen Zwischenbearbeiter. In Kapitel 13, Vers 9 und 10 kommt derselbe Gedanke noch einmal vor, wiederum verstärkt durch den Hinweis: »Hierin liegt die Erwartung der Heiligen«. – Im Gegensatz dazu steht der ebenfalls zweimal auftretende, aber sinnleere Hinweis des zweiten Verfassers: »Hierin liegt weiser Sinn« (13,18; 17,9).

Weiterhin schreibt der Zwischenbearbeiter eine ganze Folge von Zweizeilern, die jeweils den sechsten Vers der Kapitel 16, 17 und 18 bilden und in starken Worten von den Heiligen und Propheten als Blutzeugen sprechen; in diesem Sinn ist auch Vers 24 im Kapitel 18 zu verstehen. Ferner gehört dazu der in die Vision des weißen Reiters eingefügte Zweizeiler, der die Begriffe »blutgetränkter Mantel« und »Wort Gottes« einführt, Kapitel 19, Vers 13. In der Fassung des Zwischenbearbeiters war dies ebenfalls ein sechster Vers.

Auch der Zweizeiler in Kapitel 16, Vers 19c–d stammt von ihm, denn der Rachegedanke war ihm besonders wichtig. So dürfte auch die Schlußzeile im Kapitel 19, Vers 2 von ihm zugefügt sein; allerdings ohne die letzten drei Wörter, die der Herausgeber anhängt, als er die beiden davor liegenden Zeilen einschob.

Schließlich stammen von ihm noch zweimal zwei Zeilen als Abschluß seiner Buchfassung, nämlich der versöhnlich stimmende Spruch und der Schreibbefehl mit der Bekräftigung der Wahrheit der Offenbarung in Kapitel 21, Vers 5. Daß wir auch danach noch Verse des Johannes und des zweiten Verfassers vorfinden, liegt daran, daß der Herausgeber gerade die letzten Kapitel stark geändert hat.

Die Zweizeiligkeit der Zufügungen des Zwischenbearbeiters ist so auffällig, daß sie als Stilmittel, als Ausdruck für seine Zeugenschaft gewertet werden muß, ebenso wie seine Bevorzugung der sechsten Verse für die Mitteilung grausamer Botschaften. Darum war zu erwarten, daß auch dieser Bearbeiter seine Zufügungen zahlenmäßig begrenzte, etwa auf 42, die Zahl der Leidenszeit. Wie die Aufstellung zeigt, finden sich jedoch nur 40 Zeilen, die beiden fehlenden Zeilen dürften das vom Herausgeber wieder getilgte dritte »Wehe« eingeführt haben.

Die Zusätze des Zwischenbearbeiters:

			Zeilen
1.	Erster Weheschrei	9,12	2
2.	Die zwei Ölbäume und zwei Leuchter	11,4+5d–e	4
3.	Zweiter Weheschrei	11,14	2
4.	Die Gottes Gebote halten	12,17	4
5.	Heilige und Propheten	16,6	2
6.	Gottes Zorn und Rache an Babylon	16,19c–d	2
7.	Gesetz der unvergänglichen Taten	14,12a–b; 13a–c	5
8.	Spruch von der Vergeltung der Taten	13,9–10	6
9.	Heilige und Zeugen Jesu	17,6	2
10.	Doppelte Vergeltung	18,6	2
11.	Propheten und Heilige	18,24	2
12.	Blut der Knechte gerächt	19,2d	1
13.	Blutgetränkter Mantel des Messias	19,13	2
14.	Spruch und Buchschluß	21,5	4
			40

Die Arbeit des Herausgebers

Weit weniger schonungsvoll als die vorigen beiden Bearbeiter hat der Herausgeber das Buch umgestaltet. Da er ganze Kapitel einschiebt und andere umstellt, muß er immer wieder neue Anfänge oder Überleitungen schaffen, an denen seine Arbeit erkennbar wird. Außerdem fügt er neue Begriffe ein, die durch ihre Ungewöhnlichkeit herausragen, wie zum Beispiel die Kombinationen Thron und Lamm, Blut des Lammes, Gefolge und Lamm. Auch er begrenzt seine Lammzufügungen auf zwölf, so daß in seinem Buch – neben dem Begriff Lamm für Untier, wie ihn Johannes verwandte – 24mal das Wort Lamm stand.

Dem zweiten Verfasser folgt der Herausgeber in der Verwendung des Bildes vom Lebensbuch, er ändert allerdings die damit hineingekommene Vorherbestimmung der Erlösten »seit Anfang der Welt«, die ihm unpassend vorkommt (was sie für den Urtext auch ist), indem er einen völlig neuen Gedanken aufbringt: Namen können aus dem Lebensbuch wieder gestrichen werden, wenn sie sich nicht als würdig erweisen (3,5).

Wie Johannes glaubt er an die freie Entscheidungsmöglichkeit des Menschen, beklagt aber wie ein alttestamentlicher Prophet die menschliche Verstocktheit, die mangelnde Bußfertigkeit und Unfähigkeit der meisten Menschen, ihre Fehler einzusehen und ihre Lebensweise zu ändern (9,20–21; 16,9b–d; 16,11; 16,21c+d). Johannes dagegen hatte in Kapitel 11, Vers 13 geschrieben: »Und die anderen erschraken und gaben Gott im Himmel die Ehre.«

Mit geradezu heidnischem Pomp stellt der Herausgeber neue Bilder vor, die die Offenbarung zu einem barock überladenen Epos werden lassen: Zu den schon beachtlich vielen Siebenergruppen des Johannes, die von den sieben Siegeln über die sieben Posaunen, sieben Schalen und sieben Donner zum siebenköpfigen Drachen und seinen Abbildern geführt haben, schafft er noch einmal so viele Siebenergruppen, die auf den sieben Gemeinden aufbauen und hauptsächlich Jesus verherrlichen: Sieben Geister stehen vor Gottes Thron, dazu sieben Leuchter oder sieben Flammen, in Christi Hand sind sieben Sterne, und das Lamm hat sieben Hörner und sieben Augen als Zeichen seiner Allmacht und Allwissenheit.

Häufig bringt er Ausdrücke wie Gold und weißes Leinen ein und mehrere überflüssige Aufzählungen, deren auffälligste der sogenannte »Warenkatalog« in der Klage der Händler ist: Kapitel 18, Vers 12 und 13, ein Vierzehnzeiler.

Zum gläsernen Meer fügt er das Feuer, denn es paßt zu seinem Gegenbild, dem Feuerteich, den er als Sinnbild des »zweiten Todes« – auch dies ist eine Neuerung von ihm – vorstellt.

Die Entwicklung von Gegenbildern hatte schon Johannes begonnen: Der Versiegelung der Gläubigen an den Stirnen entspricht die Annahme des Siegels an Stirn oder Hand durch die Ungläubigen; und dem Thron Gottes im Himmel entspricht ein Drachenthron (13,2) und ein Thron des Untiers (16,10). Auch das Weib und die Hure sind derartige Gegensätze, ebenso wie die große Stadt Babylon und die neue Himmelsstadt Jerusalem; an den letztgenannten beiden Paaren wird zudem sichtbar, wie ein Bild aus dem anderen entstanden ist.

Dann hatte der zweite Verfasser das Lamm eingeführt und erwürgt dargestellt (5,6) – in Analogie zu dem Wunder, das Johannes an einem Drachenkopf sah (13,3), der erst todwund und dann wieder geheilt erscheint. Wenn der zweite Verfasser vermeiden wollte, daß das von aller Welt bewunderte Ereignis des wiederhergestellten Tieres auf den Opfertod und die Auferstehung Jesu bezogen wird, mußte er das Lamm als Gegenbild mit dem gleichen Wunder ausstatten – also erwürgt darstellen. Aber erst durch die besondere Kennzeichnung des Messias kann der Mythos vom sterbenden und wiederkehrenden Gott, der eine der allgemeinsten religiösen Vorstellungen des Heidentums war und den Johannes als Eigenschaft des Untiers verurteilt hat, soweit umgedeutet werden, daß Jesus in dieselbe Rolle schlüpft, die an Kaiser Nero verabscheut wurde.

Der Herausgeber setzt die paarweise Gegenüberstellung von Begriffen fort und schafft so einen Überbau, der sich immer deutlicher zu einer systematischen Religion ausweitet. Am stärksten widerspricht dem Urtext seine Lehre, die symmetrisch zum immerwährenden Reich des Lebens im Himmel auch eine ewige Bestrafung im feurigen Teich konstruiert. Damit ist der Schritt zum dualistischen Weltbild vollzogen, weil es nun zwei gleichzeitige Wirklichkeiten gibt, die sich nur in ihrer Wertigkeit unterscheiden.

Deshalb bereitet es ihm Schwierigkeiten, daß auch die Handlungen des vierten Reiters oder des Drachen gottgewollt sind, wie Johannes im Kapitel 17, Vers 17 betont.

Sprachlich fallen die neuen Sätze des Herausgebers oft gleich ins Auge, obwohl er sich Mühe gibt, dies zu verschleiern, zum Beispiel durch den Gebrauch gewisser Schlüsselwörter in ihrem ursprünglichen Sinn, womit er einen altertümlichen Stil erzielt: Er verwendet »Apostel« im wörtlichen Sinn als Gesandte (2,2) und »Engel« als Boten, als ob sie zu seiner Zeit nicht schon lange zum festen Wortschatz der Gemeinden gehört und eine genau umgrenzte Bedeutung besessen hätten. Im Gegensatz dazu steht Kapitel 21, Vers 14, wo mit den Aposteln die zwölf Jünger Jesu gemeint sind; diese Einfügung schrieb der zweite Verfasser mehr als ein Jahrzehnt vor dem Herausgeber. Ein anderes Beispiel ist sein Gebrauch des Wortes »Biblos« für Buch, was archaisierend-sakral wirkt, weshalb ich es als »Buchrolle« übersetze (»Buchrolle des Lebens«, 3,5; 20,15), wogegen der zweite Verfasser im gleichen Sinnzusammenhang »Biblion« schrieb (»Lebensbuch«, 13,8; 17,8), das damals gebräuchliche Wort.

Eine andere Verschleierungstechnik besteht darin, daß er kurze Sprüche, meist Ein- oder Zweizeiler, in seinen eigenen Text einschiebt, so daß die Einfügung selbst zum literarischen Stil wird (zum Beispiel 3,19). Da diese Sprüche meist seit frühester christlicher Mission in Kleinasien im Umlauf waren und auf Grund ihres hohen Alters und der allgemeinen Bekanntheit Autorität besaßen, übertrug sich ihre Gültigkeit auf die Zeilen des Herausgebers, die er drumherum gruppiert hat. Es gelang ihm sogar, das holprige Griechisch dieser Sprüche nachzuahmen, die wohl von den ersten Missionaren aus dem Aramäischen ins Griechische übersetzt worden waren, ohne daß genügend Kenntnisse der griechischen Grammatik oder die Absicht zu sprachlicher Feinheit vorgelegen hätten. Einige Kommentatoren schreiben, daß diese Sprüche erst einen Sinn ergeben, wenn man sie ins Aramäische oder Hebräische zurückübersetzt. Durch die Verwendung der verschiedenartigen Sprüche entstand eine reiche stilistische Vielfalt, die eine Zuordnung der einzelnen Verse und Zeilen schwierig macht.

Die Feststellung, daß bestimmte Verse vom Herausgeber stammen, basiert oft nur auf dem rhythmischen Aufbau. Ein gutes

Beispiel sind die Verse 18b–c in Kapitel 9, die eine inhaltlich überflüssige Wiederholung enthalten. Diese Einschiebung war nötig geworden, nachdem der Herausgeber die Verse 20 und 21 an das Kapitel angehängt hat, so daß diese nun als zwölfzeiliges Lied den Teil der Melodie einnehmen, den vorher die Verse 17 bis 19 des Johannestextes eingenommen haben; die Wiederholung derselben Melodie wollte er wohl vermeiden, so mußte der Herausgeber durch Einschieben der besagten beiden Zeilen aus dem Lied des Johannes ein 14zeiliges Stück machen, das nun mit entsprechend anderer Melodie seinen neuen Platz als vorletztes Stück im Kapitel behaupten konnte.

Aus dem gleichen Grund hat er wegen Vers 10 und 11 im neunten Kapitel den Vers 8 aus zwei Zeilen dazugesetzt.

Damit hat sich der Herausgeber streng an das rhythmische Vorbild gehalten, und das wohl nur, weil die Offenbarung schon in den Gemeinden benutzt und nach festen Melodien gesungen wurde.

Ein weiteres Erkennungszeichen seiner Textstellen ist sein Bemühen, aus den lose aufeinanderfolgenden Visionen ein durchgestaltetes Epos mit Folgerichtigkeit zu komponieren. Das verrät sich in dem Wort »Danach«, das er dem von Johannes viermal benützten und vom zweiten Verfasser zweimal eingeschobenen Ausdruck »ich sah und siehe« voranstellt (4,1; 7,9). Er führt zudem einen Begleiterengel ein, der ab Kapitel 17 nicht mehr von der Seite des Sehers weicht, so daß die – in den echten Visionen – oft anonymen Stimmen und Hinweise nun von diesem Engel stammen.

Am stärksten wirkt sich dieses Bemühen in der Umstellung der Kapitel aus: Indem er die Kapitel 15 bis 16 mit Kapitel 13 vertauscht, versucht er einen besseren Zusammenhang herzustellen, muß aber nun ganze Versgruppen überarbeiten. Deshalb bedeutet seine Arbeit die bei weitem größte Veränderung der Offenbarung, seine Textmenge übertrifft sogar die des Urtextes. Die ersten drei Kapitel stammen fast ganz von ihm, sodann die zweite Hälfte von Kapitel 7 und die erste Hälfte von Kapitel 15, ein Mittel- und Schlußstück aus Kapitel 18 und der größere Teil des 21. und 22. Kapitels sowie zahlreiche eingeschobene Zeilen im gesamten Text.

Die Nachträge des Schlußbearbeiters

Nachdem das Buch durch den Herausgeber fertiggestellt und an die Gemeinden verschickt worden war, konnten nur noch sehr geringfügige Änderungen am Text vorgenommen werden. Dies geschah vor allem am Anfang und Ende der Buchrolle, wo ganze Versgruppen zugefügt wurden. Im übrigen Teil beschränken sich die Ergänzungen auf erklärende Einzeiler, die aus kirchlichen Gründen nötig oder möglich geworden waren, wie zum Beispiel in Kapitel 11, Vers 8c, wo die Kreuzigung neu aufgenommen ist.

Der größere Teil dieser abschließenden Bearbeitung stammt von *einer* Person, die ich Schlußbearbeiter nenne. Er schrieb die ersten drei Verse (1,1–3) und die meisten Verse des letzten Kapitels 22 ab Vers 6c, wobei nur Vers 18 und 19 völlig aus dem Kontext herausfallen, so daß man hierfür einen weiteren »Nachbearbeiter« annehmen möchte.

Das Wort »Lamm« kam im Text des Herausgebers bereits 24mal im Sinne von Gottesknecht und einmal als Ausdruck für das Untier (13,11) vor. Der Schlußbearbeiter fügte es drei weitere Male ein, womit er als Gesamtzahl die heilige 28 erreichte (14,10 in der letzten Zeile; 15,3 im Lied des Lammes; 21,22). Der Nachbearbeiter hängte ein letztes »Lamm« in Kapitel 6, Vers 16 an: den Zorn des Lammes. Vielleicht vertrat er die Meinung, daß das Wort »Lamm« als Untier in diesem Zusammenhang nicht zu zählen sei.

Auch die Zahl der Seligpreisungen ist erst durch den Schlußbearbeiter auf das Maß von sieben gebracht worden (1,3; 20,6a; 22,7 und 14, ferner die beiden Zeilen an 14,13).

Die Zufügungen des Namens Christus, der an diesen Stellen anders als in den Zeilen des zweiten Verfassers aufzufassen ist, nämlich nicht als Titel »der Gesalbte«, sondern als Eigenname (20,4 und 6), können dem Nachbearbeiter zuzuschreiben sein, der damit vielleicht eine Entscheidung im Streit der Theologen um die Tausendjahrherrschaft herbeiführen wollte.

Übersicht: Die erste Hälfte der rekonstruierten Offenbarung

Kap.	Verse	Thema	Bibeltext	Zeilen	Summe	Verse
1	1–4	Vision des Thrones	1,9–11a, 4,1+2	2-4-4-4	14	4
	5–8	Himmelswesen	4,4–7	4-2-4-4	14	4
	9–10	Loblied der Engel	4,8	4-3	7	2
	11–14	Gottesdienst	4,9–11	4-4-2-4	14	4
					49	14
2	1–3	Das versiegelte Buch	5,1–4	3-4-6	13	3
	4	Öffnung des Buches	5,5+7	7	7	1
	5–8	Erste 2 Siegel	6,1–4	4-4-3-5	16	4
	9–14	Zweite 2 Siegel	6,5–8	3-3-4-3-4-3	20	6
					56	14
3	1–3	Das 5. Siegel	6,9–11	3-4-4	11	3
	4–7	Das 6. Siegel	6,12–17	4-4-3-5	16	4
	8–11	Die Versiegelung	7,1–4	5-4-4-3	16	4
	12–14	Die 12 Stämme	7,5–8	4-4-4	12	3
					55	14
4	1–5	Weihräucherung	8,1–5	4-3-3-3-4	17	5
	6–9	Zwei Posaunen	8,6–9	3-6-3-4	16	4
	10–11	Dritte Posaune	8,10+11	5-4	9	2
	12–14	Vierte Posaune	8,12–14	6-3-3	12	3
					54	14
5	1–5	Fünfte Posaune	9,1–5	4-5-3-6-5	23	5
	6–8	Geisterheer	9,6+7+9	4-4-4	12	3
	9–11	Sechste Posaune	9,13–16	6-3-3	12	3
	12–14	Geisterheer	9,17–18a, 19	4-4-4	12	3
					59	14
6	1–2	Buch der 7 Donner	10,1–3	6-6	12	2
	3–6	Versiegelung d. B.	10,4–7	3-3-5-4	15	4
	7–10	Aufnahme des Buches	10,8–11	4-4-4-2	14	4
	11–14	Tempelmessung	11,1+2; 21,15–17	4-4-4-4	16	4
					57	14
7	1–5	Die beiden Zeugen	11,3+5–9	3-3-4-4-5	19	5
	6–9	Fest und Erdbeben	11,10–13	4-4-4-6	18	4
	10–12	Siebte Posaune	11,15–17	5-4-5	14	3
	13–14	Ruhmeslied	5,13	4-3	7	2
					58	14
					388	98

Übersicht: Die zweite Hälfte der rekonstruierten Offenbarung

Kap.	Verse	Thema	Bibeltext	Zeilen	Summe	Verse
8	1–6	Zeichen im Himmel	12,1–6	4-3-6-3-3-4	23	6
	7–9	Kampf im Himmel	12,7–9	3-4-6	13	3
	10	Freude und Drohung	12,12	6	6	1
	11–14	Das Weib	12,13–16	4-6-3-4	17	4
					59	14
9	1–3	Ankündg. d. Schalen	15,1+6–8	4-5-4	13	3
	4–8	Erste 3 Schalen	16,1–5+7	4-4-3-3-6	20	5
	9–11	Zweite 3 Schalen	16,8, 10, 12	3-4-5	12	3
	12–14	Die 7. Schale	16,17–19	3-3-3	9	3
					54	14
10	1–7	Verkündigung durch die drei Engel	14,6–11, 2+5; 15,3+4	5-4-4-6-3-4-3	29	7
	8–14	Die Ernte	14,14–20	4-5-3-3-4-3-6	28	7
					57	14
11	1–7	Untier vom Meer	13,1–7	4-5-3-6-4-4-4	30	7
	8–14	Untier vom Land	13,11–18	4-3-3-3-6-6-2	27	7
					57	14
12	1–5	Weib auf Untier	17,1–6	3-4-4-4-3	18	5
	6–7	Deutung des Bildes	17,7–8a–c	5-3	8	2
	8–10	7 und 10 Könige	17,10–12	5-4-5	14	3
	11–14	Deutung des Weibes	17,15–18	4-4-4-2	14	4
					54	14
13	1–3	Sturz Babylons	18,1–3	4-5-4	13	3
	4–6	Aufforderung	18,4–8	4-5-4	13	3
	7	Vernichtung	18,21	5	5	1
	8–13	Drei Klagen	18,9–10, 15–19	4-3-3-4-4-3	21	6
	14	Siegeslied	19,1+2a+ 5b+7a–b	7	7	1
					59	14
14	1–3	Drachensturz	20,1–3	3-3-3	9	3
	4–9	Das Gericht	19,11a; 20,4+11–13	4-3-4-3-3-4	21	6
	10–13	Himmelsstadt	21,9+1+10+ 22+23	3-3-4-4	14	4
	14	Buchschluß	19,10	5	5	1
					49	14
					389	98

Der rekonstruierte Urtext

Erster Teil des Urtextes

1. Kapitel

1. Ich, Johannes, euer Mitknecht und Bruder,
   war im Geiste am Gerichtstag des Herrn.

2. Da hörte ich hinter mir eine laute Stimme,
   wie den Schall einer Posaune, die sprach:
   »Schreibe, was du siehst, in ein Buch!«
   Und ich wandte mich, um zu sehen, wessen Stimme zu mir sprach.

3. Und siehe: eine Tür zum Himmel war geöffnet,
   und die posaunenlaute Stimme sprach:
   »Komm hierher!
   Ich will dir zeigen, was von nun an geschehen soll.«

4. Und sogleich war ich im Geist.
   Und siehe: ein Thron stand im Himmel,
   und auf dem Thron saß einer,
   anzusehen wie ein Edelstein.

5. Und ich sah um den Thron herum 24 Throne
   und auf den Thronen 24 Älteste sitzen,
   bekleidet mit weißen Gewändern,
   und auf ihren Häuptern hatten sie goldene Kränze.

6. Und vom Thron gingen Blitze, Stimmen und Donner aus,
   und vor dem Thron war ein gläsernes Meer wie ein Kristall.

7. Und mitten im Thron
   und rings um den Thron herum
   waren vier Tiergestalten voller Augen
   vorne und hinten.

8. Und das erste Tier war wie ein Löwe,
   und das zweite Tier war wie ein fliegender Adler,
   und das dritte Tier war wie ein Stier,
   und das vierte Tier hatte ein Antlitz wie ein Mensch.

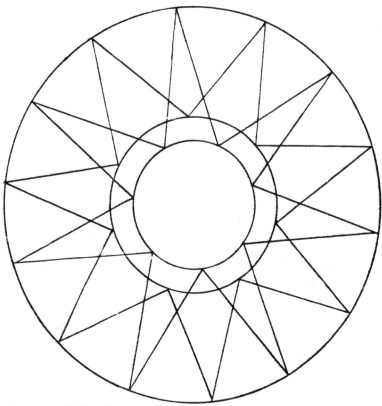

Die zweimal sieben Zeugen

9. Und jede der vier Gestalten gleichermaßen
   hatte sechs Flügel
   außen und innen voller Augen.
   Und sie haben keine Ruhe bei Tag und Nacht und sagen:

10. »Heilig, heilig, heilig
    ist Gott, der Herr, der Allmächtige,
    der war und der ist!«

11. Und wenn die vier Gestalten
    Preis und Ehre und Dank geben
    dem, der auf dem Thron sitzt,
    der lebendig ist für alle Zeit,

12. dann fallen die 24 Ältesten nieder
    vor dem, der auf dem Thron sitzt,
    und beten den an, der lebendig ist
    für alle Zeit,

13. und legen ihre Kränze ab
    vor dem Thron und sprechen:

14. »Herr und unser Gott, du bist würdig,
    Preis und Ehre und Macht zu nehmen,
    denn du hast alle Dinge geschaffen,
    und durch deinen Willen sind sie.«

2. Kapitel

1. Und ich sah zur Rechten dessen, der auf dem Thron saß,
   ein Buch, innen und außen beschrieben
   und versiegelt mit sieben Siegeln.

2. Und ich sah einen starken Engel,
   der rief mit lauter Stimme:
   »Wer ist würdig, das Buch zu öffnen
   und seine Siegel zu brechen?«

3. Und es konnte niemand im Himmel
   noch auf der Erde noch unter der Erde
   das Buch öffnen oder sehen.
   Und ich weinte heftig,
   weil niemand würdig gefunden wurde,
   das Buch zu öffnen oder zu sehen.

4. Und einer von den Ältesten sprach zu mir:
   »Weine nicht!
   Siehe: der Löwe aus Judas Stamm hat gesiegt,
   der Sproß Davids,
   das Buch zu öffnen und seine sieben Siegel.«
   Und er kam und nahm das Buch von der Rechten
   dessen, der auf dem Thron sitzt.

5. Und ich sah, daß er öffnete
   das erste der sieben Siegel,
   und hörte die erste der vier Gestalten sprechen
   wie mit Donnerstimme: »Komm!«

6. Und ich sah, und siehe: ein weißes Pferd.
   Und der Reiter darauf hält einen Bogen,
   und ihm wurde ein Kranz gegeben;
   und als Sieger zog er aus und siegte.

7. Und als er das zweite Siegel öffnete,
   hörte ich die zweite Gestalt sprechen:
   »Komm!«

8. Und ein anderes Pferd kam heraus, feuerrot;
   und dem Reiter darauf wurde erlaubt,
   den Frieden von der Erde zu nehmen,
   und daß sie sich untereinander erschlügen;
   und ihm wurde ein großes Schwert gegeben.

9. Und als er das dritte Siegel öffnete,
   hörte ich die dritte Gestalt sprechen:
   »Komm!«

10. Und ich sah, und siehe: ein schwarzes Pferd.
    Und der Reiter darauf
    hält eine Waage in der Hand.

11. Und ich hörte eine Stimme von den vier Gestalten sagen:
    »Ein Kilo Weizen für einen Tageslohn,
    und drei Kilo Gerste für einen Tageslohn
    und Öl und Wein rühre nicht an!«

12. Und als er das vierte Siegel öffnete,
    hörte ich die Stimme der vierten Gestalt
    sprechen: »Komm!«

13. Und ich sah, und siehe: ein fahles Pferd.
    Und der Reiter darauf
    heißt mit Namen: der Tod.
    Und die Unterwelt folgte ihm nach.

14. Und ihnen wurde Macht gegeben über den vierten Teil der Erde,
    zu töten mit Schwert, Hunger und Pesttod
    und durch die wilden Tiere der Erde.

3. Kapitel

1. Und als er das fünfte Siegel öffnete,
   sah ich unter dem Altar die Seelen derer, die erschlagen waren
   wegen des Wortes Gottes und ihres Zeugnisses davon.

2. Und sie schrien mit lauter Stimme und sprachen:
   »Herrscher, du Heiliger und Wahrhaftiger, wie lange
   richtest du nicht und rächst nicht unser Blut
   an den Bewohnern der Erde?«

3. Und jedem wurde ein weißes Gewand gegeben;
   und ihnen wurde gesagt, daß sie noch eine Weile ruhen müßten,
   bis die Zahl ihrer Mitknechte und Brüder voll sei,
   die noch getötet werden sollten wie sie.

4. Und ich sah, als er das sechste Siegel öffnete,
   geschah ein großes Erdbeben,
   und die Sonne wurde dunkel wie ein Fellsack,
   und der Mond wurde wie Blut.

5. Und die Sterne des Himmels fielen auf die Erde
   wie Feigen vom Baum, den ein starker Wind schüttelt.
   Und der Himmel entwich wie ein Buch, das man aufrollt,
   und alle Berge und Inseln wurden wegbewegt von ihrem Ort.

6. Und die Könige der Erde und die Machthaber und die Offiziere
   und die Reichen und die Starken und alle Sklaven und alle Freien
   verbargen sich in den Höhlen und unter den Felsen der Berge.

7. Und sie sprachen zu den Bergen und Felsen:
   »Fallt über uns und verbergt uns
   vor dem Angesicht dessen, der auf dem Thron sitzt.
   Denn der große Tag seines Zornes ist gekommen,
   und wer kann bestehen?«

8. Danach sah ich die vier Engel,
   die an den vier Himmelspunkten der Erde stehen
   und die vier Winde der Erde halten,
   so daß ohne ihren Willen kein Wind wehen kann,
   weder über die Erde noch übers Meer noch über irgendeinen
   Baum.

9. Und ich sah einen anderen Engel heraufkommen von Osten,
der hatte das Siegel des lebendigen Gottes
und schrie mit lauter Stimme zu den vier Engeln,
die die Macht haben, Erde und Meer zu schädigen,

10. und sprach: »Schädigt die Erde nicht
noch das Meer noch die Bäume,
bis wir die Knechte unseres Gottes versiegelt haben
an ihren Stirnen.«

11. Und ich hörte die Zahl der Versiegelten:
hundertvierundvierzigtausend
waren versiegelt von allen Stämmen der Kinder Israels.

12. Aus dem Stamm Juda zwölftausend Versiegelte,
aus dem Stamm Ruben zwölftausend,
aus dem Stamm Gad zwölftausend,
aus dem Stamm Asser zwölftausend,

13. aus dem Stamm Naphthali zwölftausend,
aus dem Stamm Manasse zwölftausend,
aus dem Stamm Simeon zwölftausend,
aus dem Stamm Levi zwölftausend,

14. aus dem Stamm Isachar zwölftausend,
aus dem Stamm Zebulon zwölftausend,
aus dem Stamm Joseph zwölftausend,
aus dem Stamm Benjamin zwölftausend Versiegelte.

4. Kapitel

1. Und als er das siebente Siegel öffnete,
entstand ein Schweigen im Himmel etwa eine halbe Stunde.
Und ich sah sieben Engel vor Gottes Thron stehen,
denen wurden sieben Posaunen gegeben.

2. Und ein anderer Engel kam
und trat an den Altar
mit einem goldenen Räuchergefäß.

3. Und es wurde ihm viel Räucherwerk gegeben,
damit er es zufüge zu den Gebeten aller Heiligen
auf dem goldenen Altar vor dem Thron.

4. Und der Weihrauch stieg auf
   vom Gebet der Heiligen
   aus der Hand des Engels vor Gott.

5. Und der Engel nahm das Räucherfaß
   und füllte es mit Glut vom Altar
   und schüttete es auf die Erde aus.
   Da geschahen Donner und Stimmen und Blitze und Erdbeben.

6. Und die sieben Engel
   mit den sieben Posaunen
   waren bereit zu posaunen.

7. Und der erste Engel blies die Posaune.
   Da entstanden Hagel und Feuer, mit Blut vermischt,
   das fiel auf die Erde.
   Und ein Drittel der Erde verbrannte,
   und ein Drittel der Bäume verbrannte,
   und alles grüne Gras verbrannte.

8. Und der zweite Engel blies die Posaune.
   Da wurde eine große feurig brennende Masse, wie ein Berg,
   auf die Erde geworfen.

9. Und ein Drittel des Meeres wurde zu Blut,
   und ein Drittel aller Geschöpfe, die im Meer leben,
   die Seelen sind, starb;
   und ein Drittel aller Schiffe wurde zerstört.

10. Und der dritte Engel blies die Posaune.
    Da fiel ein großer Stern vom Himmel,
    der brannte wie eine Fackel;
    er fiel auf ein Drittel der Wasserströme
    und der Quellen.

11. Und der Name des Sterns lautet Wermut.
    Und ein Drittel des Wassers wurde zu Wermut,
    und viele Menschen starben an dem Wasser,
    denn es war bitter geworden.

12. Und der vierte Engel blies die Posaune.
    Da wurde ein Drittel der Sonne geschlagen
    und ein Drittel des Mondes und ein Drittel der Sterne,
    so daß sich ein Drittel davon verfinsterte,

und der Tag um ein Drittel kürzer wurde
und die Nacht ebenso.

13. Und ich sah und hörte
    einen Adler hoch über den Himmel fliegen
    und mit lauter Stimme rufen:

14. »Weh, weh, weh den Erdbewohnern
    vor dem Schall der übrigen Posaunen der drei Engel,
    die noch die Posaunen blasen werden!«

5. Kapitel

1. Und der fünfte Engel blies die Posaune.
   Da sah ich einen Stern, der vom Himmel
   auf die Erde gefallen war,
   und ihm wurde der Schlüssel zum Brunnen des Abgrunds gegeben.

2. Und als er den Brunnen des Abgrunds aufschloß,
   stieg Rauch aus dem Brunnen auf
   wie Rauch von einem großen Ofen,
   und Sonne und Luft wurden finster
   vom Rauch aus dem Brunnen.

3. Und aus dem Rauch kamen Heuschrecken auf die Erde;
   und ihnen wurde Macht gegeben,
   wie sie die Skorpione auf Erden haben.

4. Und es wurde ihnen gesagt,
   sie sollten das Gras auf Erden nicht schädigen
   und nichts Grünes und keinen Baum,
   sondern nur die Menschen,
   die nicht Gottes Siegel haben
   auf ihren Stirnen.

5. Und sie erhielten den Auftrag,
   sie nicht zu töten,
   sondern fünf Monate lang zu quälen;
   und ihre Qual war wie die, die ein Skorpion verursacht,
   wenn er einen Menschen sticht.

6. Und in jenen Tagen werden die Menschen den Tod suchen
   und ihn nicht finden,

sie werden begehren zu sterben,
und der Tod wird vor ihnen fliehen.

7. Und die Gestalten der Heuschrecken gleichen Rossen,
die zum Kriege gerüstet sind;
und auf ihren Köpfen tragen sie etwas wie goldene Kronen,
und ihre Gesichter gleichen dem Menschenantlitz.

8. Und sie hatten Panzer wie eiserne Panzer,
und das Rasseln ihrer Flügel
war wie das Rasseln vieler Pferdewagen,
die in den Krieg rasen.

9. Und der sechste Engel blies die Posaune.
Und ich hörte eine Stimme von den vier Hörnern
des goldenen Altars vor Gott,
die sprach zu dem sechsten Posaunenengel:
»Löse die vier Engel,
die an den großen Strom Euphrat gebunden sind!«

10. Und es wurden die vier Engel los,
die bereitstehen auf Stunde, Tag, Monat und Jahr,
zu töten ein Drittel der Menschheit.

11. Und die Zahl des Kriegsvolkes
war zweimal zehntausend mal zehntausend;
ich hörte ihre Zahl.

12. Und so sah ich in der Vision die Rosse
und die Reiter darauf:
sie trugen Panzer in feurigen Farben
und bläulich und schwefelig.

13. Und die Häupter der Rosse waren wie Häupter von Löwen,
und aus ihrem Maul
kam Feuer, Rauch und Schwefel.
An diesen drei Geißeln starb ein Drittel der Menschheit.

14. Denn die Macht der Rosse liegt in ihrem Maul
und in ihren Schwänzen.
Und ihre Schwänze sind wie Schlangen; und sie haben Köpfe,
mit denen sie Schaden tun.

6. Kapitel

1. Und ich sah einen anderen starken Engel
   vom Himmel herniedersteigen.
   Er war mit einer Wolke bekleidet,
   und ein Regenbogen war um sein Haupt,
   und sein Antlitz war wie die Sonne,
   und seine Beine wie Feuersäulen.

2. Und er hielt in seiner Hand ein offenes Buch;
   seinen rechten Fuß setzte er auf das Meer
   und seinen linken aufs Land.
   Und er schrie mit lauter Stimme wie ein brüllender Löwe.
   Und als er schrie, redeten die sieben Donner ihre Sprüche.
   Und als die sieben Donner ausgeredet hatten, wollte ich es
       aufschreiben.

3. Da hörte ich eine Stimme vom Himmel zu mir sagen:
   »Verwahre, was die sieben Donner gesprochen haben,
   schreibe es nicht auf!«

4. Und der Engel, den ich stehen sah
   auf dem Meer und auf dem Land,
   hob seine rechte Hand auf zum Himmel

5. und schwur bei dem, der für alle Zeit lebt,
   der den Himmel geschaffen hat mit allem darin
   und die Erde mit allem darauf
   und das Meer und alles darin,
   daß von nun an keine Frist mehr sein soll.

6. Sondern in den Tagen des Schalls des siebenten Engels,
   der die Posaune blasen wird,
   ist das Gleichnis Gottes vollendet,
   das er hinsichtlich seiner Knechte, der Propheten, verkündet hat.

7. Und die Stimme vom Himmel, die ich vorher gehört hatte,
   sprach wieder zu mir und sagte:
   »Komm, nimm das offene Buch, das in der Hand des Engels ist,
   der auf dem Meer und dem Lande steht.«

8. Und ich ging zu dem Engel und sagte zu ihm:
   »Gib mir das Buch!« Und er sprach zu mir:
   »Nimm und verschling es! Und es wird dich im Bauch grimmen,

aber in deinem Munde wird es süß sein wie Honig.«

9. Und ich nahm das Buch aus der Hand des Engels
und verschlang es.
Und es war süß in meinem Munde wie Honig,
doch als ich es gegessen hatte, grimmte es mich im Bauch.

10. Und sie sagten mir: »Du mußt wiederum weissagen
Völkern und Nationen und Sprachen und vielen Königen.«

11. Und mir wurde ein Rohr gegeben wie ein Stab;
und er sprach zu mir:
»Steh auf und miß den Tempel Gottes
und den Altar und die, die darin anbeten.

12. Aber den Vorhof außerhalb des Tempels verwirf
und miß ihn nicht,
denn er wurde den Heiden gegeben,
die werden die heilige Stadt zertreten 42 Monate lang.«

13. Und ich nahm das Rohr von der Hand des Engels
und maß den Tempel
und fand seine Länge 12 000 Stadien;
und seine Länge und Breite und Höhe sind gleich.

14. Und ebenso maß ich den Altar im Tempel
und die, die darin beten,
und fand seine Größe 144 Ellen
nach Menschenmaß, das das Maß des Engels ist.

7. Kapitel

1. Und ich will meine beiden Zeugen aufrufen,
daß sie weissagen 1260 Tage lang,
mit Säcken bekleidet.

2. Und wenn ihnen jemand ein Leid antun will,
sprüht Feuer aus ihrem Munde
und verbrennt ihre Feinde.

3. Sie haben die Macht, den Himmel zu verschließen,
so daß kein Regen fällt in den Tagen ihrer Weissagung;
und sie haben die Macht, Wasser in Blut zu verwandeln,
und die Erde mit vielerart Plagen zu schlagen, wenn sie es wollen.

4. Und wenn sie ihr Zeugnis vollendet haben,
   wird das Tier, das aus dem Abgrund heraufsteigt,
   sie bekämpfen;
   es wird sie besiegen und sie töten.

5. Und ihre Leichen liegen auf der Gasse der großen Stadt.
   Und es werden manche
   von den Völkern, Stämmen, Sprachen und Nationen
   ihre Leichen sehen, dreieinhalb Tage lang,
   und werden ihre Leichen nicht ins Grab legen lassen.

6. Und die Bewohner der Erde freuen sich darüber
   und beglückwünschen sich und senden einander Geschenke,
   denn diese beiden Propheten
   hatten die Bewohner der Erde gequält.

7. Und nach dreieinhalb Tagen
   kehrte der Lebensgeist Gottes wieder in sie,
   und sie standen wieder auf;
   und große Furcht befiel die, die das sahen.

8. Und sie hörten eine laute Stimme vom Himmel
   zu ihnen sprechen: »Steigt herauf!«
   Und sie stiegen in der Wolke zum Himmel,
   und ihre Feinde sahen es.

9. Und zu derselben Stunde geschah ein großes Erdbeben,
   so daß ein Zehntel der Stadt einstürzte;
   und in dem Erdbeben wurden getötet
   die Namen von siebentausend Menschen.
   Und die anderen erschraken
   und gaben Gott im Himmel die Ehre.

10. Und der siebente Engel blies die Posaune.
    Da erklangen laute Stimmen im Himmel, die sprachen:
    »Die Herrschaft über das Weltall
    gehört unserem Herrn,
    und er wird herrschen für alle Zeit.«

11. Und die 24 Ältesten,
    die auf ihren Thronen vor Gott sitzen,
    fielen nieder auf ihr Angesicht,
    beteten Gott an und sprachen:

12. »Wir danken dir,
    Herr, allmächtiger Gott,
    der ist und der war,
    daß du deine große Macht genommen hast
    und nun herrschst.«

13. Und alle Geschöpfe im Himmel
    und auf der Erde und unter der Erde
    und auf dem Meer und alle darin
    hörte ich sprechen:

14. »Dem, der auf dem Thron sitzt,
    sei Lob und Ehre und Preis und Macht
    für alle Zeit!«

Zweiter Teil des Urtextes

8. Kapitel

1. Und es erschien ein großes Zeichen im Himmel:
   ein Weib, mit der Sonne bekleidet,
   und der Mond unter ihren Füßen,
   und auf ihrem Haupt ein Kranz von zwölf Sternen.

2. Und sie war schwanger
   und schrie in den Wehen
   und hatte große Qual bei der Geburt.

3. Und es erschien ein anderes Zeichen im Himmel,
   und siehe: ein großer roter Drache,
   der hatte sieben Köpfe und zehn Hörner
   und auf seinen Köpfen sieben Kronen.
   Und sein Schwanz riß ein Drittel der Sterne vom Himmel
   und warf sie auf die Erde.

4. Und der Drache trat vor das Weib,
   das gebären sollte,
   um ihr Kind zu fressen, wenn sie geboren hätte.

5. Und sie gebar einen Sohn.
   Und das Kind wurde entrückt
   zu Gott und seinem Thron.

6. Und das Weib floh in die Wüste,
   wo es einen von Gott bereiteten Platz hat
   und wo es ernährt wird
   1260 Tage lang.

7. Und es entbrannte ein Kampf im Himmel:
   Michael und seinen Engeln wurde befohlen,
   mit dem Drachen zu kämpfen.

8. Und auch der Drache kämpfte
   und seine Engel
   und siegte nicht;
   ihr Platz im Himmel war nicht mehr zu finden.

9. Und hinausgeworfen wurde der große Drache,
   die alte Schlange,
   die Teufel und Satan heißt,
   der die ganze Welt verführt,
   und wurde auf die Erde geworfen,
   und seine Engel wurden mit ihm geworfen.

10. Und ich hörte eine Stimme, die sprach: »Freut euch, ihr Himmel,
    und die, die darin wohnen!
    Weh über die Erde und das Meer,
    denn der Teufel kam zu euch herab
    und hat großen Zorn,
    weil er weiß, daß er wenig Zeit hat.«

11. Und als der Drache sah,
    daß er auf die Erde geworfen war,
    verfolgte er das Weib,
    das den Knaben geboren hatte.

12. Und dem Weib wurden gegeben
    die beiden Flügel des großen Adlers,
    um damit in die Wüste zu fliegen an den Ort,
    wo es ernährt wird
    eine Zeit und zwei Zeiten und eine halbe Zeit
    fern vom Angesicht der Schlange.

13. Und die Schlange spie aus ihrem Maul
    Wasser wie einen Strom nach dem Weibe,
    um es im Strom zu ersäufen.

14. Aber die Erde half dem Weib
    und tat ihren Rachen auf
    und verschlang den Strom,
    den der Drache aus seinem Maul gespien hatte.

9. Kapitel

1. Und ich sah ein weiteres Zeichen im Himmel,
   groß und wunderbar:
   sieben Engel mit sieben Plagen, die die letzten sind,
   denn in ihnen vollendet sich Gottes Zorn.

2. Und ich sah,
   wie die sieben Engel aus dem Tempel herauskamen.
   Und es wurden ihnen gegeben
   sieben goldene Schalen voll mit dem Zorn Gottes,
   der lebendig ist für alle Zeit.

3. Und der Tempel wurde voller Rauch
   von Gottes Herrlichkeit und seiner Kraft,
   und niemand konnte in den Tempel hineingehen,
   bis die sieben Plagen der sieben Engel vollendet waren.

4. Und ich hörte eine laute Stimme aus dem Tempel,
   die sprach zu den sieben Engeln:
   »Geht und gießt die sieben Schalen
   des Zornes Gottes auf die Erde!«

5. Und der erste ging hin
   und goß seine Schale auf die Erde.
   Und es entstand ein böses und schlimmes Geschwür
   an den Menschen.

6. Und der zweite goß seine Schale ins Meer,
   und es wurde unrein wie Blut, wie ein Leichnam,
   und alle lebendigen Seelen im Meer starben.

7. Und der dritte goß seine Schale
   auf die Ströme und Quellen,
   und es entstand Blut darin.

8. Und ich hörte den Engel der Gewässer sprechen:
   »Gerecht bist du, der du bist und warst, du Heiliger,

daß du solches Urteil vollzogen hast.«
Und ich hörte den Altar sprechen:
»Ja, Herr, allmächtiger Gott,
wirklich und gerecht sind deine Gerichte.«

9. Und der vierte goß seine Schale in die Sonne
und bewegte sie, die Menschen mit Feuer zu versengen.
Und die Menschen wurden versengt von der großen Hitze.

10. Und der fünfte goß seine Schale auf den Thron des Tieres,
und es entstand eine große Finsternis in seinem Reich.
Und die Menschen, die das schlimme Geschwür hatten,
zerbissen ihre Zungen vor Schmerzen.

11. Und der sechste goß seine Schale
auf den großen Wasserstrom Euphrat.
Und sein Wasser trocknete aus,
so daß ein Weg entstand für die Könige
von Osten her.

12. Und der siebente goß seine Schale in die Luft.
Und vom Thron im Tempel her erklang eine laute Stimme,
die sprach: »Es ist geschehn!«

13. Und es geschahen Blitze, Stimmen und Donner,
und es ereignete sich ein großes Erdbeben,
wie keines je gewesen ist, seit es Menschen auf der Erde gibt.

14. Und die große Stadt zerbrach in drei Teile,
und die Städte der Heiden stürzten ein,
und die Inseln verschwanden und Berge wurden nicht mehr gefunden.

10. Kapitel

1. Und ich sah einen anderen Engel durch die Mitte des Himmels fliegen,
der hat eine beständige Botschaft
denen zu verkünden, die auf der Erde sitzen,
jeder Nation und Stamm und Sprache und Volk.
Und er ruft mit lauter Stimme:

2. »Fürchtet Gott und gebt ihm die Ehre,
denn die Stunde seines Gerichts ist gekommen!
Und betet den an, der alles geschaffen hat: Himmel und Erde
und Meer und die Wasserquellen!«

3. Und ein dritter Engel folgte ihnen und sprach:
   ...
   ...
   ...*

4. Und es folgte ihnen der vierte Engel
   und sprach mit lauter Stimme:
   »Wenn jemand...,
   dann wird er den Zornwein Gottes trinken
   und wird gequält mit Feuer und Schwefel,
   und der Rauch seiner Qual steigt auf.«

5. Und ich höre Stimmen von Harfenspielern.
   Und in ihrem Munde wird keine Lüge gefunden.
   Sie sind untadelig.

6. Und sie singen das Lied des Gottesknechtes Moses:
   »Groß und wunderbar sind deine Werke,
   Herr und allmächtiger Gott,
   gerecht und wirklich sind deine Wege!

7. Wer wird dich nicht fürchten, Herr,
   und deinen Namen preisen?
   Denn die Gerechtigkeit deiner Gerichte ist offenbar geworden.«

8. Und ich sah und siehe: eine weiße Wolke,
   und auf der Wolke saß jemand, der aussah wie ein Menschensohn.
   Auf seinem Haupt trug er einen goldenen Kranz
   und in seiner Hand eine scharfe Sichel.

9. Und ein anderer Engel trat aus dem Tempel
   und rief mit lauter Stimme dem auf der Wolke zu:
   »Sende deine Sichel aus und ernte,
   denn die Zeit zum Ernten ist gekommen,
   weil die Ernte der Erde reif geworden ist!«

10. Und der, der auf der Wolke saß,
    schickte seine Sichel auf die Erde;
    und die Erde wurde geerntet.

11. Und ein anderer Engel trat
    aus dem Tempel im Himmel,
    der hatte auch eine scharfe Sichel.

* (10,3 konnte nicht rekonstruiert werden)

12. Und ein anderer Engel trat vom Altar hervor
    – er hatte die Macht über das Feuer –
    und rief mit lauter Stimme
    nach dem, der die scharfe Sichel trug, und sprach:

13. »Sende deine scharfe Sichel aus
    und schneide die Trauben am Weinstock der Erde,
    weil seine Beeren reif geworden sind.«

14. Und der Engel schickte seine Sichel auf die Erde
    und schnitt die Trauben der Erde
    und warf sie in die große Kelter des Zornes Gottes.
    Und die Kelter wurde draußen vor der Stadt getreten,
    und das Blut aus der Kelter stieg bis an die Zügel der Pferde,
    1600 Stadien weit.

11. Kapitel

1. Und ich sah aus dem Meer ein Tier aufsteigen
   mit zehn Hörnern und sieben Köpfen,
   und auf seinen Hörnern zehn Kronen
   und auf seinen Köpfen lästernde Namen.

2. Und das Tier, das ich sah, glich einem Panther,
   und seine Füße denen eines Bären,
   und seine Schnauze der eines Löwen.
   Und der Drache gab ihm seine Kraft
   und seinen Thron und seinen starken Willen.

3. Und einer seiner Köpfe sah aus
   wie tödlich verwundet,
   und die tödliche Wunde heilte wieder.

4. Und die ganze Erde bewunderte das Tier,
   und sie beteten den Drachen an,
   weil er dem Tier seinen Willen eingab,
   und sie beteten das Tier an und sagten:
   »Wer gleicht diesem Tier
   und wer kann es bekämpfen?«

5. Und es wurde ihm eine Schnauze gegeben
   zu großem Gerede und zum Lästern,
   und es wurde ihm bestimmt,
   42 Monate lang zu bestehen.

6. Und es tat seine Schnauze auf
zu Lästerungen gegen Gott,
seinen Namen und sein Haus zu lästern
und die, die im Himmel wohnen.

7. Und es wurde ihm bestimmt,
gegen die Heiligen zu kämpfen und sie zu besiegen;
und es wurde ihm Macht gegeben
über alle Stämme und Völker und Sprachen und Nationen.

8. Und ich sah ein anderes Tier von der Erde aufsteigen,
das hatte zwei Hörner wie ein Widder
und redete wie ein Drache.
Und es übte alle Macht des vorherigen ersten Tieres aus.

9. Und es brachte die Erde und ihre Bewohner dazu,
das erste Tier anzubeten,
dessen tödliche Wunde geheilt war.

10. Und es tat große Wunderzeichen,
so auch, indem es Feuer vom Himmel
auf die Erde vor die Menschen herabfallen ließ.

11. Und es verführte die Bewohner der Erde durch die Wunderzeichen,
die es vor dem Tier verrichten durfte;
und es überredete die Bewohner der Erde,

12. daß sie ein Bild dem Tier machten,
das die Schwertwunde hatte und wieder lebendig geworden war.
Und es erhielt die Kraft, das Bild des Tieres zum Leben zu erwecken,
so daß das Bild des Tieres auch redete;
und es machte, daß jeder getötet wurde,
der das Bild des Tieres nicht anbetete.

13. Und es veranlaßte, daß alle
ein Mal nahmen an ihre rechte Hand
oder an ihre Stirn,
und daß niemand kaufen oder verkaufen konnte,
der das Mal nicht trug,
den Namen des Tieres oder die Zahl seines Namens.

14. Wer Verstand hat, bedenke die Zahl des Tieres!
Und seine Zahl ist 616.

12. Kapitel

1. Und ich sah einen Engel vom Himmel herniedersteigen,
der sprach zu mir etwa so:
»Komm! Ich will dir das Gericht über das Weib zeigen,

2. das an vielen Flüssen sitzt,
mit dem die Könige der Erde sich vergangen haben;
und die Erdbewohner wurden betrunken
vom Wein ihrer Unzucht.«

3. Und er versetzte mich im Geist in die Wüste.
Da sah ich ein Weib auf einem scharlachroten Tier reiten,
das war voll mit lästernden Namen
und hatte sieben Köpfe und zehn Hörner.

4. Und das Weib war bekleidet mit Purpur und Scharlach
und übergoldet mit Gold, mit Edelsteinen und Perlen besetzt,
und hielt einen goldenen Becher in der Hand,
der war voll mit Greuel und Unflat ihrer Unzucht.

5. Und auf ihrer Stirn stand ein Name geschrieben, ein Gleichnis:
Babylon, die Mutter der Unzüchtigen
und aller Greuel der Erde.

6. Und ich wunderte mich sehr, als ich das Weib sah.
Und der Engel sprach zu mir: »Warum wunderst du dich?
Ich will dir das Gleichnis des Weibes deuten
und des Tieres, das sie trägt,
das die sieben Köpfe und zehn Hörner hat.

7. Das Tier, das du siehst, das war und ist nicht
und wird wieder emporsteigen aus dem Abgrund;
und es wird in die Verdammnis fahren.

8. Die sieben Häupter sind sieben Könige.
Die ersten fünf sind gefallen,
einer ist jetzt,
der andere ist noch nicht gekommen;
und wenn er kommt, muß er kurze Zeit bleiben.

9. Und das Tier, das war und nicht ist,
   das ist der achte
   und ist einer von den sieben
   und wird in die Verdammnis fahren.

10. Und die zehn Hörner, die du siehst, sind zehn Könige,
    die ihre Macht noch nicht empfangen haben.
    Aber wie Könige werden sie Macht erhalten für eine Stunde
    gemeinsam mit dem Tier.
    Diese sind alle gleicher Gesinnung.

11. Und er sprach zu mir:
    »Die Flüsse, die du siehst,
    an denen das Weib sitzt,
    sind Völker, Volksmassen, Nationen und Sprachen.

12. Und die zehn Hörner, die du siehst, und das Tier,
    die hassen das Weib und machen es einsam und nackt
    und fressen sein Fleisch
    und werden es mit Feuer verbrennen.

13. Denn Gott hat es ihnen als Entschluß in ihr Herz gegeben,
    seinen Entschluß auszuführen
    und ihre Macht dem Tier zu geben,
    bis Gottes Worte vollendet sind.

14. Und das Weib, das du siehst, ist die große Stadt,
    die die Herrschaft über die Könige der Erde ausübt.

13. Kapitel

1. Und danach sah ich einen zweiten Engel
   vom Himmel herniederkommen,
   der hatte große Macht,
   und die Erde wurde von seinem Glanz erhellt.

2. Und er schrie mit lauter Stimme und sprach:
   »Sie ist gefallen, gefallen ist Babylon, die Große,
   und zur Behausung geworden für die Teufel
   und zur Wohnung aller unreinen Geister
   und zum Nistplatz aller unreinen und verhaßten Vögel.

3. Denn vom Zorneswein ihrer Unzucht
   haben alle Völker getrunken,

und die Könige der Erde haben sich mit ihr vergangen,
und die Kaufleute der Erde sind reich geworden durch ihre Üppigkeit.«

4. Und ich hörte eine andere Stimme aus dem Himmel sprechen:
»Zieht heraus aus ihr, mein Volk,
damit ihr nicht teilhabt an ihren Sünden
und nicht ihre Plagen erleiden müßt!

5. Denn ihre Sünden stinken zum Himmel,
und Gott sieht ihre Verbrechen.
Zahlt ihr heim mit gleicher Münze!
Wie sie sich verherrlicht hat und übermütig war,
so gebt ihr Qual und Leid zu spüren!

6. Darum werden ihre Plagen in *einem* Tage kommen,
Tod, Leid und Hunger,
und sie wird mit Feuer verbrannt werden.
Denn stark ist Gott, der Herr, der sie richtet.«

7. Und ein starker Engel hob
einen Stein auf, so groß wie ein Mühlstein,
und warf ihn ins Meer und sprach:
»So wird mit einem Schwung Babylon, die große Stadt, verworfen
und nicht mehr wiedergefunden.«

8. Und es werden sie beweinen und beklagen die Könige der Erde,
die mit ihr gehurt und gepraßt haben,
wenn sie den Rauch von ihrem Brand sehen;
und sie werden fern stehen aus Furcht vor ihrer Qual

9. und sprechen: »Wehe, wehe, große Stadt,
Babylon, starke Stadt,
in *einer* Stunde ist dein Gericht gekommen!«

10. Und die Kaufleute der Erde, die an ihr reich geworden sind,
werden fernstehen aus Furcht vor ihrer Qual,
werden weinen und klagen und sprechen:

11. »Wehe, wehe, große Stadt,
gekleidet in Leinen, Purpur und Scharlach,
vergoldet mit Gold, besetzt mit Edelstein und Perlen,
in *einer* Stunde wurde dieser Reichtum zerstört!«

12. Und alle Kapitäne und Steuerleute
und die Seefahrer und Matrosen

standen fern und schrien,
als sie den Rauch von ihrem Brand sahen, und sprachen:

13. »Wehe, wehe, große Stadt,
an der alle reich geworden sind,
in *einer* Stunde wurde sie vernichtet!«

14. Danach hörte ich die laute Stimme einer großen Volksmenge im Himmel,
die sagte etwa folgendes:
»Halleluja! Das Heil und die Herrlichkeit und die Kraft sind von unserem Gott,
wahrhaftig und gerecht sind seine Gerichte.
Preist unsern Gott!
Wir wollen uns freuen und fröhlich sein
und ihm die Ehre geben!

14. Kapitel

1. Und ich sah einen Engel vom Himmel herabkommen,
der hatte den Schlüssel zum Abgrund
und eine große Kette in seiner Hand.

2. Und er überwand den Drachen,
die alte Schlange,
– das ist der Teufel und Satan –

3. und warf ihn in den Abgrund
und schloß ihn zu und versiegelte ihn obenauf,
damit er nicht mehr die Völker verführe.

4. Und ich sah den Himmel geöffnet
und die vier Throngestalten
und die Seelen, hingerichtet
um des Wortes Gottes willen.

5. Und ich sah Throne,
und sie setzten sich darauf;
und ihnen wurde Gerichtsvollmacht gegeben.

6. Und ich sah einen großen weißen Thron
und den, der darauf saß.
Und vor seinem Angesicht flohen die Erde und der Himmel,
und sie fanden keinen Halt mehr.

7. Und ich sah die Toten
vor dem Thron stehen;
und Bücher wurden aufgeschlagen.

8. Und die Toten wurden gerichtet
entsprechend dem, was in den Büchern geschrieben steht
von ihren Taten.

9. Und der Tod und die Unterwelt gaben die Toten her,
die in ihnen waren;
und sie wurden gerichtet,
jeder nach seinen Taten.

10. Und es kam zu mir ein Engel
und sprach zu mir und sagte:
»Komm, ich will dir die Braut zeigen!«

11. Und ich sah einen neuen Himmel und eine neue Erde,
denn der erste Himmel und die erste Erde sind vergangen,
und das Meer ist nicht mehr da.

12. Und er brachte mich im Geist
auf einen großen und hohen Berg
und zeigte mir die heilige Stadt
niederfahren aus dem Himmel von Gott.

13. Und ich sah keinen Tempel darin,
denn der Herr, der allmächtige Gott, ist ihr Tempel.
Und die Stadt braucht weder eine Sonne noch einen Mond,
denn die Herrlichkeit des Herrn erleuchtet sie.

14. Und ich fiel nieder zu Füßen des Engels, um ihn anzubeten.
Doch er sprach zu mir: »Vorsicht! Tu's nicht!
Ich bin dein Mitknecht
und der deiner Brüder, der Propheten.
Bete Gott an!«

Die Botschaft des Johannes

Die Naherwartung

Der Urtext des Johannes brachte noch eine auch für fromme Juden annehmbare Weltanschauung; erst die Bearbeitungen schufen neue Ansichten, die mancher frühchristlichen Lehre das Fundament gaben. Dennoch ist im Kernstück des Johannes die größere Originalität enthalten, während die Bearbeiter sich auf Übernahmen aus dem Alten Testament und aus heidnischem Gedankengut beschränkten. Der auffälligste Unterschied zwischen dem Urtext des Johannes und den zirka 32 bzw. 47 Jahre späteren Bearbeitungen liegt darin, daß Johannes keine Naherwartung kennt. Die erst von den vier Evangelisten gepredigte Naherwartung basierte auf der Mission des Paulus, der – genau wie die Evangelisten – Jesus nicht persönlich gekannt und auch keine Zeugen seines Wirkens befragt hat. An keiner Stelle in den Briefen des Paulus oder in den Evangelien wird das Aussehen Jesu näher beschrieben. Dieser Mangel an Körperlichkeit mag das Verlangen nach seiner Rückkehr verstärkt haben. Die Naherwartung Jesu war überaus lebendig und weit verbreitet, so daß mehr als ein Jahrhundert vergehen mußte, bis sie allmählich im täglichen Bewußtsein einschlief und zur theologischen Lehre absank.

Wann sie aufgekommen war, ist im Neuen Testament nicht erkennbar: Jesus selbst könnte sie ins Leben gerufen haben. Sicher ist nur, daß kurz nach seinem Tod kaum die Rede davon war, und daß auch derjenige sich Christ nennen konnte, der an keine Naherwartung glaubte. Petrus erwähnt in seiner berühmten Pfingstpredigt nichts davon (Apostelgeschichte 2).

In mehreren Bildern stellt Johannes die Wirkungsweise der Messiasgestalt dar, die vom Löwen von Juda aufgerufen wird. Der weiße Reiter des ersten Siegels (5,5 und 6,2) entspricht Jesus, dem Zeitgenossen des Johannes. Als Lehrer mit der Schlüsselgewalt zur Unterwelt (9,1) löst er ein weiteres Endzeitgeschehnis aus. Und als Menschensohn auf der weißen Wolke führt er die Ernte durch (14,14); hier ist er der letzte Messias am Tag des Gerichts. In diesem Sinn ist auch der Urtext eine rein christliche Apokalypse: Er handelt von den Taten des Messias.

Außer diesem Wirken Christi sah Johannes noch weitere wichtige Ereignisse, dargestellt durch die Taten dreier anderer Reiter, die an Machtfülle und Wert dem ersten unterlegen sind, denn sie bilden eine fallende Reihe bis hinab zur Unterwelt. Jeder Reiter regiert einen nicht näher benannten – aber gewiß nicht in wenigen Jahren oder Generationen bemessenen – Zeitabschnitt. Allein schon diese Voraussage der drei Zeitabschnitte schließt die Naherwartung aus.

Ferner besteht ein Gegensatz zwischen Johannes' Auffassung vom Leiden und der der Evangelisten und frühen Kirchenschriftsteller. Die Märtyrer müssen leiden, sagt Johannes, weil sie das Wort Gottes verkünden. Derjenige, der ihnen das Leiden zufügt, ist der Satan. Diese Einstellung adelt das Leiden, denn es wird so zum unausweichlichen Ergebnis der Entscheidung des Gläubigen für Gott. Durch das Bekenntnis zur Wahrheit und die Ablehnung des Betrugs – also des Satans – zieht der Mensch Leid auf sich.

Dagegen lehrt die Kirche zuerst, daß das Leiden eine Strafe sei, eine Folge der Sünden, und später sagt sie, daß das Leiden die Folge der vor der eigenen Geburt begangenen Sünden sei, der Erbsünden, woraus schließlich der unpersönliche Begriff der »Erbsünde« wurde, durch die die Menschheit als Nachkommenschaft Adams leiden müsse.

Der Tod Jesu

Es ist auffallend, wie wenig Interesse Johannes am Tode Jesu zeigt. Im Gegensatz zu Paulus, für den es ohne den Tod Jesu keine Erlösung gibt, zieht sich eine Denkströmung durch christliche und gnostische Kreise, die die Kreuzigung einfach nicht zur Kenntnis nimmt. Der Islam hat diese Überlieferung fortgesetzt, im Koran (4,157) heißt es: »Sie töteten ihn nicht und kreuzigten ihn auch nicht, sondern es wurde ihnen nur vorgespiegelt.«

Aus der vorsichtigen Ausdrucksweise im siebenten Vers des ersten Kapitels, der spät eingefügt ist und ohne nähere Beziehung zum Urtext der Offenbarung steht, läßt sich ablesen, wie umstritten die Kreuzigung als Todesart Jesu noch am Ende des ersten Jahrhunderts war: »durchbohrt« heißt es in Anlehnung an das Johannesevangelium.

Damit ist nicht gesagt, daß Johannes nicht über die Todesart Jesu unterrichtet gewesen wäre, sondern nur, daß dieser Tod in seiner Offenbarung keinen Niederschlag gefunden hat, wie er auch in anderen Schriften der frühen Christen bedeutungslos war.

Aus geschichtlicher Sicht bleibt festzustellen, daß die normale Strafe für Gotteslästerung in Israel, der sich Jesus schuldig gemacht hatte, die Steinigung war. Sie wurde an den frühen Christen Stephanus und Jakobus vollzogen. Die Evangelisten schreiben, daß Jesus diese Strafe zweimal angedroht worden war, ohne daß sie ausgeführt werden konnte, da er sich ihr jeweils auf geheimnisvolle Weise entzog.

Aus dem Leiden Jesu ist ein unfaßbar großes Sagenbild entworfen worden, das in keinem Verhältnis zu dem steht, was im Neuen Testament berichtet wird. Ein Mann wird für seine Reden mit dem Tod bestraft, nachdem ihm dieses Ende bereits mehrmals angedroht worden war und er es selbst vorausgesagt hat. Er ist ein alleinstehender Mann, erwachsen, etwa vierzig Jahre alt und im Vollbesitz seiner Entscheidungsfähigkeit. Er wird gegeißelt und innerhalb weniger Stunden hingerichtet – durch Kreuzigung oder Erhängen. Dieser Mann, der nach allgemeiner Auffassung über enorme geistige Kräfte verfügte und der körperliches Leiden als unwichtig erachtete, dürfte wenig gespürt haben, denn er litt nur kurz. Sein Leiden ist weder einmalig noch übergroß, noch sonstwie von Bedeutung gewesen, wenn man den Evangelienberichten trauen darf; nicht einmal die auserwählten Jünger nahmen teil an seinem Leidensgang.

Unzählige Menschen vor und nach Jesus haben unsagbar Schlimmeres erlitten. Wäre nicht die Überwindung des Todes das Ziel dieses Leidensganges gewesen, dann wäre sein Sterben unbedeutend. Wenn es aber Jesus gelungen ist, durch sein unverschuldetes Leiden das göttliche Licht der Wahrheit zu erlangen, die Zeitlosigkeit des Glücks zu erreichen – und dies sieht Johannes für *alle* Märtyrer als gegeben –, dann werden die vor dem Tod erduldeten Leiden zum nötigen Vorspiel, zum Einsatz im Kampf um das ewige Leben.

Mit der Verallgemeinerung gewinnt Johannes eine neue Ansicht von Geschichte: Sie wird zum Modellfall für die zahllosen möglichen Abläufe, innerlich wie äußerlich. Und dieses Modell hat Johannes in seinen Visionen gesehen. Dadurch werden die Personen seiner Weltschau zu überzeitlichen Kräften, die einem festgelegten Rhythmus folgen. Jedoch sind von den Geistwesen nur die Reiter keine Darstellungen abstrakter Begriffe, sondern Personen, sogar individuelle Persönlichkeiten, im ursprünglichen Sinn des lateinischen Wortes »personare«, hindurchtönen: Wie im Theater, wo die Stimme des Schauspielers durch die Maske hindurchtönt, so durchdringen die größeren Wirklichkeiten der geistigen Welt die in den Bildern enthaltene Scheinwelt.

Visionen

Johannes sagt ausdrücklich, ob er etwas sah und hörte oder ob es sich nur um die Darstellung eines bekannten Sagenbildes handelt. Kapitel 12 mit der Zusammenstellung verschiedener Sagenbilder beginnt mit den Worten: »Und es erschien ein Zeichen im Himmel...«; seine Visionen leitet Johannes dagegen mit den Worten ein: »Und ich sah...« Damit ist im Urtext die Unterscheidung zwischen Vision und Dichtung in sprachlicher Hinsicht streng durchgeführt.

Die erste Hälfte des Buches, die vermutlich als Urkern zuerst entstanden ist, besteht aus einer Zusammenstellung von sieben Visionen, wobei die letzten Visionen nur kleine Stücke sind, die vielleicht zeitlich weit zurücklagen und aus der Erinnerung aufgeschrieben wurden. Anlaß zur Niederschrift war sicher jene Vision vom Thronsaal, die Johannes selbst vorangestellt hat und die mit dem Schauspiel der Siegelöffnung und dem Auftreten der vier Reiter einen geeigneten Rahmen für alle anderen Stücke abgab. Möglicherweise gehört auch das fünfte Siegel noch zur gleichen Vision, vielleicht ist es aber auch ein Bruchstück, das er hier anschloß, weil es ihm hierher zu gehören schien.

Das sechste Siegel stammt aus einer neuen Vision, und die Versiegelung der Gläubigen dürfte auch dazugehören. Es ist anzunehmen, daß Johannes die Numerierung von den vier Reitern aus zum siebenten Siegel erst weiterführte, als er das Ganze zu einem Buch zusammenfügte. Dies erkennt man deutlich an der nächsten Vision, die ihm vier Posaunen zeigte, die er als siebentes Siegel bezeichnete. Zwischen der zweiten und dritten Vision lag wohl auch bei ihm eine Pause. Die beiden Visionen der 5. und 6. Posaune sind vielleicht kurz nacheinander erfolgt, wobei die zweite eine Bestätigung oder Deutung der ersten ist. Ihre Anordnung als fünfte und sechste Posaune sind spätere Konstruktionen, vergleichbar der des fünften und sechsten Siegels.

Die fünfte Vision markiert das Gesicht vom zweiten Engel mit dem Buch der sieben Donner, eine recht unabhängige Vision, die sich nur darum leicht in das Buch einfügte, weil Johannes die Welt als Einheit sah. Das Erlebnis könnte Jahre zurückliegen, hat aber so großen Eindruck hinterlassen, daß es ihm noch ganz präsent war. Er hat es vermutlich als Auftragsvision für seine nächste Wiedergeburt angesehen und das erklärt vielleicht, warum er dem Prophetentum so große Macht zuschrieb. Diese Vermutung bestätigt die plastische Beschreibung des zweiten Siegels, die neben der Gestalt des ersten das ganze Buch durchzieht.

Die Tempelmessung, die leider durch die Umgestaltung des Herausgebers zerrissen wurde, war ebenfalls eine eigenständige Vision, die trotz ihrer Ähnlichkeit mit der Vision Hesekiels ganz persönliche Züge trägt und von dem berühmten Vorbild deutlich abweicht.

Das Bild der beiden Zeugen in Kapitel 11 der Offenbarung ist keine Vision, sondern Ergebnis der geistigen Beschäftigung mit dem Thema der Prophetie; nur der anschließende Vers 13, der vielleicht als Folge dieser Beschäftigung entstand, kann als Vision aufgefaßt werden.

Die siebente Posaune ist eine notwendige Dichtung, die die unvollständige Anzahl der Posaunen auffüllt und einen Buchschluß schafft.

Vielleicht hat Johannes, der wahrscheinlich jahrelang als Einsiedler lebte, diese Aufzeichnungen der sieben Visionen lange Zeit mit sich getragen, ohne sie Fremden vorzulesen. Als er dann wieder von Visionen heimgesucht wurde, die – wenn auch viel tiefer gehend – doch eine deutliche Beziehung zu den bereits niedergeschriebenen hatte, verfaßte er aus dieser Erfahrung seinen zweiten Buchteil.

Um dem Leser klarzumachen, von welchen geistigen Grundlagen er ausging, beschreibt er in Kapitel zwölf zunächst die Sagenbilder, die ihn bewegten und die offensichtlich zu seinen Visionen geführt haben. Diesem »Zeichen im Himmel« stellt er dann jenes »andere Zeichen im Himmel« entgegen, das er selbst gesehen hat (15,1), die Vision der sieben Schalen. Sie ist schwach als Parallele zu den sieben Posaunen erkennbar. Anschließend hatte er die Vision von den drei Verkünderengeln, die er ausdrücklich als »andere« Engel bezeichnet, wohl um sie von den Schalenengeln abzuheben.

Die dritte Vision ist die von der Ernte, die wegen der Thematik am Schluß des Buches stehen müßte, zusammen mit der Gerichtsvision, doch Johannes stellt sie mit der zweiten Vision zu einem Kapitel zusammen, vielleicht weil er sie mit dieser im gleichen Zeitraum empfangen hatte.

Es folgt als vierte die Doppelvision von den beiden Untieren, deren Hälften vielleicht in zwei aufeinanderfolgenden Tagen oder Nächten oder Meditationen erblickt wurden.

Wiederum folgt eine Pause, in der Johannes vielleicht eine Zeitlang in einer großen Stadt lebte, denn in den folgenden Kapiteln drückt sich seine Verachtung gegenüber der Stadtzivilisation in beißenden Worten aus. In der Vision vom Weib auf dem Untier und dem Sturz Babylons findet diese Verachtung ihren unnachahmlichen Höhepunkt.

Das Danklied (19,1–2a) ist eine Dichtung, ebenso die drei Klagen. In der sechsten Vision erlebt Johannes die Fesselung des Drachen und die Gerichtsszene; beides liegt vielleicht lange zurück und ist aus der Erinnerung aufgeschrieben, darum so kurz gefaßt. Auch die Vision von der Himmelsstadt, die als siebente das Buch abschließt, wird Johannes schon viel eher erlebt haben. Überraschend ist das Bruchstück einer Vision, in der Johannes dem Engel zu Füßen fällt, der eigentliche Buchschluß.

Mit dem Wort Vision ist die Erlebnisweise des Johannes nur grob umrissen; sie unterscheidet sich von der alttestamentlichen Erfahrung, wie sie die Propheten beschrieben, deutlich. Früher stellte man sich meistens vor, daß Gott – oder eher einer seiner Engel – sich aus dem zeitlosen Zustand der Wirklichkeit in die begrenzte Welt der Schöpfung hineinbegibt und einem Seher etwas zu verstehen gibt, indem er eine für den Menschen vorstellbare Gestalt annimmt. Gott erschien als Wolke oder Feuer, als Sturm oder Erdbeben, oder als Säuseln nach einem Unwetter.

Eine andere Visionsform, die wir vom Schreiber des Henoch-Buches, von Hermas und von Paulus kennen, ist die Himmelsreise oder Entrückung, bei der der Seher sich körperlich fortgerissen fühlt in eine weite Räumlichkeit und Zeit, die er nach seiner Rückkehr mit bewegten Worten seinen Zuhörern schildert. Auch der Prophet Mohammed hatte ein derartiges Erlebnis, jedoch nur ein einziges; alle anderen Offenbarungen empfing er in viel direkterer Weise, so wie auch Johannes seine eigenen beschreibt: als Zustandsänderung des eigenen Geistes. Als wäre die Körperlichkeit von ihm abgefallen, erlebt Johannes die Wirklichkeit jenseits von Raum und Zeit allein im Geist.

Johannes sah in seinem eigenen Geiste sich selbst, er sah sein eigenes unvergängliches Wesen, das was an ihm selbst »göttlich« ist; oder anders ausgedrückt: Wenn Johannes Gott sah, dann sah er sich selbst in der Gestalt, in der Gott Johannes sieht. Das ist visionäre Selbsterkenntnis.

Die Visionen des Johannes haben aber nur wenig mit bloßer Selbstbetrachtung gemein. Denn die Offenbarung enthält eine Weltschau von ganz ungewöhnlichem Ausmaß, sie ist weitgespannt über die Jahrtausende der Menschheitsentwicklung und bezieht die ganze Erde ein.

Und doch sind die Visionen zugleich individuelle Selbstbetrachtung! Sie sind das Abbild eines Menschen und seiner geistigen Kämpfe, die in seinem Innersten ablaufen. Auch die Personen der Apokalypse, die Propheten und Reiter, Dämonen und Untiere, sind Verkörperungen der in jedem Menschen waltenden Geisteskräfte, der in jeder Zeit und überall auftretenden Gewalten. Die geschichtliche Realität dieser Visionen wurde von allen Interpreten der Offenbarung – wenn auch in verschiedenen Größenordnungen – erkannt.

Wenn ich behaupte, daß Mohammed dem zweiten Reiter gleichzusetzen sei, dann nimmt für mich Mohammed die höchste Stelle dieser Wesensart des 2. Reiters ein, er ist der Gipfel einer sich immer wieder auftürmenden Kette von Kraftstößen, die ein bestimmtes Ziel anstreben. Diese Bedingung, höchster Punkt zu sein, erfüllt er nur in meinem persönlichen Geschichtsbewußtsein.

Insofern bietet Johannes für das Weltgeschehen die Grundformel einer Weltschau, die jede Generation aufs neue für sich erfahren kann. Johannes hat nicht seine Geschichtskenntnis niedergeschrieben – das wäre für uns heute belanglos –, sondern er hat seine innere Schau der Wahrheit in Worte gefaßt.

Die Offenbarung ist der Versuch eines vollständigen Abbilds des Weltalls und der Menschheitsgeschichte. Es gibt kein Modellbild, das in gleicher Weise eine so knappe, eindrucksvolle und umfassende Schau des Menschen im Weltall bietet.

Das besagt leider nichts über den Wahrheitsgehalt. Zu seiner Rechtfertigung bringt Johannes nur die Behauptung, es handle sich um Visionen, die der allmächtige Gott durch seine Gehilfen ihm habe zukommen lassen; das allein mache sie zur Wahrheit.

Doch das bedeutet heute wenig. Wahrheit bedarf der Deckungsgleichheit zwischen dem Dargestellten und dem selbst Erlebten. Nur wenn die Visionen des Johannes mit der heute erfahrbaren Welt übereinstimmen, dann können sie als wahr gelten.

Das Weltbild des Johannes beschreibt unsere Wirklichkeit; seine Modellbilder decken sich mit unserem Weltbild, auch wenn einige heute für manchen vielleicht zum ersten Mal sichtbar werden. Das liegt daran, daß wir unser Weltbild geformt haben aus den Elementen, die auch Johannes benutzt. Diese Elemente sind die ältesten Bilder, an die Menschen sich erinnern können. Es sind die Urbilder, in denen der Mensch seinen eigenen Geist erfaßt: Engel, Weib und Drache. Und darum besitzen sie den größtmöglichen Wahrheitsgehalt.

Mitteilungen über die überirdische Wirklichkeit, die zeitlose Seinsform Gottes, bringt Johannes kaum. Er schreibt von Licht und Feuer, Posaunenschall und Weihrauch, Wasserrauschen und Edelstein. Die Symbole stimmen überein mit dem, was die Seher aller Religionen verkündet haben. Denn die Aussage »Gott ist Licht« oder »Gott ist wie Licht« oder »Gott hat eine Seinsweise, die der des Lichtes vergleichbar ist« läßt Fragen offen. Ist das Licht ohne Schatten denkbar? So haben es die Seher gemeint: Gott ist das Licht, das keinen Schatten wirft, weil außer ihm nichts den gleichen Wirklichkeitsgrad besitzt.

Die Darstellung des Fußfalls vor dem Engel, die Johannes an den Schluß seiner Offenbarung gestellt hat, kann nur so gedeutet werden, daß Johannes gar keinen Engel sieht, »der ihm dies zeigt«, sondern daß er, als er die Braut, die himmlische Stadt, erblickt, glaubt »die Herrlichkeit des Herrn« vor sich zu haben. Dann wäre es nur natürlich, daß er zum Fußfall, zur Anbetung, bereit war.

Doch als Johannes diese Herrlichkeit erkennt, merkt er, daß sie keine Gestaltwerdung Gottes ist, sondern nur die eines Engels. Diese Erkenntnis, daß aller Glanz und alle Lichtfülle doch nur das Sichtbarwerden eines Engels bedeutet, kommt ihm ganz plötzlich, und durch sie begreift Johannes auf einmal den Unterschied zwischen Schöpfung und Schöpfer, zwischen Wirkung und Ursache. Er versteht nun seine Visionen als Ergebnis seines eigenen Denkens und seiner eigenen Raum-Zeit-Beziehung. Nichts unterscheidet ihn von dem Engel und den vom Engel bewirkten Visionen. Diese sind das Ergebnis seiner persönlichen Sicht der Schöpfung und der Welt.

Damit steht die Vision des Fußfalls zu Recht am Schluß der Offenbarung.

Literatur

Ben-Ezra

Ben-Ezra, Juan Josafat: La venida del Mesias en gloria y Magestad, London, R. Ackermann 1826; Santiago de Chile, Inst. de Lit. Chilena 1969.
Die älteste Ausgabe des Lebenswerkes von Ben-Ezra wurde 1796 in Isla de León, Cádiz (Spanien) in drei Bänden gedruckt, war aber noch unvollständig. Eine größere Ausgabe erschien 1812 in Cádiz und nach dieser wurde die Ausgabe von 1816 in London herausgegeben, die der argentinische Botschafter Manuel Belgrano bei Charles Wood in der Fleet Street drucken ließ; es sind vier Bände mit insgesamt 2000 Seiten.

1821 oder 1822 wurde in Puebla, Sevilla, eine vollständige Ausgabe in drei Bänden gedruckt, wenn auch schon unter erheblicher Gefahr, ebenso wie 1825 in Mexiko. 1826 erschien das Werk in der Edition Parmentier in Paris und im gleichen Jahr die heute am meisten benützte Ausgabe von Ackermann in London, der 1827 im gleichen Verlag eine englische Übersetzung folgte.

»Mitglieder des Klerus begannen in großer Zahl die Ansichten von Ben-Ezra zu übernehmen, und wenn ihm die Freiheit zur Ausbreitung gelassen worden wäre, dann hätte dies ein Erwachen der Kirche von unschätzbarer Reichweite zur Folge gehabt« (Antomarchi).

Der Regierungssekretär Judas Tadäus de Reyes schrieb eine »Widerlegung«, die von höchster Stelle belobigt wurde; sie hat die zunächst abwartende Haltung des Vatikans beeinflußt und schließlich die Indizierung des Werkes 1824 nach sich gezogen. Schon 1812 war die Verbreitung in Cádiz durch die Heilige Inquisition untersagt worden, desgleichen 1819 in Mexiko.

Eine eigenartige, aber durchaus inspirierte französische Übersetzung schuf Antonio Antomarchi, Un prophète a parlé: Ben Ezra. Bonne-s-Menoge, H.-S., Frankreich 1934; 2. Auflage 1963.

Durch einen seltsamen Umstand konnte 1969 zum ersten Mal eine Ausgabe – wenn auch nur als stark gekürzte Auswahl – in seinem Heimatland Chile herauskommen: In der Sammlung »Koloniale Schriftsteller Chiles« des Institutes für chilenische Literatur erschien die Ausgabe als Band 4, herausgegeben und erläutert von Mario Góngora.

Über die Person Ben-Ezras informiert Alfred Felix Vaucher: Une célébrité oublié. Le P. Manuel de Lacunza y Diaz (1731–1801), Collonges-sous-Salève, Impr. Fides 1941/1968.

Ben-Ezra war ein Erleuchteter. Er hat die Lehre, die in der Bibel enthalten ist, in ihrem tiefsten Sinn verstanden. Er hat die inneren Zusammenhänge der Prophezeiungen durchschaut und mitgeteilt wie niemand vor ihm. Sein Buch hat viele Schriftsteller von Chile bis Rußland beeinflußt, seine Gedanken haben sich – unmerklich oft – einen Weg gebahnt, und seine Art des Bibelverständnisses ist in einigen Kreisen vorbildlich geworden.

Ein Mann von derart weitreichendem Wissen hätte sehr wohl das Recht gehabt, einen Orden oder eine Sekte zu gründen, doch Ben-Ezra war ein wissenschaftlich denkender Mensch und ein verantwortungsbewußter Lehrer, dem nichts ferner lag als wilde Schwärmerei oder reformsüchtige Kritik.

Manuel Lacunza – so hieß Ben-Ezra mit bürgerlichem Namen – wurde am 19. Juli 1731 in Santiago de Chile als Sohn eines baskischen Seemannes geboren und trat im Alter von zehn Jahren in die Schule von Franz Xaver ein, wo er sechs Jahre lernte. Am 7. September 1747 schloß er sich dem Orden Jesu an, wurde Priester und legte innerhalb der nächsten zwanzig Jahre die vier Gelübde ab. Mit der Vertreibung des Ordens aus Chile 1767 kam er nach Europa und siedelte sich schließlich in Imola im Vatikanstaat in Italien an, wo er bis zu seinem Tod 1801 als Einsiedler lebte. Von Zeit zu Zeit besuchte er einen mexikanischen Jesuiten in der Nähe; ein chilenischer Ordensbruder schrieb auf, was Ben-Ezra ihm diktierte. Er arbeitete meistens nachts, nachdem er einen kleinen Spaziergang gemacht hatte. Eine geringe Lebensrente, die der spanische König allen vertriebenen Jesuiten zahlte, und gelegentliche Zuschüsse seiner Familie bildeten seinen mageren Lebensunterhalt. Zwei wichtige Bücher – eines über das Leben Jesu, das andere über das Evangelium des Johannes – blieben unvollendet und sind heute verschollen. Das Hauptwerk, das seinen Ruhm begründete, wurde etwa 1790 fertig; einige Manuskriptteile waren schon lange vorher im Umlauf, was Ben-Ezra verdroß. Es gibt einige Briefe von ihm, denn außer mit seiner Familie führte er eine rege Korrespondenz mit berühmten Wissenschaftlern seiner Zeit. Am 17. Juni 1801 wurde sein Leichnam am Ufer des Flusses gefunden, der durch Imola fließt.

In einem Brief an den spanischen Minister Antonio Porlier vom 9. Oktober 1788 (publiziert durch Mario Góngora in Revista Chilena de Historia y Geografía, No. 123, 1954/5) schrieb er, daß er das Pseudonym Ben-Ezra angenommen habe, weil jener Ben-Ezra einer der gelehrtesten jüdischen Rabbiner war und weil er wie jener, der aus Spanien vertrieben in Candia auf Kreta lebte, im Exil schreiben mußte.

Mit Nachdruck vertrat Ben-Ezra den Gebrauch von Volkssprachen auch im religiösen Bereich, was zu seiner Zeit immer noch eine ärgerniserregende Neuerung war. Er selbst schrieb in Spanisch. Seine Sprache ist einfach und allgemeinverständlich, was die Verbreitung seiner Ideen sicher förderte. Er hat die Bibel stets in Hebräisch und Griechisch gelesen, und seine ins Spanische übersetzten Zitate erfreuen in ihrer Frische. Obgleich er im besten Sinn friedfertig war, machte er in Glaubensfragen doch keine Zugeständnisse an die Kirche, der er angehörte, auch nicht aus Angst vor ihrer gewaltigen Macht, wie er betonte. Seine Äußerungen hätten ihm selbst in duldsameren Zeiten den Tod einbringen können.

Durch das Lesen des Buches von Ben-Ezra wurde mir ein neues Verständnis der Bibel zuteil, und so wird der Leser in meiner Auslegung der Offenbarung die Nachwirkung dieses Eindrucks spüren. Dennoch habe ich nur wenige Gedanken Ben-Ezras übernommen, in Einzelheiten weicht meine Interpretation erheblich von ihm ab. Das ist gewiß im Sinn Ben-Ezras, der in seinem Werk den Leser immer wieder zum Mit- und Weiterdenken auffordert. Und so hoffe auch ich, daß mein Buch Denkanstöße vermittelt, die über zeitbedingte Fehler hinausführen mögen.

Kommentare zur Offenbarung

Die Schriften sind chronologisch aufgelistet.

Victorin von Pettau starb als Märtyrer 303 n. Chr., schrieb die älteste bis heute vollständig erhaltene Auslegung der Offenbarung, veröffentlicht durch Haußleiter im Theologischen Literaturblatt 1895; er deutet die sieben Siegel, sieben Posaunen und sieben Schalen als sich ergänzende Parallelen desselben Ereignisses, nicht als nacheinander ablaufende Handlungen. Diese Ansicht, die Johannes am besten gerecht wird, ist Jahrhunderte hindurch bestimmend gewesen.

Augustin, Aurelius: Vom Gottesstaat, Kapitel 20.

Hieronymus (347–420): 103. Brief an Paulinus, Kapitel 7.

Andreas, Bischof von Cäsarea in Kappadokien (um 500) schrieb einen griechischen Kommentar, der von

Arethas, Bischof von Cäsarea (Anfang 10. Jh.) ergänzt wurde.

Primasius schrieb Ende des 6. Jh.s einen Kommentar, den

Ambrosius Anspert (um 770) (hrsg. Köln 1618) weiterführte.

Haymond von Halberstadt folgte diesen beiden.

Bischof Etherius ließ 786 eine Zusammenstellung von Kommentaren zur Offenbarung herstellen, die vor allem die Deutungen von Irenäus, Ticonius, Hieronymus, Augustinus, Ambrosius, Gregorius, Apringius von Beja und Isidorus von Sevilla sowie dessen Bruder Fulgencius (des Bischofs von Ecija, später von Cartagena) enthält.

Beato von Liebana schrieb um 776 im Kloster Liebana, Spanien, einen Kommentar, der während der endzeitbewußten Jahre um 1000 in zahlreichen Klöstern in Kastilien abgeschrieben und weit verbreitet wurde. Hrsg. H. Florez, Madrid 1770.

Walafried Strabon (808–849): Glossa ordinaria folgt der Linie, die von Augustinus, Ambrosius und Haymond angegeben wurde. Ihm folgten Anselm von Laon, Bruno von Asti, Rupert von Deutz, Albertus Magnus u. v. a.

Berengarius von Tours, 1000–1088, Comentarius ad Apocalypsem.

Joachim von Fiore (Bischof von Kalabrien): Expositio in Apocalipsim, 1254 durch den Mönch Gerhard von Borgo San Donnino zusammen mit anderen Schriften des Joachim herausgegeben als »Ewiges Evangelium«. Die Kirche vernichtete das Werk und hielt den Verfasser 18 Jahre im Kerker. Das Buch kursierte dennoch in zahlreichen Abschriften. Auf Daniel fußend war das Jahr 1260 als kritisches Datum angegeben.

Olivi, Petrus Joh., gest. 1298, gehörte zum Franziskanerorden: Postilla super Apocalypsi. Aufbauend auf Joachims Schriften stellte er den Papst als den Antichrist hin.

Nikolaus von Lyra sah in der Offenbarung die Geschichte der Kirche bis zu seiner Zeit dargestellt; sein Kommentar von 1329 hat auf viele Reformatoren, auch Luther, eingewirkt.

Wiclif, John (1325–1384) sah ähnlich wie Olivi und Nikolaus von Lyra die beiden Untiere als Papst und Kaiser an.

Erasmus von Rotterdam: Annotationes in Novum Testamentum, 1516. Reformatorisch.

Ribeira, F.: In sacram Iohannis Apocalypsim Commentarii, 1591, Lyon 1652. Klassische Deutung nach Augustinus u. a.

Lapide, Cornelius A.: Commentar. in Apoc., lateinisch 1620. Aufsehenerregende Deutung, die u. a. die Prophezeiungen des Malachias verarbeitete.

Holzhausen, Bartholomäus: Explanatio in Apocalipsin, Würzburg 1645. Nachfolger von Trithemius.

Bossuet (1688) sieht in der Offenbarung die Geschichte der Kirche von Jesus bis zur Einnahme Roms durch Alarich 410.

Locresio, P. A.: L'Apocalisse di San Giovanni, Padua 1743. Nachdichtung der Offenbarung in italienischen Versen, die zugleich Deutungen enthält, gegründet auf Lapides Kommentar.

Vitringa, Campegius: Anacrisis Apocalypseos Iohannis, Antwerpen 1705, 1719. Mit dieser phantastischen Geschichtsdeutung des Holländers Vitringa beginnt eine Ära der Auslegung in der evangelischen Kirche.

Bengel, J. A.: Offenbarung Johannis, 1740; fußt auf Vitringa und schafft eine aktuelle Beziehung, indem er 1790 als Jahr des Erscheinens des Antichrist voraussagt und das Weltende für den 18. Juni 1836.

Corrodi: Kritische Geschichte des Chiliasmus, 1780, Zürich 1794, 2 Bde.; betritt einen neuen Weg, indem er den zeitgeschichtlichen Hintergrund des Johannes wieder als Grundlage zur Erklärung der Offenbarung hinstellt. Ihm folgten

Herrenschneider (1786) und

Eichhorn, Johann Gottfried: Commentar. in Apocalypsim Johannis, 1791.

Bleek, Friedrich: Vorlesungen über die Apokalypse 1820 (Berlin 1862); hrsg. in Theologische Zeitschrift, 1822. Er erkannte, daß der älteste Kern der Offenbarung, Kapitel 4 bis 11, vor dem Jahr 70 geschrieben sein müsse.

Ihm folgten und begründeten die wissenschaftliche Quellenkritik:

Ewald, Heinrich von, einer der »Göttinger Sieben«, Commentar. in Apocalypsim Johannis, Göttingen 1828, 2 Bände; Die Johanneischen Schriften, 1862.

Lücke (1832/1852).

De Wette (1848 u. f.).

Volkmar, Gustav: Kommentar zur Offenbarung Johannis, Zürich 1862 und andere.

Die zweite Generation mit Zeller (1865), Hausrath (1869), Schellenberg (1867), Krenkel (1871) und Beyschlag (1876) erschloß aus der Offenbarung die Geschichte der frühen Christenheit.

Völter: Die Entstehung der Apokalypse, 1882, 1885. Für ihn war die Offenbarung ein frühchristliches Werk – nicht ein »jüdisches«, wie damals viel behauptet wurde – deren ältester Kern unter Nero geschrieben sei, um 68 durch einen Zusatz erweitert, später mehrfach verändert in der Zeit der Kaiser Vespasian, Trajan und Hadrian. Die Schlußfassung sei etwa 140 erfolgt. Er nimmt grundsätzlich drei Autoren an. 1886 wandte er sich mit seinem Buch »Die Offenbarung Johannis keine ursprünglich jüdische Apokalypse« vor allem gegen Vischer. In seiner 1904 neu dargestellten Zerlegung vertritt er die These, daß zwei alte Kerne zusammengelegt und zweimal umgearbeitet wurden.

Weizsäcker, Karl, Tübingen (1882, 1886), schrieb, daß ein einziger Herausgeber die verschiedenen Stücke, die als Quellen erkennbar sind, zusammengesetzt habe. Als Kernstücke unterscheidet er: 7,1–8 in Neros Zeit geschrieben (64–66); 10 und 11,1–13 vom Anfang des Jüdischen Krieges. 12,1–12 (vor 70 n. Chr.); 13 aus Vespasians Zeit; 17 unter der Herrschaft von Domitian geschrieben.

Holtzmann, O.: Geschichte des Volkes Israel, 1882, nahm zwei jüdische Kernstücke an, eines aus Neros, das andere aus Caligulas Zeit, die durch einen Christen zur Offenbarung vereinigt worden seien.

Vischer: Die Offenbarung Johannis, eine jüdische Apokalypse in christlicher Bearbeitung, Nachwort von Harnack, 1886. Er behauptet, daß ein jüdischer Kern vor 70 n. Chr. geschrieben sei, der durch eine christliche Bearbeitung völlig umgestaltet wurde. Das »Lamm« sei eine Schönheitskorrektur. Diese These fand allgemeine Beachtung.

Pfleiderer, Otto: Das Urchristentum, Berlin 1877, setzt eine jüdische Apokalypse, die in Vespasians Regierungszeit mit älteren Stücken geschrieben sei, als Vorlage voraus, die durch zwei christliche Redakteure in Domitians und Hadrians Regierungszeit bereichert wurde.

Weyland (1888) nahm zwei jüdische Quellen als Ursprung der Offenbarung an.

Spitta: Offenbarung des Johannes, 1889; folgt Völter, zerlegt aber das Buch noch stärker.

Gunkel: Schöpfung und Chaos, 1894; begann die Herausarbeitung der heidnischen Vorbilder der Offenbarung, indem er die assyrische Literatur, die gerade mit großer Sorgfalt übersetzt worden war, durchsuchte. Damit begann eine größere Quellensuche im weiten Umkreis bis Persien und Ägypten.

Erbes zerlegt 1891 die Offenbarung in zwei Hauptteile, deren älterer im Jahre 62 verfaßt sei; die Zusammenfügung sei in der Regierungszeit des Domitian erfolgt.

Weiss, B.: Die Johannes Apokalypse, 1891, 1902.

Briggs nimmt 1895 sechs Kernstücke an, deren ältestes schon unter Caligula in Hebräisch abgefaßt sei. Er geht von vier Redaktionen aus.

Bousset, Wilhelm: Der Antichrist in der Überlieferung des Judentums, des N. T. und der alten Kirche, 1895; Die Offenbarung Johannis, 1896, 1906; Die

Religion des Judentums im späthellenistischen Zeitalter, 3. Aufl. 1926, 1966; gilt bis heute als vorbildlich. Auch nach ihm sind die ältesten Stücke jüdische Schriften, die vor 70 n. Chr. verfaßt waren.

Weiß, Joh.: Die Offenbarung Johannes, 1904; vertritt die These, das Kernstück sei Ende 60 n. Chr. von einem Christen geschrieben; ein Redakteur in Domitians Zeit habe Stücke aus der Belagerungszeit Jerusalems hinzugefügt und das Ganze geordnet.

Wellhausen Julius, Theologe und Orientalist: Analyse der Offenbarung Johannis, 1907.

Zahn, Th.: Die Offenbarung des Johannes, 2 Bde., Leipzig 1924–26. Er erkennt zwar ältere jüdische und christliche Vorlagen an, hält aber das ganze Buch für ein einheitliches Werk.

Swete, H. B.: Apocalypse of St. John, 1907; vertritt die gleiche Meinung.

Steiner, Rudolf: Die Apokalypse des Johannes, nach Vorträgen von 1908 gedruckt.

Boll, Fr.: Aus der Offenbarung Johannis, 1914; legt besonderes Gewicht auf die assyro-babylonischen Astralsymbole und hat damit viele moderne Ausleger beeinflußt.

Lidzbarski, M.: Das Johannes-Buch der Mandäer, Gießen 1915; Ginza, das große Buch der Mandäer. Quellen zur Religionsgeschichte, Bd. 13, 1925.

Charles, R. H.: A critical and exegetical Commentary of the Revelation of St. John, 2 Bde., Edinburgh 1920. Er unterscheidet zwischen einem Kern des Textes von Johannes und einer Umarbeitung durch einen Herausgeber, der den Kern verständnislos mißbrauchte. Teile des Buches, stellt er fest, müssen vor 70 n. Chr. geschrieben sein.

Allo, E. B.: L'Apocalypse de St. Jean, Paris 1921; folgt der Tradition von Augustin, Cassiodor und Ambrosius.

Loisy, Alfred: L'Apocalypse de Jean, Paris 1923; er unterscheidet mehrere Redakteure, die den Grundtext verändert haben; von Charles und Boll beeinflußt.

Lohmeyer, Ernst: Die Offenbarung des Johannes, Tübingen 1925, 1953, 1970. Nach rhythmischen Überlegungen stellt er eine neue Zeilenfolge vor und hält dabei an der Einzelautorschaft des Johannes fest. Er gründet sich lose auf Bousset, Charles, Bultmann, ferner Gunkel, Boll und Lidzbarski und wurde richtungsweisend für die evangelische Auslegung.

Gelin, A.: L'Apocalypse, Paris 1938, 1951. In der Linie von Augustin und Allo.

Antomarchi, Antonio: L'Apocalypse, simples entretiens, Schweiz um 1930. Bemerkungen zur Offenbarung von einem reformierten Christen unter Verwendung von Ben-Ezras Kommentar, den er mit neuem Verständnis füllt.

Lilje, Hans: Das letzte Buch der Bibel, 1939.

García Cordero, Maximilian: El libro de los siete sellos. Una exposición exegéticoteológica del Apocalipsis, Salamanca 1962. Unter Verwendung guter katholischer Kommentare (Ribeira, Allo, Boismard) und Beachtung der historischen Kritiker (Bousset, Swete und Charles) schrieb der Bernhardinerpater den ersten modernen spanischen Kommentar.

Christliche Zeugen Jehovas, Watchtower Society: Dann ist das Geheimnis vollendet. 1970. Immer wieder auf den neuesten Stand der theologischen Entwicklung der Sekte gebrachte Deutung der Offenbarung.

Kirban, Salem: 666, Huntingdon, USA 1970, Science-fiction über die Offenbarung nach der Manier der Fundamentalisten.

Ribeiro de Mello, Fernando: Apocalipse do apostolo João, Lissabon 1972. Wiedergabe des Vulgata-Textes in modernem Portugiesisch, illustriert durch Martim Avillez 1972.

Schlink, Basilea. Kurz vor der Weltkatastrophe, Darmstadt-Eberstadt 1973. Eine aktualisierte Deutung der Offenbarung für die gläubige Jugend, geschrieben von einer mutigen Nonne der evangelischen Marienschwesterschaft; vielfach übersetzt.

Kraft, Heinrich: Die Offenbarung des Johannes, Handbuch zum Neuen Testament, Tübingen 1974. Übersetzung in Anlehnung an den Luthertext mit ausführlichen Erklärungen, die die offizielle Auslegung der evangelischen Kirche darstellen.

Sekundärliteratur

Augstein, Rudolf: Jesus Menschensohn, Hamburg 1974.

Gregoire, H.: Les persecutions dans l'Empire romain, Academie Royale de Belgique, Brüssel 1964.

Harnack, Adolf; Schmidt, Carl: Texte und Untersuchungen zur Geschichte der altchristlichen Literatur, III, Bd. 2, Leipzig 1908.

Henneck, Edgar; Schneemelcher, Wilhelm: Neutestamentliche Apokryphen, 2 Bde., Tübingen 1959, 1964.

Hutten, Kurt: Seher, Grübler, Enthusiasten. Das Buch der Sekten, Stuttgart 1950.

Le Goff, Jacques: Die Geburt des Fegefeuers, Stuttgart 1985.

Kautzsch, E.: Die Apokryphen und Pseudepigraphen des Alten Testamentes, Tübingen 1900.

Marqués-Rivière, Jean: Amulettes, Talismans et Pentacles dans les traditions orientales et occidentales, Paris 1938, 1950.

Mühlmann, Wilhelm E.: Chiliasmus und Nativismus, Berlin 1961.

Rops, Daniel: L'Eglise des Apôtres et des Martyrs, 1948.

Seeberg, A.: Die Didache des Judentums und der Urchristenheit, Leipzig 1908.

Spitzing, Günter: Lexikon byzantinisch-christlicher Symbole. Die Bilderwelt Griechenlands und Kleinasiens, München 1989.

Wechssler, Eduard: Hellas im Evangelium, Hamburg 1936, 1946.

Die Koransuren habe ich nach dem Original übersetzt unter Zuhilfenahme der arabisch-englischen Ausgabe von Maulana Muhammad Ali, Lahore 1951.

Die Ramala-Offenbarung

Und ich sah einen neuen Himmel

336 Seiten, Leinen

Dieses Buch ist ein Dialog zwischen spirituellen Lehrern und einer kleinen Gruppe von Suchenden, die in Glastonbury, einem alten Heiligtum in England, in einem Zentrum leben und arbeiten und durch ihre Verbindung zu Wesen auf einer anderen Existenzebene Antworten auf persönliche, aber zugleich auch weltbewegende Lebens- und Schicksalsfragen suchen.

In der Menschheitsgeschichte wurde prophetisches Wissen immer in Umbruch- oder Krisenzeiten bedeutsam. Die Ramala-Offenbarung beschreibt die gewaltigen Veränderungen, die unser Planet Erde und das Bewußtsein jedes einzelnen erfahren werden. Verschiedenste Aspekte unseres Lebens, unsere Beziehung zum Tier- und Pflanzenreich, zu Tod und Wiedergeburt und die Geburtswehen des Wassermannzeitalters werden dargestellt.

Die Weisheit von Ramala

343 Seiten, Leinen

Dies ist die Fortsetzung des 1982 erschienenen Buches »Und ich sah einen neuen Himmel. Die Ramala-Offenbarung« und besteht aus Botschaften, die während Gruppenmeditationen in Chalice Hill House im heiligen Zentrum Glastonbury empfangen wurden – sie könnten viele Menschen davon überzeugen, daß eine Kommunikation mit der höheren Welt sinnvoll und von unschätzbarem Wert ist.

Das Zutagetreten der holistischen und spirituellen Weltanschauung ist eine große Hoffnung für unser krisengeschütteltes Zeitalter. Wir entdecken wieder, was die Weisheit der Alten erkannte – daß das Universum Geist ist, daß das Leben in all seiner Vielfalt eine vielschichtige Einheit ist, daß die Erde ein Ganzes ist, ein lebendiges Wesen, dessen Gehirn und Nervensystem zu sein die Menschheit ausersehen ist. Es ist das Anliegen dieses Buches, eine Verbindung zu einer höheren Intelligenz erkennen zu lassen, die durch Kommunikation mit unserem höheren Selbst und mit den nicht mehr auf der Erde lebenden Meistern der spirituellen Hierarchie unser Denken erleuchten und uns neue Hoffnung geben kann.

Anne und Daniel Meurois-Givaudan
Essener Erinnerungen
Die spirituellen Lehren Jesu

343 Seiten, Leinen

Wer waren die Essener? Trotz der jüngsten Arbeiten von Archäologen und anderen Forschern ist die offizielle Geschichte noch sehr sparsam mit Auskünften. Man spricht von einer mystischen Sekte, mit der zuweilen der Name Jesu in Verbindung gebracht wird. Was ist davon zu halten? Das vorliegende Buch bietet eine Antwort auf diese Frage – oder besser den Beginn einer Antwort, denn das Gebiet ist weit...

Aus der Akasha-Chronik, dem »Buch von Gottes Erinnerungen«, zu dem nur wenige spirituelle Medien Zugang haben, beziehen die Autoren ihr Wissen über das Leben der Essener-Gemeinde im alten Palästina, über ihren geistigen Bezug zu Jesus und dessen Lehren und Wirken.

Der Leser nimmt teil am Ablauf des täglichen Lebens der essenischen Gemeinschaft zur Zeit Jesu.

Dieses Zeugnis wirft auf die erstaunlichen Ereignisse, die seit 2000 Jahren sorgfältig geheimgehalten wurden, ein neues Licht.

Die Interpretation der Aurafarben am Ende des Werkes ergänzt einen der in diesem Buch dargestellten Aspekte der essenischen Lehre: das »Lesen« der Aura, jenem von allen Wesen ausgestrahlten Energiefeld.

KAILASH